陈春花 著

陈春花文集

第一集

管理研究 ❷
变革与创新

·广州·

图书在版编目（CIP）数据

变革与创新/陈春花著.—广州：华南理工大学出版社，2018.9
（陈春花文集. 第一集，管理研究；2）
ISBN 978-7-5623-5761-2

Ⅰ.①变…　Ⅱ.①陈…　Ⅲ.①企业管理　Ⅳ.①F272

中国版本图书馆CIP数据核字（2018）第191812号

Biange Yu Chuangxin

变革与创新

陈春花　著

出 版 人：卢家明

出版发行：华南理工大学出版社

（广州五山华南理工大学17号楼，邮编510640）

http://www.scutpress.com.cn　　E-mail:scutc13@scut.edu.cn

营销部电话：020-87113487　87111048（传真）

总 策 划：卢家明

策划编辑：罗月花

责任编辑：杨小丽

印 刷 者：广州市新怡印务有限公司

开　　本：787mm×960mm　1/16　印张：19.5　字数：361千

版　　次：2018年9月第1版　2018年9月第1次印刷

印　　数：1～2000册

定　　价：95.00元

版权所有　盗版必究　　印装差错　负责调换

《陈春花文集》总序

对实践敬仰，守理论自信

如果不是这样的幸运，我相信这套文集不会有面世的一天。

我是幸运的。1982年开始能够在华南理工大学学习和工作，让我有机会置身于改革开放浪潮下的珠江三角洲这片热土。1992年开始，因为青年教师需要到基层学习和实践，我来到东莞厚街镇，在这里我直接接触并切身体会到乡镇经济发展的点点滴滴。之后由于学校的机缘到汕头春源集团任职，在这家香港企业家投资创办的加工企业参与管理，深入了解境外投资企业本土化的管理过程。随后，我开始有机会到康佳、TCL、科龙、美的、万和、顺德农商银行（原顺德信用合作社）、南方航空、深圳航空、南方电网、广东电信、珠江啤酒、香港星光集团、招商基金、威创股份、东方园林等企业做管理顾问工作或者主持咨询项目，与这些企业一起成长并拥有了长期近距离观察企业的机会。更有幸的是，2003—2004年出任山东六和集团总裁，2013—2016年出任新希望六和股份有限公司联席董事长兼首席执行官，2017年则接任新华都集团的工作。这些直接的管理实践，让我更清晰地理解管理研究与管理实践之间的融合度，也为我能够展开研究奠定了丰厚的企业实践基础。

而对我而言，最大的幸运是一直可以保有作为一个管理学教师和研究者的身份，与众多的商学院学生们一起学习和交流，见证和参与了中国改革开放40年间中国企业的成长与进步。这些经历无疑给了我巨大的帮助，让我能够因应企业的成长去透彻理解管理理论的价值,去理解并找寻理论的本质内涵,去发现和发展管理理论与研究的真正意义。也正因如此,在过去30年从教经历中,可以针对管理问题展开充分的讨论,并形成了这些文字。企业实践中不断涌现出新的方案,也促使我的思考、研究与写作源源不断,那些实践激荡我的想法,甚至有无法停下来的感觉,这种感觉真的很好。感恩这所大学,感恩这片热土,感恩这个时代,感恩中国,感恩中国企业实践。

研究会带来什么?

当我决定做一个教师,把教学与研究作为终生职业的时候,我并未真的理解"研究到底意味着什么"。20多年前,我把自己的研究目标确定为研究"中国本土企业成长模式"时,我和我的团队开始对研究进行了漫长而艰难的思考,其产品就是那本《领先之道》。这本书的内容是对中国企业成长的分析,在其中,我们试图回答这些问题:一些中国企业为什么可以成为领先者?这个成长的过程到底发生了什么?这些影响因素是否可以让其他企业借鉴并获得成长?对于这三个问题的追问和探讨,持续了接近30年,我们持续给出阶段性的答案,这些答案帮助到一些企业成长,也帮助了我和我的团队成长。更重要的是,对这些问题的答案的不断追寻使我持续与企业互动,并将感悟持续融入教学、研究中,让更多人去关注这三个问题,去寻找属于每个思考过这三个问题者自己的答案。接近30年持续的研究,让我可以真切地理解研究带来的贡献到底是什么,研究本身给我的帮助是什么。

我深受彼得·德鲁克先生的影响,德鲁克先生1994年写给《经济学人》主编的信中再一次重申管理研究要解决实践问题。在信中,他列举自己1950—1971年间从事管理学研究和实践的累累硕果。这一时期,他完成了自己9部主要管理学著作中的6部;这一时期,他是纽约大学研究生院的全职管理学教授,其中有10年,他还在宾夕法尼亚大学沃顿商学院任兼职教授;他的主要商业咨询活动也是在这一时期完成的。这样的研究路径,让德鲁克的著作承载着其极具旺盛生命力的管理实践思想。

德鲁克先生认为,管理研究要解答实践问题。能提出管理实践中出现的问题并解决这些问题,是管理学进步的标志。在其一系列经典著作中,德鲁克回答了管理实践研究中最根本的问题:管理作为独特的组织活动如何设定自己的结构?管理中如何面对人?管理决策的依据是什么?管理的范围如何界定?管理实践界定的标准是什么?管理的成效如何评价?当德鲁克先生清晰、准确地回答了这些问题的时候,管理实践所取得的成效成为人类历史上最激动人心的一项创新。而对于管理教育应该如何具有价值,也应该如德鲁克先生所设计的那样,让管理者"可以把课堂上学的东西立即运用到他们的实践中,同时把他们在日常工作中的经验和问题拿到课堂上进行讨论分析"。

"比使命更重要的是实践"这句话是我总结德鲁克先生经典著作《价值贡献》一文的结束语。在点评先生的信件时,我忍不住还是用这句话做结束语,但是改动了一个词"行动"——"比使命更重要的是行动"。我们一直在思考德鲁克思想旺盛生命力的来源,最后发现其长盛不衰的原因就在于,作为旁观者的德鲁克的思考是如此地贴近管理实践的真实情况,以至于后人的所有优秀作品的重要观点几乎都可以从其思想中找到根源。德鲁克的思想可以被不同的个人和组织所接受,并且应用于不同的领域。正是源于他对于管理本质的界定:"管理是一种实践,其本质不在于'知',而在于'行',其验证不在于逻辑,而在于成果。"对于每一个管理学者而言,比使命更重要的是行动,就像德鲁克先生倾力实践他的使命一样。我是这样评价先生的,也是这样去要求自己的。

研究会带来什么?在管理学领域,研究可以解答实践问题。我的研究致力于关注中国企业的实践,那些存在于管理日常行为中的、对绩效和成长有意义的、充满着鲜明个性的却又隐含着共性价值的各种真实案例。在我看来,如果不能够真切地去观察、去理解并融入其中,是无法真正理解管理本身、无法真正理解管理理论本身的。管理研究的对象不仅仅是管理本身,同时也是管理研究及理论在管理实践中的位置,它对日常管理生活的意义,它在日常管理生活中的功能,尤其是它的思想方式和行为方式本身,都会直接或者间接地彰显着管理理论及研究的价值。如果作为管理研究学者,根本未关注到这些真实的管理对象,未能真正接受和理解这一事实,我们又怎么可能真正有对于管理理论与知识的自信呢?

波提舍(Sulpiz Boisser`ee,1783—1854)说过一句让我记忆深刻的话:"对不引人注意之事的虔敬。"在19世纪的进程中,这一揶揄之词却成了充满敬意的话语，因为人们开始将许多被忽略的民间文化看作是文化的见证。每每想到这句话，我也总是对企业实践充满敬意，从1992年的东莞厚街开始，我几乎一半的时间都在与实践者交流、与实践对话，这些交流与对话，给了我用实践的视角去看待管理问题的帮助，正如哲学家恩斯特·布洛赫（Ernst Bloch）提出的警言，即我们不能隔岸钓鱼。

我也同样要求自己拿出另外一半的时间，保持与实践的距离，因为我把自己定位于一个研究学者，定位于一个让理论与研究创造价值的人，如果我完全陷入到具体的日常管理中，这又会导致我因缺少必要的时间和距离，无法去反思实践，无法去找寻理论的价值，或者只是满足于解决个案，满足于具体的实践绩效，而陷入到经验主义之中。

珠江三角洲企业的实践给了我莫大的帮助，这里有大量的企业实践、大量的创新和可见的绩效，这里区域经济发展和产业集群的功效，让我既可以看到企业成功的个案，也可以理解产业价值链的集合成效；让我既可以了解非经济因素的作用，也可以感受每一次外部环境变化对企业成长的影响；只要我踏实地走在这片土地上，这里的企业实践总是会以它们鲜活的事例，给我的研究以支撑和启示，甚至于我的很多观点完全是因为它们而得出。

保持对实践的敬仰，又坚守理论的自信，这就是过去近30年的研究带给我的帮助。正是这个帮助，让我可以安静而持续地做研究，可以真切地与中国本土企业成长互动，可以呈现出自己的思考和观点，并与企业实践做深度的对话。

研究学者会带来什么？

在我的初中学习生活中，因为宁齐堃老师，每一天我们都要提前一个小时到学校，大声朗诵《古文观止》《增广贤文》和唐宋诗词。年少的我并不知道这样的学习，对我意味着什么。到了大学的时候，我保留了阅读典籍的习惯，《大学》《论语》《道德经》《金刚经》《易经》和《六祖坛经》等，这些经书典籍的阅读，在其时我并不能够完全理解，只是因为阅读变成习惯，保持了下来。但是多年后，我才恍然大悟，这些不期然的、积极投入的朗诵和阅读，已经把这些经典沉淀在我的认知和秉性里，这些我早年并不理解的典籍，已经在多年前成了改变我人生埋入的种子。时至今日,这些看似遥远的典籍,却真实地解决了今天世事的苦恼与问题——怎样与自然相处?怎样与变化相处?怎样与人相处?怎样去发现和想象美好?选择怎样的生活?让我在今天,能够去理解"如何成为一个更好的人"和"如何创造一个更好的世界"的思维方式和可能性。

借助于怀特海在《教育的目的》一书中的一段话来说明我的想法,他在书中写道:"要用充满想象力的视角去看任何人类组织的约束力,用充满同情的眼光去看人类天赋的局限性以及唤起服务忠诚度的条件。要掌握一些养生规律、疲劳规律和保持持久耐力的条件的知识。要富有想象地理解工厂的社会影响。要对科学对现代社会的作用有充分的概念。要懂得对别人说'不'或是'好'的原则,不是出于盲目的固执,而是出于对相关可选择的方案经过理智的评估后得出的坚定回答。"

无论是中国传统文化的典籍还是有关现代大学教育作用的诠释,都给予我们有关知识的魅力和价值的理解。美国《独立宣言》的作者杰弗逊(Thomas Jefferson)曾说:"我们相信最终会证明,人是可以受理性和真理支配的。"先贤把知识比喻为一个代代相传的火炬,照亮着人类前行的路,并指向人类的理想。人类的自信心是由人类社会在获取知识进步方面所取得的成就而产生的自豪感,如果回顾人类发展的历程,进步的地方通常就是那些知识空前繁荣的地方。怀特海继续写道:"学者的作用是唤起生活中的智慧和美······一个前进中的社会需要依靠这三类人:学者、发现者和发明者。它的进步也依赖这样一个事实,即社会中的受教育人群由同时具有些许学识、发现能力和创造能力的人组成。我在这里用的'发现',指的是关于具有高度一般性的原理方面的知识进步;'发明',指的是根据当前的需求,一般原理以某些特殊方式进行应用的知识进步。"

研究学者会带来什么?在管理学领域,研究学者带来理论知识与实践经验的完美组合。我从这个组合中获益良多。我之所以能够享受到管理研究与管理实践之间的自由切换,正是基于这样的原因:一是理论研究与教学,让我得以了解较为完整的知识体系;更多的阅读让我了解丰富的案例和文献,让我可以隔开一定的距离理性地面对问题,并了解其中关联与相互的影响。二是承担具体的企业绩效成长,让我得以面对各式各样的实际问题与挑战,并与同事们寻找一个又一解决方案，从而取得绩效实现目标；承担具体的绩效成长，让我得以承受压力而去感受管理者真实的立场和角色，从而要求自己做出理性决策并承担责任。

我明确地意识到了这种组合的完美，我们去看管理经典理论产生的背景和缘由，不难发现，那些贡献了经典管理理论的研究学者，无一不是把理论知识与实践经验完美组合的人。Coloquitt和Zapata-Phelan（2007）回顾了1963—2007年在AMJ杂志上发表的667篇文章，发现管理学领域中的大部分理论都是在20世纪50—80年代之间发展起来的。结合管理实践现象不难发现，在这个时期出现了有意思的实践现象。在20世纪50—80年代，是欧美经济快速发展、工业化进程非常高的时期，也就是在这个时期，管理实践的创新层出不穷。以前从来没有过一家工厂可以有十几万人，在大工业革命时代成为现实；以前从来没有过一个小的组织单元可以全球分布，这个时候已经做出来了；以前也从来没有过用绩效来获取收益的职业经理人。所以我们会发现，实践上做出一堆创新，研究上就会贡献出一堆新理论。管理研究和管理实践本身的合一，造就了非常多的、具有影响力的、改变世界进程的管理理论。这些理论学者共性的地方，是密切观察，并且亲身经历了他们那个时代的社会问题。更重要的是他们对已观察到的各种组织形式和实践的变异，具有很深的感受和困惑，然后试图去解答它，而且幸运的是，他们解答出来了，也就出现了相应的管理理论。因此研究与实践是本源归一的。

所以，管理研究学者的基本价值取向是：理论研究与实践经验不能分离，研究主题的选择要基于某些管理实践现实中的问题并包含着对现实的启蒙。就如《浮士德》里的句子："如果你们没有感觉，你们就不能有所追求！"在具体责任之下的、对决策结果的理解是最真实的。当你需要对几万人的成长负责、对每一个顾客负责、对每一分钱的投资负责、对利益相关者和社会负责的时候，对于管理决策本身的理解是极为深刻而清晰的，而由此对理论价值的阐述和界定也是深刻而清晰的。就如泰勒对于生产效率的理解，波特对于成本与竞争优势关系的理解，德鲁克对于知识员工价值创造的理解，他们都是把自己置身于真实的管理实践之中，寻找到有效的答案——将实践经验升华为理论知识。

康德在《实践理性批判》第一卷第一章第一节中，对实践原理下了定义，在他看来，所谓实践原理是包含意志一般决定的一些命题，这种决定在自身之下有更多的实践规则。当主体认为条件仅对自己的意志有效时，这些原理是主观的，或者是准则；当主体认为条件是客观的，对于每个理性存在者的意志均有效时，这些原理是客观的，或者就是法则。这些话的意思其实就是说只有这些实践原理对每个理性存在者都是客观有效的，才能够成为普遍受用的法则，否则就是准则了，这些准则只能主观上受用。康德还明确地指出："实践的规则始终是理性的产物，因为它指定作为手段的行为，以达到作为目的的结果。"我试着去理解康德，去理解实践理性，这也许可以帮助我们去理解研究学者的价值与意义。

研究学者必须强调学术性，必须能够运用抽象的、理论性的表述，准确的引文以及规范性训练，这是基本技能，但是这不是学术本身，即便是詹姆斯·马奇（James G. March），一个被誉为一以贯之的数理科学倾向的学者，其核心也是一直围绕着人类的各种决策过程和问题的解决过程，以及这些过程在不同组织中的表现和意义。

研究主题的选择要基于某些管理实践中的问题并包含着对现实的启蒙，这就是研究学者能够贡献的价值。《墨经》上说：知，接也。人的知觉，是与外面物质界接触而生的。我依然觉得自己幸运，可以与中国企业的实践界充分接触，从而有机会去感受管理理论知识的意义与价值，并有机会把这些理论知识借助课堂传递出去，从而见证和参与了一些企业的成长和发展。

重新创造"道"

我曾经为我的一个班的学生写过一段毕业寄语，这段话比较完整地表达了我之所以写出这样多文章的原因。毕业寄语如下：

你们无疑会成为各自领域里的未来领导者，也正因如此，你们的品性与思想将会显得更重要，因为那会影响到很多人。所以，我决定手抄《德道经》送给大家，因为这是对我影响至深的，关于"道"的启悟。

很多人都相信每个人应该是一个充分认识自我的独特个体，尤其是在互联网技术的驱动下，每个人都相信自己应该活得真实，对真理保持忠诚。所以，我们都会为"如何成为一个更好的人"和"如何创造一个更好的世界"做出努力，这也是我想教授给你们的一种世界观。

因我们拥有着共同生长的训练，你不会让自己从整个世界中抽离出来，而是让自己深深地融入现实世界中,因为你我都很清楚,唯有在实践与行动中,人的性格才会被培养出来。换句话说:我们不止于我们现在的样子,我们还可以成为更好的人。这项任务并不简单,这要求我们改变自己,而从你我认识的那一天开始,我希望改变开始发生。

我们再回到"道"。"道"并不是一个我们必须尽力遵循的"理想",而是一条通过我们自身的选择、行动与努力而不断去开拓的道路。

这套文集就是我的选择、行动与努力,集合了过去20多年我对于中国企业实践的观察、思考与判断。这套文集,我并不曾想如管理学家们,有系统、有组织、严格地、精准地,把思想凝练在一条线上,依照逻辑的推演,祈求创造出一个理论体系。我只是想把伴随中国企业成长过程中所遭遇的各种真实问题,展开真实的对话,让理论与实践之间实现动态呼应,让管理研究与管理教育,能够根植于中国企业的实践,能够面向中国企业实践,能够与企业管理者交流,并给实践以理论的回应和支持。

所以这套文集分为3集10卷,第一集《管理研究》,包含5卷,分别为:《组织与文化管理》《变革与创新》《企业家与领导力》《组织学习与知识管理》《本土管理研究》,这是我在管理学研究领域所发表的观点,我在自己定位组织与文化管理领域、关注组织与文化管理过程中所产生的问题,以及有关这些问题的答案。第二集《商业评论》,包含3卷,分别为:《经营》《管理》《成长》,这是围绕着每个阶段现实案例和企业实践所面对的现实问题而展开的思考,我曾经分别在主要的财经杂志开设专栏,及时与大家探讨中国企业面临的现实问题,并给出我自己的答案。第三集《春暖花开》,包含2卷,分别为:《不为彼岸只为海:陈春花人生感悟》和《正在发生的未来:陈春花商业洞见》,这是在我所主持的微信公众号"春暖花开"上所发布的一系列的随笔,虽然不是全部,但是也收入了大部分。在"春暖花开"公众号上,我不仅仅关注企业管理实践,也关注人们的日常生活,甚至是人生部分的自我管理与自我成长,这是我另外一部分的价值创造。

整理这套文集出版,是接受了华南理工大学出版社卢家明社长的建议,社长从学术价值如何得以更持久展开的视角,尤其是对于中国改革开放40年取得成效的视角,给了我这个建议,让我深受感动和鼓舞;编审罗月花老师细心地和我探讨具体的内容安排、文体以及相应的建议和帮助，罗老师从其专业的视角给出明确的指引和帮助，让我下定决心整理这套文集。整理这套文集整整花费了10个月的时间，在这10个月的时间里，苏涛、程城、李芷慧、王霞、袁璐、蔡明峡、刘祯一直陪伴着我，刘祯最后还承担了分类和分卷的工作。这些工作需要极大的耐心和细心，需要专注与认真，当我看到最后文集总成的文稿时，内心充满了感激，感恩学生们与我在一起，激励并启发我。而在这套文集整理好交付给出版社后，华南理工大学出版基金又给予了巨大的支持，让这套文集得以呈现在大家面前，正如我开篇说的那样，能够在华南理工大学学习与工作，是我的大幸！

整理出版这套文集，我需要着重强调，我坚持持续研究写作，也是为了鼓励我的同仁们采取行动。管理本身是知行合一的，而其核心在于"行"。在过去40年中国企业成长的过程中，管理研究与管理教育产生了很大的影响并贡献了价值，但是在学界和实践界也一直存在着质疑，质疑管理研究是否对管理实践真正发挥了应有的价值影响。我对这种质疑深表理解，但依然坚持认为管理研究与管理实践是合一的，并确信管理理论能够解决管理实践的问题，我是这样想的，也是这样做的，并借此希望，我的写作能够起到一种作用，促使管理学界付诸行动，让自己的研究面向企业实践，面对现实问题并现实启蒙。

对中国企业来讲，我们来到了一个最重要的时代机遇点。这是中国企业从未有过的一个时间点，我们在改革开放40年前里一直都在跟随西方先进企业，并没有太多的优势，无论是在规模上，还是在技术、人才和资本积累上，都无法与传统强国企业竞争。但是，我们来到了一个特殊的时间点，互联网技术使得数据、协同、智能等全新的生产力要素能高效组合在一起，也就重构了整个商业系统。

处在整个商业系统重构的今天，无论是中国企业还是世界企业，都重新站在同一条起跑线上。所以，有人跟我讲我们要不要做"弯道超车"，我不同意这个词。我们今天没有弯道，我们共同站在一个全新的起点上，我们不需要在弯道超越谁，只需要站在一个新起点上重新开始就可以。

而且已有很多中国企业的确做到了。在彭博社公布的2017年4月份全球市值排名榜中，中国有两家企业进入前十，这在以前是不可思议的，可见中国企业进步的速度是非常快的。在2017年世界500强的名单中，无论是中国的国有企业，还是民营企业，都在彰显着它们的中国力量，也越来越多进入世界500强的排行榜。再看看中国的"新四大发明"以及很多的优秀产品案例,其实中国企业正在悄然地改变着世界。不仅仅是在规模和市值方面,我觉得最重要的是中国企业开始真正去创造一些全新的价值,这个价值跟人类所追寻的美好生活相关,蕴含着生活的意义。

如果说中国企业已经来到最好的时代机遇点上,这也同样意味着中国管理研究也已经来到最好的时代机遇点上。说到致敬改革开放40年,我们最好的致敬方式就是:站在这个时代最好的机遇点上,昂然走出一条全新的道路来。这条道路如果按照十九大的报告,用国家领导人的说法就是"中国智慧和中国方案"。我相信经历了改革开放40年的中国实践,肯定会为世界贡献一个优秀的中国方案,这就是我们研究学者的价值贡献,这是使命更是行动!

陈春花
2018年1月3日于朗润园

第一集

序

研究的三个关键词：规范、坚持、价值

  我是从1992年开始步入管理教育领域并设定自己的管理研究主题的，1994年正式转入华南理工大学工商管理学院，从事管理教学与研究。有意思的是，在当时我就有一个梦想，研究面向中国本土企业的管理理论并为世界管理理论创新贡献价值。在我的认知里，管理学研究一定要回答本土的企业的问题并给出理论指导。所以，我当时就想，一定会有一天由管理研究学者来告诉大家：中国企业到底好在哪里？这个梦想在20多年前就放在我的脑海当中，带着这样的梦想踏上了我的中国本土企业研究之路。

  在了解和认识企业的过程中，我对自己提出要求，一定不要以顾问和专家的身份去企业，必须以一个企业成员的身份在企业中，这样才可以知道这个企业到底在发生什么？能够真正发挥作用的东西是什么？唯有这样才能够真正理解它，理解它之后，才能去确定企业发生的问题是否具有理论研究的价值。

  选择这样一条研究的路和三个人有关系。第一个是彼得·德鲁克，当我第一次看到《卓有成效的管理者》时，我知道这就是我要做的事情。第二个是苏东水教授，他所坚持研究的"东方管理学"对我启发极大。第三个是赵曙明教授，他一直坚持把中国管理的现实介绍给西方学者，并把西方人力资源管理理论与中国企业实践相结合，这些让我深受影响。

  在持续20多年的研究中，我慢慢摸索出自己的研究感受，也不断分享给我的学生和研究团队成员，所以才有了入选《陈春花文集》第一集的内容，这些内容是沿着我在1992年设定的"中国领先企业成长模式研究"这一主题展开，以组织与文化管理作为核心脉络贯穿其中，产出了《组织与文化管理》《变革与创新》《企业家与领导力》《组织学习与知识管理》以及《本土管理研究》5卷内容。在

每一卷的最后一部分，我都放入了面向实践和未来的开放式思考，这些思考并未借助于研究范式去呈现，而是将来要转换为研究论文的相关思考和观点，这也是我自己的研究习惯，从实践和观察中得到研究的话题，不断思考与实践对话框定问题，并把这些思考分享出来，接受实践的检验，然后再用规范的方法，深入研究下去。

当我结集这些研究论文的时候，我也和学生们分享了我对于研究的一些心得。

1. 满足规范+创造价值

一开始选企业文化研究作为自己的研究方向时，朋友们基本都是反对的，他们觉得这个方向很难出成果。但是，设定一个伟大的目标会成为强的内驱力来驱动自己。在我看来，企业文化领域是最有本土化特征的，也可能会有独特的价值贡献，所以我还是坚持做下去。有了目标带来的内在驱动力，就可以展开持续的研究了。如何展开研究需要满足两个条件：一个是符合规范，一个是创造价值。规范是什么？是研究中共同认定的基础，只有在相同的规范上，才能与其他人交流，才会获得认可，在此基础上才有机会创造独特的价值。

掌握了研究范式之后，要给自己一个更高的标准，那就是创造价值。在入选的论文中我表达了一个观点："界定问题，优于选择方法。" 2005年开始，有幸与一些学者借助于《管理学报》一同发起了"直面中国管理实践"的倡议，就是希望更多的学者能够对中国管理实践做出贡献。在过去的10年间，中国组织管理研究领域主要有两个方向，一是徐淑英教授提出的中国管理要有适应全球情景的方向，二是我们这些本土教授提出的直面中国管理实践的方向。令人高兴的是，经过10年的各自发展，现在殊途同归，研究学者们几乎都在做一个共同的方向："实践本土化，理论全球化。"

2. 选定目标+坚定不移

做研究坚持很重要，你如果选定了一个研究点，不要犹豫，要一直跟踪，哪怕是10年、20年，甚至更久。我选择了自己的研究点——中国领先企业研究，就一直沿着这个方向往下走，现在已经26年了。我自己也不知道最终的结果会是什么，但是我认为这个研究点是我一辈子要去做的事情，不会因为其他的事情而动摇。更重要的是，这个研究必须可以面向管理实践，这是我的目标和价值追求。

选择了就要不断去研究它，坚持住，别赶时髦。比如，很多人都在做实证研究，大家就都选择实证研究，但是实证研究到底要解决什么问题，其价值贡献是什么，如何从方法论到价值创造，很多学者甚至没有去深思和理解。我希望去寻求真正意义的实证，就是要进到企业去，与企业一同成长，用与企业共同成长的数据做实证。重要的还是要选择研究点，建立框架和逻辑，不断研究它，而不是满足于流行的标准。

我深受《论语》的影响,儒家讲求内圣外王,内心要有强大的坚持,成为圣人,外要有王者之态,在实际检验中获胜,这构成了真正意义上的儒家标准。所以,孔子虽然遭遇诸多挑战,但是他的目标始终不变,要辅佐君王建立更好的社会。更令人钦佩的是,他不会因为君王的要求或者不被赏识遇到挫折,就把他坚持的东西放弃了,他不会因为遭遇现实的挑战,就逃避现实而不再解决问题、接受挑战,这就是我所要学习的。

3. 没有窍门+发掘乐趣

研究要求不断读、不断看、不断思考、不断训练和反复努力。很多人问怎么做研究,我的回答是"多读、多看、多思考、多训练"。这其实是一个很笨的方法,但是研究是没有窍门的。爱因斯坦也说:"学习知识要善于思考、思考、再思考,我就是靠这个学习方法成为科学家的。"即使你突然顿悟,找到了创新点,找到了新的研究方法,你还是会发现,在此之后依然是平淡的、大量的思考和工作,需要你投入精力去完成,研究是一个没有窍门只有辛苦的工作。

同时,研究要有趣。是因为研究者要通过研究感受到乐趣,才可增强坚持下去的内驱力。我必须承认,在一个人还没有修炼到一定境界时,外部检验和激励还是非常重要的,人需要通过外部的奖励来提升乐趣。所以我对学生们说:期刊发表,获得奖励,在学术会议上宣讲论文并参与交流,得到同仁的赞赏,等等,都是极为重要的。当有一天你不再需要借助外部检验,依然充满激情地做研究,我会特别为你高兴,因为你养成了研究的习惯。

4. 广泛交流+善用"求助"

做研究不是闭门造车,我们要有大范围的交流,甚至是跨学科的交流。研究很多时候是被激发出来的,一个人冥思苦想有时反而陷入困境。"求助"是我推荐的一种快速提升的方式,建立一个学术讨论的圈子非常重要。我的学生们在同门内部的交流很顺畅,这个习惯比较好。同样与外部其他同学和老师交流学习更加重要,包括学术会议等等。参加学术会议也一样,你必须写好论文才可以参加会议,如果你没有写文章,那你就是局外人了,听不懂会议在谈论什么,你的价值贡献也没有了。与同行交流是一个非常重要的选择,一定要多向同行请教,请教的前提是能够分享自己的研究。

胜辉在苏黎世大学读博士,他看文献过程中接触到一位加拿大教授,认为这个教授的研究很有趣,就和那位教授通信交流,之后申请到加拿大跟随教授学习一段时间,教授同意了,胜辉在加拿大学习几个月,并掌握了很好的研究方法。

要知道，当你有一些想法，而这些想法可以被理解时，是一件蛮美好的事情。

我之所以选择"中国领先企业成长模式"研究，也深受德鲁克先生《公司的概念》的影响，他在《公司的概念》中热情洋溢地赞颂大企业在现代社会中的核心地位。他说："大型公司的雇员只占产业工人的少数，但是他们的劳资关系为全国树立了标准；他们的工资水平决定了全国的工资水平，他们的工资条件和工作实践也成为一种规范。大型公司的交易量虽然在全国不占多数，但它们的繁荣与否决定了国家的繁荣与否。当我们谈论美国的经济机会时，首先想到的是大规模生产的现代工厂和现代大型公司提供的机会；我们谈论美国的技术时，想到的不是统计上的平均值，而是龙头企业设立的标准值；我们谈论过去半个世纪中新出现的另外两种重要的社会机构——工会和政府管理部门时，也只是把它们作为大企业和大公司的社会产物。总之，只有大企业在自由企业经济体制下的具体组织形式才是具有代表性和决定性的社会经济机构，它为人们树立了典范决定了他们的行为。"

这使我从中感受到，大公司不仅通过大规模的生产为人们提供了赖以生存的生活必需品，而且其组织制度引导了社会中其他企业组织的制度，从而规范和影响着绝大多数人的工作和生活状态。在某种程度上可以说，大企业很大程度上承载着社会信仰、精神和希望。而我也很希望找寻到中国领先企业，并从中寻找到那些有价值的管理规律，并渴望这些研究能够真正传播中国优秀企业的管理实践、经营哲学和社会责任。

这个研究真正帮助了我，让我可以持续地获得研究的问题以及取得成果。除了这些研究论文之外，我还写了相关著作20多部，并产生了很好的影响。在《领先之道》新版发表时，我在序中写到："从尼采那里借一个比喻来说，我们是被召唤来做宇宙舞者，不会沉重地停在一个定点上，而是轻盈地从一个位置转身跳跃到另一个位置。先锋企业正是宇宙舞者，当他们选择持续领先的时候，这种选择，充实了他们的品性，也保持了他们的活力。"

今天，很多中国企业已经站在世界的前端，这令人振奋的实践成果，让我持续地激励自己，持续地坚持研究，持续地与中国企业在一起，就如圣雄甘地所说："把注意力转移到内在去。"这既是一种内在力量的唤醒，也是我寻求中国先锋企业持续领先的真正驱动因素。虽然还需要付出巨大的韧性和努力，但是会一步一个脚印地、坚定地走下去。

陈春花
2018年1月7日于朗润园

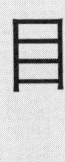

第一部分 组织变革与创新

激活组织七要素
　　——从个体价值到集合智慧　　/ 002

协同工程理论与企业改革　　/ 019

面向21世纪的技术创新模式　　/ 025

在技术创新与组织创新的互动中提高竞争力　　/ 031

组建跨部门的产品开发团队　　/ 039

超越变革：重塑变革时代的变革理念　　/ 044

群体思维产生原因及对团队创新的消极作用的分析　　/ 049

组织变革的"力场"结构模型与企业组织变革阻力的克服　　/ 057

不确定环境下企业转型的四个关键环节
　　——基于新希望六和转型的案例分析　　/ 065

创新型企业文化的机制研究　　/ 084

基于战略匹配的中小企业的文化创新研究　　/ 091

社会网络嵌入性视角的创新型企业文化作用机制研究　　/ 098

企业发展高管价值评价、选拔任用方式与
国企改革进程的相关性 / 107
水样组织：动态环境下保持领先的组织形态研究 / 122

第二部分　创造顾客价值

基于消费者行为的品牌战略　/ 132
品牌信任、品牌可信度与品牌忠诚关系的实证研究　/ 136
品牌权益的内涵及模型构建　/ 141
免费服务是否赶跑了你的顾客　/ 146
西方顾客价值概念评述与思考　/ 150
数字化时代的战略逻辑　/ 158

第三部分　科研创新

科研组织管理的新模式
　　——团队运作　/ 168
基于团队运作模式的科研管理研究　/ 174

分布式科研团队的动态协调沟通策略研究 / 180

科研团队生命周期管理的理论框架研究 / 187

科研院所的企业文化创新研究 / 193

第四部分　面向未来的思考

危机中依然成功的企业 / 200

互联网下企业"经营之变"的本质 / 205

组织变革与组织赋能 / 217

改变是组织最大的资产 / 224

数字化生存与管理重构 / 231

这次知识革命,淘汰的不是工具,是人! / 238

下一个竞争的议题是人力资源与企业战略的协同效率 / 250

寻找自我变化的方式 / 254

增长型思维的三个内涵 / 260

企业转型的挑战与实务 / 266

向星巴克学变革

　　——"致敬传统,拥抱未来"! / 275

真正影响企业持续成功的是"顾客价值" / 283

第一部分

组织变革与创新

激活组织七要素
——从个体价值到集合智慧

一、引言

自泰勒1911年"科学管理原理"提出以来,管理由经验转变为科学,随后组织理论发展经历了三个阶段:古典组织理论阶段、行为科学组织理论阶段、现代组织理论阶段,每个阶段都是伴随时代发展以及解决组织现实问题而产生。各阶段不同背景下产生的理论学派交织,形成了孔茨1961年提出的管理思想"热带的丛林",以及后续《再论管理理论丛林》中的11个管理理论学派。各个理论学派盘根错节、各有侧重。古典管理理论强调结构和管理因素,较为重视制订管理原则;行为科学管理理论强调社会心理因素,把注意力集中在激励、群体动力学等相关因素上;现代管理理论中管理科学学派强调技术因素,注重在控制和角色中使用定量化方法的使用,其他学派的重点关注问题不一而足。而系统管理理论的出现,以贝塔朗菲创立"一般系统论"为基础,从管理哲学的层面,提供了一种研究管理和组织的整体思维,从宏观、整合的视角出发,将以往管理理论联系起来,统一于系统管理理论之下。

1970年卡斯特和罗森茨韦格合作出版的《组织与管理——系统方法与权变方法》,构建了系统管理理论的基本框架,并奠定自身在系统管理学派中的地位。此后系统管理理论曾一度风靡管理学界。系统管理理论基础是系统观,钱学森曾指出,系统学的建立是一次科学革命,其意义不亚于相对论和量子力学。运筹学家阿柯夫把"系统时代"的变化,与文艺复兴时代、工业革命时代的变化相比拟,孔茨和西蒙也高度认可系统观在管理中的重要作用。美国组织理论家斯科特认为,系统管理理论带来了管理学的真正革命,并将其比作从牛顿的经典力学,到爱因斯坦的相对论的转变。系统管理理论产生时虽被寄予厚望，能从整体观出发将现存的多种管理理论纳入统一框架之下，但是由于其过于抽象和笼统，不免陷入"空泛"，在理论界和实践界解决具体问题上存在缺陷。因此该理论虽风靡一时[①]，却最终被评为"不能履行的诺言"归于沉寂。

伴随互联网技术出现而产生的巨变的外部环境，管理的效率不仅来源于"分工"，更来自于"协同"[②]。协同的概念源自于哈肯的协同学，是20世纪下半叶新兴的影响最大、普适性最强的横断学科之一，指出无论什么系统从无序走向有序，也无论平衡还是非平衡相变，均是大量子系统相互作用又协调一致的结果。协同观念应用于管理可以打破人、财、物、信息、流程等之间的固有壁垒，突破"信息孤岛"，使资源高效整合，释放出强大的价值创造力。现有管理理论中系统管理理论，强调"联系"而非"因素"的系统观，为企业协同管理实践提供了理论指导和经验借鉴，顺应了现在巨变时代下企业"协同"创造价值的发展方向。因此基于系统管理理论，本研究从结构、文化、激励、工作习惯、绩效检验、价值共同体、领导角色七项要素考察"组织整体系统的优化"。基于企业实践经验探索性提出激活组织的七要素，对未能提出具体的管理行为和明晰的管理职能的系统管理理论，指引了实践界和学术界可以深入发展和探索的七个方向，弥补系统管理理论对于实践实施方面的不足。此外，还通过经验主义学派和东方智慧对激活组织七要素进行验证，指出企业如何在巨变时代下，通过对个体的"赋能"，以及对组织"价值共享系统"的构建，实现从个体价值到集合智慧，从而激活组织获得强大的价值创造。

表1 激活组织七要素的理论渊源

激活组织七要素	激活组织七项工作	系统管理学派	经验主义学派	东方智慧
结构	打破内部平衡；消除结构障碍；划小单元；无固定领导	动态性：人造开放的动态系统；由稳定机械式向响应变化的适应式转变；稳定、持续和适应、革新之间的动态平衡；有机式系统的无结构和高度动态性	未来的组织是有组织无结构的——德鲁克	兵无常势，水无常形——孙武《孙子兵法》

[①] 陈春花.泰勒与劳动生产效率——写在《科学管理原理》百年诞辰[J].管理世界，2011(7):164-168.
[②] 陈春花.激活组织:从个体价值到集合智慧[M].北京：机械工业出版社，2017.

（续上表）

激活组织七要素	激活组织七项工作	系统管理学派	经验主义学派	东方智慧
文化	建立基于契约的信任：管理员工期望；提供组织支持；信息透明与组织沟通	互动性：群体动力的核心是成员之间的相互作用；员工潜力发挥取决于组织是否可以实现个人期望；信息包含内部和外部信息反馈网络	现代管理的本质是经营信任——德鲁克	用人之术，任之必专，信之必笃，然后能尽其材，而可共成事——欧阳修《为君难论上》
激励	设立新激励；合伙人制；工作与家庭相平衡；幸福组织	互惠性：个人和组织目标既一致又矛盾；组织中个人或群体价值观和生活作风具有更大多样性；对工作和生活质量的关切要增加；镶嵌细致的社会心理系统作用重大	"组织的目的是使平凡的人做出不平凡的事"——德鲁克《卓有成效的管理者》	天时不如地利，地利不如人和——孟子《孟子》
工作习惯	管理者真正授权；鼓励试错行为；打造自组织	关联性：管理者必须抓住关键点，不要陷入细枝末节；成员广泛参与；各层次成员具有更大影响力；由"权力不等"向"权力均等"演化	有效的管理者不做太多的决策，其做的决策都是重大的决策——德鲁克	君劳臣逸，则国亡；君逸臣劳，则国兴——诸葛亮《三国志》
绩效检验	创造可见绩效；顾客立场；为员工设计绩效；关注机会而非问题	目的性：以目标为中心，强调客观效果，足够的稳定性完成组织任务；复杂组织目标多样化	管理是一种实践，其本质不在于"知"而在于"行"；其验证不在于逻辑，而在于成果；其唯一权威就是成就——德鲁克	得道多助，失道寡助——孟子《孟子》
价值共同体	互为主体的共生系统：平台构建；价值共同体；生态逻辑	相关性：组织之间相互依赖，相互作用，影响组织整体功能；组织间的接触问题将增加；组织间有效协调手段将产生	组织不是为自己而存在的，组织是手段，每一个组织都是为了执行一项社会任务的社会器官——德鲁克《功能社会》	辅车相依，唇亡齿寒——左丘明《左传》；礼之用，和为贵——孔子《论语》
领导角色	改变领导者角色：布道者；设计者；伙伴	适应性：多元化的文化价值；组织内部成员的协调；领导者由权力转向建议和说服	管理就是界定企业的使命，并激励和组织人力资源去实现这个使命——德鲁克	其身正，不令而行；其身不正，虽令不从——孔子《论语》

二、激活组织要素一：结构

1911年泰勒出版的《科学管理原理》，是管理史上的一座丰碑，标志着一个新的管理时代的到来，泰勒本人也被誉为"科学管理之父"③。自泰勒开启的管理思想的启蒙运动，使得在过去的100多年中，管理学的发展映射在泰勒科学管理的光环之下，

---

③陈春花.泰勒与劳动生产效率——写在《科学管理原理》百年诞辰[J].管理世界,2011(7):164-168.

对管理实践以及管理理论发展都产生了较为深远的影响，是管理学的奠基石[④]。泰勒科学管理对美国工业的迅速发展，做出了不可磨灭的贡献[⑤]。科学管理的效率之谜就是在于泰勒主张知识系统地应用于工作，从而把隐形知识显性化[⑥]。以分工为基础，职责清晰，角色明确是传统结构的核心特点，确实曾在提高劳动生产率上起到了不可估量的作用，甚至保障了第二次产业革命的顺利进行。但是任何理论都有其瑕疵的存在，在批判中反思发现，泰勒的科学管理理论适应于确定性和随时间可逆的基础上，已经不能适应复杂组织系统的发展[⑦]。

现阶段互联网技术带来了高度不确定性的外部环境，个体价值的崛起呼唤对个体的关注，复杂的市场条件使自组织成为可能，因此随着管理学的动态演化，一种新的组织形式需要打破原有的内部平衡，使组织有效应对复杂多变的组织内、组织间以及组织和环境面对的复杂问题。系统管理学派对于组织方面的基本观点，为现阶段组织提供了借鉴意义。首先，该理论指出组织是一个人造的开放系统。组织为了求得生存和发展，必然同外界环境相互影响，即必定要消耗来自环境的人力、物力、财力、信息等资源，同时又向环境输出各种产品、服务等资源。其次，组织由稳定机械式向响应变化的适应式转变。系统管理理论代表人卡斯特和罗森茨韦格提出，机械式管理系统适合稳定技术的生产活动，而有机式管理系统则适合于技术条件发生急速变化的状况，未来组织发展将有从稳定机械式的组织形式向响应变革的适应式系统转化的过程。再次，组织是稳定、持续和适应、革新之间的动态平衡。卡斯特提出管理需要前瞻后顾，任何组织既有对稳定性和持续性的需求，也有对适应性以及革新性的需求。前者关注于现在，后者着眼于未来，组织是二者之间的动态平衡。最后，有机式系统的无结构和高度动态性。卡斯特认为大多数现代组织均会常发生组织结构的变化。与传统的机械式系统相反，有机式系统结构度低，具体表现为边界模糊、可变性强、刚性不足而弹性有余。随之而来的组织表现形式为边缘模糊的任务，经常变更的职位，以及各职能之间的动态相互作用。

[④]罗珉.泰罗科学管理的遗产及其反思——兼纪念《科学管理原理》诞生100周年[J].外国经济与管理,2011(9):1-10.

[⑤]胡嘉临.科学管理与经济现代化——美国工业革命的启示[J].今日科技,2005(7):36-37.

[⑥]罗珉.泰罗科学管理的遗产及其反思——兼纪念《科学管理原理》诞生100周年[J].外国经济与管理,2011(9):1-10.

[⑦]罗珉.泰罗科学管理的遗产及其反思——兼纪念《科学管理原理》诞生100周年[J].外国经济与管理,2011(9):1-10.

经验主义学派德鲁克先生曾经说过:"未来的组织是有组织无结构的"。德鲁克(1992)指出,在知识经济时代,世界不再是劳动密集、原料密集、能源密集,而是知识密集[⑧]。因此如何顺应知识经济时代,使得组织集体活动转变为利用知识的再生产活动,已成为后现代组织设计的核心问题[⑨]。传统组织结构经历了直线制、职能制、直线职能制、事业部制、矩阵制等多种不同的形式,但它们都是由按职能划分的不同部门所组成的垂直型组织结构形式。由于组织结构都是以工业经济为前提而设计的,是工业经济特有属性的体现,因此传统组织结构的弊端在互联网时代暴露了出来,一是严格的层级制度降低了工作效率;二是部门之间难以协作;三是知识型员工自主行动、自由与自我价值实现受到限制;四是难以应对外部环境的变化。由此通过"分工实现劳动生产率的最大化"的科学管理原理遭遇了前所未有的挑战,无结构的组织打破了企业内部的平衡。

此外,在东方智慧中,孙武《孙子兵法》指出"兵无常势,水无常形"。指出了用兵如神的核心,即用兵需要依据敌情来决定具体取胜方针,因此用兵作战并没有固定不变的方式方法,就像水没有固定形状一样,若依据敌情变化而取胜,就可以称得上用兵如神了。商场如战场,组织作为擅长作战的基本单元,亦不应该有固定的架构。石墨和金刚石构成元素一致,而原子之间的结构方式不同所带来的性质差异,可以得知组织内部结构重组所能释放的价值空间是巨大的。因此企业应该从固化角色转向模糊边界,从控制成本转向协同效率,以使个体得到更加自主创造的空间。提出组织打破平衡需要做三件事情:①消除结构障碍。具体为实现以任务团队结构取代层次结构,不断调整组织结构实现目标,组织成员柔性组合,信息技术协调而非控制。②划小单元。具体为培养有经营意识的人才,员工由"被动"变"主动",以及实现全员参与的经营。③无固定领导权威。管理者要有"去权威化"的领导行为,从权威化领导向尊重专业性和责任的个体形象出现,赞赏有担当及认识深刻的员工,让自己学会成为被管理者。

---

⑧DRUCKER PETER F. Managing for the future : the 1990s and beyond[J]. New York: Dutton, 1992.
⑨罗珉. 泰罗科学管理的遗产及其反思——兼纪念《科学管理原理》诞生100周年[J]. 外国经济与管理, 2011(9):1-10.

三、激活组织要素二：文化

在组织理论发展过程中，一个十分关键的问题就是个人和组织的关系。如何建立员工与组织之间的关系，是组织管理中最为核心的关系界定。早期的组织理论较为关注"组织"，而忽略了组织中的"人"。克瑞斯·阿吉里斯（Chris Argyris）提出的"不成熟—成熟"理论，关注个性和组织关系，指出人的个性发展要经历以下变化，从被动性到能动性；从依赖性到独立性；从目光短浅到目光远大；从附属地位到同等或是优越地位等[10]。而组织中的劳动分工、统一指挥、权力等级、组织控制等基本原则，虽然是组织有效经营的基础，但不适应人向成熟的发展以及自我实现的需要。因此克瑞斯·阿吉里斯提出的"阿吉里斯定理"中的定理一指出，"正式组织的要求和健康个性的发展是不协调的"[11]。无论是泰勒的"精神革命"[12]，还是法约尔的"团队精神"[13]，都是改造员工适应组织。但是由于组织是理性的，设计出秩序井然的结构和运行规则无法适应员工的千差万别，从而限制或打断员工由"不成熟"到"成熟"的成长过程。正式组织要求员工具有依赖性和被动性，循规蹈矩，严格遵从组织的规章制度，而员工发展却是需要不断获得能动性、独立性以及优越地位等。因此规范的正式组织，与成熟的，即独立自主的、积极的、个性彰显的员工组合到一起，只会造成混乱。因此克瑞斯·阿吉里斯指出，正式组织遵循的原则，是阻碍人性健康发展的罪魁祸首[14]。

组织必须找到与个体健康发展之间的协调性，那就是建立基于契约的信任。系统管理理论对于组织内部建立基于契约的信任有以下几方面的阐述和支撑。首先，群体动力的核心是成员之间的相互作用。社会心理分系统中包含个人的行为和动机、人际关系、群体动力和影响系统，受到组织中人的感情、价值观、态度、期待和愿望的影响。其次，员工潜力发挥取决于组织是否可以实现个人期望。卡斯特指出，组织所取得目标成就，很大程度上需要依赖于人的因素。而人员潜在能力的发挥，往往决定组织能否实现自己的期望。最后，信息包含内部和

---

[10] 阿吉里斯. 个性与组织[M]. 郭旭力，鲜红霞，译. 北京：中国人民大学出版社，2007.

[11] 阿吉里斯. 个性与组织[M]. 郭旭力，鲜红霞，译. 北京：中国人民大学出版社，2007.

[12] 丹尼尔·A·雷恩. 管理思想史［M］第六版. 孙健敏、黄小勇、李原，译. 北京：中国人民大学出版社，2011.

[13] 亨利·法约尔. 工业管理与一般管理[M]. 迟力耕，张璇，译. 北京：机械工业出版社，2007.

[14] 阿吉里斯. 个性与组织[M]. 郭旭力，鲜红霞，译. 北京：中国人民大学出版社，2007.

外部信息反馈网络。对组织内部而言，沟通在群体动力中具有重要作用，同时结构分系统也和信息沟通有关，信息是包含内部以及外部两种信息反馈网络。基于契约的信任对提升组织内部成员的创造力具有决定性作用，而且这种信任关系一旦建立，既可以保证成员在组织内部的长远发展，也能促进成员和组织的共同成长。由此可见，建立基于契约的信任，需要从管理员工的期望，提供组织支持，以及信息透明与沟通三点切入。

德鲁克曾指出，现代管理的本质是经营信任。信任是组织管理的关键要素，组织内不信任感的蔓延会直接让组织的绩效付出代价。关于第一点的管理员工期望，个体和组织是雇佣和契约关系，不仅表现在和组织之间的正式的契约关系，还表现在"心理契约"（psychological contract）这种特殊的关联关系上。心理契约是由阿吉里斯首次提出的，包含了组织和个人对彼此的期望[15]。在个体价值崛起的时代，组织通过管理员工期望和员工的心理契约的信任需要特别关注，需要形成组织和员工之间的"共识"。当员工能感受到组织支持，并确信组织给予其付出的努力以回报时，其对组织承诺会增大，也会更加愿意为组织的利益付出努力[16,17]。员工如果得到重要的资源（如工资增加、发展性的培训机会等），他们就会产生义务感，并且按照互惠原则，通过增加角色内和角色外绩效来帮助组织达成目标。第三点是信息透明与沟通方面，需要综合运用正式和非正式共同渠道进行组织沟通，减少沟通层级，塑造平等、理解、信任的组织文化氛围，以有助于沟通的顺利进行。以上三点均可以帮助员工感受到组织的信任，从而增加组织承诺，展现个人较好绩效。

东方智慧中欧阳修《为君难论上》也指出，"用人之术，任之必专，信之必笃，然后能尽其材，而可共成事"。具体含义为使用人的方法，就是任用他必须专一，信任他必须坚定，这样就能够充分发挥他的才能，并能一同把事情做成功。在个体价值崛起的时代，组织通过管理员工期望和员工的心理契约的信任需要特别关注，需要形成组织和员工之间的"共识"。只有建立了稳固的基于契约

---

[15]LEVINSON H, PRICE C R, MINDEN K J, et al. Management and Mental Health[M]. Cambridge: Harvard University Press, 1962.

[16]CHEN Zhixia, EISENBERGER, ROBERT, et al. Perceived Organizational Support and Extra-Role Performance:Which Leads to Which[J]. Journal of Social Psychology，2009(149): 119-124.

[17]COYLE SHAPIRO J A, CONWAY N. Exchange Relationsh ips: Examining Psychological Contracts and Perceived Organizational Support[J]. Journal of Applied Psychology，2005(4): 774-792.

的信任关系,组织才有机会与优秀的个体组合在一起,集合员工的能动性、独立性、自主地位以及远大的发展目光,为组织的发展壮大贡献力量。

四、激活组织要素三:激励

随着知识经济时代的到来,"知识"已成为了经济发展的主要驱动力量[18]。自德鲁克提出"知识员工"(knowledge staff)的概念,并定义为"那些掌握和运用符号和概念,利用知识或信息工作的人"[19],就受到了学术界和实践界的广泛关注。德鲁克指出,在20世纪,管理学最大贡献是将体力劳动者的生产率提高了近50倍,而21世纪的挑战是,如何提高知识工作者的生产率[20]。知识员工具有受教育程度高、自主性、创造性、组织的关键财富、无形劳动、不断学习、高度数量、忠于职业胜过组织等特点[21]。富于变化的、创造性的、不可预测的知识型工作,成了新经济时代的主要工作形式,而知识的利用、增值和创造等知识管理能力,以及资源和合理配置最终要依赖"知识型员工"来实现,因此如何有效激励知识型员工,已经成为现代企业发展的核心命题[22]。

在巨变的时代背景下,行业格局的调整速度不断加快,个体价值不断崛起,一旦企业创新与创造能力不足,就会被快速淘汰,因此如何与优秀的人在一起成为企业首要解决的问题。系统管理理论指出以下几个方面:首先,卡斯特认为个人参与者目标和组织目标经常是既一致又矛盾的。组织目标必须满足参与者一定程度的需要,使他们对组织做出贡献,因此提出互惠的重要概念,个人和组织之间的互惠,从而帮助完成各自的目标。其次,组织中个人或群体价值观和生活作风具有更大多样性。卡斯特和罗森茨韦格对未来组织的发展趋势中指出,镶嵌细致的社会心理系统作用重大,组织中个人或群体价值观和生活作风将呈现多样性的特征。最后,对工作和生活质量的关切要增加。组织需要对员工的工作和生活质量的关切增加,找到成功的解决方案,会对人们的满足和生产力具有重大的影响。

---

[18]廖建桥,文鹏. 知识员工定义、特征及分类研究述评[J]. 管理学报, 2009, 6(2):277-283.

[19]DRUCKER P F. Management Challenges for the 21st Century[M]. Boston: Butterworth Heinemann Press, 1999.

[20]DRUCKER P F. Knowledge-worker productivity: The biggest challenge[J]. California Management Review, 1999, 41(2):79-95.

[21]廖建桥,文鹏. 知识员工定义、特征及分类研究述评[J]. 管理学报, 2009, 6(2):277-283.

[22]张望军,彭剑锋. 中国企业知识型员工激励机制实证分析[J]. 科研管理, 2001, 22(6):90-96.

德鲁克在《卓有成效的管理者》中指出"组织的目的是使平凡的人做出不平凡的事"。组织卓有成效的关键是激发每一个员工的潜力，为组织的发展贡献力量。自进入21世纪以来，劳动力市场已发生新的变化，20世纪80—90年代的新生代员工，逐步成为劳动力市场主力并进入了就业高峰期[23]。由于社会文化氛围、教育背景、家庭关系、工作环境等存在差异，使得新生代的价值观[24]、职业承诺[25]、工作期望、职业发展[26]等众多方面，与"60后"和"70后"员工相比具有显著差异[27]。新生代员工具有高度成就导向和自我导向、注重平等和漠视权威、追求工作与生活的平衡，对幸福追求的方式更加直接等价值观特征。由于企业员工具有新生代和知识员工的双重特性，因此企业既要满足新生代的价值诉求，又要能够给予知识员工激励，所以提出三种新的激励措施：①设立"合伙人制"；②与员工一起平衡家庭与工作关系；③打造幸福组织，获取和留任知识员工，以及新生代的重要保障。

《孟子》中有记载，"天时不如地利，地利不如人和"，有利的时机和气候不如有利的地势，有利的地势不如人心所向，上下团结。而合伙制公司变成事业平台，给人才提供更好的机会与资源，身份转换、完全放权、独立运营、内部市场化、利益共享、风险共担，让人才变身为合伙人，让人才借助公司平台创业，实现人生价值与创富梦想，从而使企业的发展通过达成共识而凝聚合力，人心所向。如海尔的企业平台化、员工创客化、用户个性化的"三化"，小米的"独当一面的创始股东合伙人、初期员工的全员入股、充分授权与放手"的合伙人制，万科的"利益与风险捆绑、自我革除赖以崛起的职业经理人制度"，阿里巴巴的合伙人拥有人事控制权而非公司运营的直接管理权，华为"以奋斗者为根本"的分配机制等均取得了明显的效果。博德洛与戈拉克将工作解释为"员工获得幸

---

[23] 王冬冬, 钱智超. 领导成员交换差异与新生代员工敬业度的关系研究[J]. 科学学与科学技术管理, 2017, 38(4).

[24] TWENGE J M, CAMPBELL S M, HOFFMAN B J, et al. Generational differences in work values: Leisure and extrinsic values increasing, social and intrinsic values decreasing[J]. Journal of Management, 2010,36(5): 1117–1142.

[25] EARL J K, BRIGHT J E H. The relationship between career decision status and important work outcomes[J]. Journal of Vocational Behavior, 2007,71(2):233–246.

[26] MC DONALD K S, HITE L M. The next generation of career success: Implications for HRD[J]. Advances in Developing Human Resources, 2008,10(1):86–103.

[27] NG E S W, SCHWEITZER L, LYONS S T. New generation, great expectations: A field study of the millennial generation[J]. Journal of Business and Psychology, 2010, 25(2):281–292.

福的一种媒介"[28]"工作不创造幸福，但有助于得到幸福"。组织从关注工作角色，不理会员工家庭角色，已经悄然转变为关心员工感受生活品质的要求，提供诸如远程办公、弹性时间、工作共享、雇主支持的儿童和老人看护，以及产假/陪产假和探亲假等做法来帮助员工应对潜在的工作与家庭冲突，更好平衡工作和家庭的空间。此外在管理实践中，已经有越来越多的企业开始关注员工幸福感并着手打造幸福组织，从而实现多方面的员工激励。

五、激活组织要素四：工作习惯

在系统理论的指导下，管理者必须以综观全局的姿态，建立组织与环境的和谐关系，设计和安排组织内部的各个分系统，有效地运用计划、组织、控制、信息沟通和决策等手段，达到组织的高效率、高效能。系统管理理论指出，首先管理者要有全局观，必须抓住关键点，不要陷入细枝末节。管理系统处于外部事务和内部事务的漩涡中心里，同时也处于规范稳定和日新月异的矛盾焦点上，并且承担管理变革过程设计和制定战略选择的相应职责。因此，准确把握变革的动力和阻力、调控变革的尺度和分寸是至关重要的。其次，成员广泛参与。卡斯特和罗森茨韦格认为，未来组织中成员的广泛参与至关重要，并且成员的广泛参与有计划的变革过程将制度化。再次，各层次成员具有更大影响力。实现了权力在各层次成员间的分配。最后，由"权力不等"向"权力均等"演化。未来的组织将采用"权力—均等"模式，而不是"权力—不等"模式。

德鲁克指出，"有效的管理者不做太多的决策，其做的决策都是重大的决策"。卓有成效的管理者做的是有效的决策，他们所做都是重大的决策。研究者们普遍认为授权可以"激发能力"，遵循了Conger 和 Kanungo（1988）[29]对授权是"员工自我效能感的强化"的定义。而结构角度出发的研究者，更关注授权即"赋予职权"的定义。Kanter（1979）[30]认为员工的授权感源自于组织对员工的信息、资源的获取，决策能力、自由选择和成长的保障。Arnold 等（2000）[31]则认

---

[28]李晏墅，李晋. 员工幸福的快乐管理探索[J]. 经济管理，2007, 29(8):4~8.
[29]CONGER J A, KANUNGO R N. The empowerment process: Integrating theory and practice[J]. Academy of Management Review, 1988,13(3): 471—482.
[30]KANTER R M. Power failure in management circuits[J]. Harvard Business Review, 1979, 57(4): 65—75.
[31]ARNOLD J A, ARAD S, RHOADES J A, et al. The empowering leadership questionnaire: The construction and validation of a new scale for measuring leader behaviors[J]. Journal of Organizational Behavior, 2000, 21(3): 249-269.

为在竞争加剧和快速变化的环境中，组织为了提高其灵活性，从层级管理逐渐向自我管理团队的转变，与之匹配的是一系列的领导授权行为。授权给各级员工，是不确定环境下企业成长的根本动力。要实现这一点需要做出两方面的努力，一方面为鼓励试错行为；另一方面为打造自组织，即从"员工自我效能感的强化"和"赋予职权"的行为、动机、结构三方面出发对各级员工进行管理者的真正授权。

诸葛亮《三国志》中指出，"君劳臣逸，则国亡；君逸臣劳，则国兴"。作为君主每天很辛苦，臣子很清闲，这个国家就将走向消亡。反之，如果君主很清闲，臣子很努力做事，这个国家就将兴旺发达。企业管理者亦如此，不应陷入技术性细节中无法自拔，而应更多关注战略和企业未来发展方向，运筹帷幄，决胜千里。在管理者授权过程中一个重要的问题是对试错的态度问题，鼓励试错行为，并授权决策。决策遵循"有限理性"下的"满意"而非"最优"。环境是多变的，决策过程无法拥有"充分信息"，决策本应该是一个可变、可逆的过程，从而保证决策与环境不确定性相匹配。决策过程中寻求"满意"而非"最优"本无可厚非，但是人们为了证明其决策的正确性，往往会在执行程序时，不断维护当初的决策，从而导致结果不可调整、不可逆转，并造成企业实际经营的环境，与决策过程及结果之间存在冲突。因此授权决策给一线员工，让其直接能够做出判断，或者授权给担当责任的人，他们能够迅速做出决策并承担结果，降低错误几率。此外对于建立试错机制和自组织，也是授权的重要方面。在人类创新的历程中，制约创新最大的因素不是技术方面，而是社会对于创新的苛责，企业亦是如此。在全球范围内以创新引领发展的国家，都具有鼓励试错的机制，以及开放包容的创新创业氛围。企业也需要形成宽容失败的企业文化，建立"不断试错—纠正—迭代"的试错机制。如果是组织内部依照默契的某种规则，各尽其责并协调的自动形成有序结构，就是自组织。一个系统中自组织功能愈强，该系统保持以及产生新功能的能力也就愈强，因此通过授权打造自组织而非他组织在企业的构成中，就显得尤为重要。

六、激活组织要素五：绩效检验

组织就是"让本不能胜任工作的人可以胜任"[32]。这是组织最强大的力量，也是组织最具价值之处。组织有能力让组织成员应对不确定性，坚定成员面对挑战的信心，信心不是来源于理念，而是可见的绩效。所以组织必须建立起一种如彼得·德鲁克先生所倡导的"绩效精神"（spirit of performance），重点放在员工能做什么，而非不能做什么上，必须为每一个组织成员提供获得绩效的空间，设计让组织成员取得绩效的路径和方法。让每个成员获得绩效的关键，是让组织具有顾客立场，为员工设计绩效。系统管理理论指出把组织分为目标与价值、技术、结构、社会心理、管理五个子系统，企业履行相关社会大系统所确定的目标和职能，是企业生存和发展必须面对并正视的。首先，以目标为中心，强调客观效果；其次，要有足够的稳定性，以保证实现当前的组织目标，完成既定的组织任务；最后，提出组织复杂组织目标多样化。因为组织不得不去适应社会环境中的越来越多样化的文化价值观，复杂组织的目标将多样化，侧重点将放在实现多个目标，而不是尽最大可能实现某个单一目标。因此提出创造可见绩效的三个方面，即顾客立场，为员工设计绩效，关注机会而非问题。

管理是一种实践，其本质不在于"知"而在于"行"，其验证不在于逻辑而在于成果，其唯一权威就是成就。柯达、诺基亚等曾经辉煌的大企业被淘汰的过程，某种意义上就是因为离顾客越来越远，并不是因为技术改变造成的。淘汰企业的从来不是技术，从来都是顾客，一旦离顾客远了，就肯定会被淘汰。是否具有顾客立场，不是一个很简单的理念和追求，这需要企业所有的工作都必须是以顾客为中心。是否具有顾客立场，关键在于对以下几个方面的关注：①是不是真正以顾客为中心；②顾客需要的是价值不是价格；③能否为顾客增值；④是不是真正能把顾客价值传递到顾客的手中；⑤顾客是不是真的满意；⑥公司能不能变大取决于能不能跟顾客在一起。德鲁克的一个核心思想是，"管理者必须要把优势和机会进行匹配"。这就要求把资源投入到促进未来发展的方向，而不是耗费在解决今天的问题上。

孟子指出"得道多助，失道寡助"，即指符合道义者则能得到多数人的帮助。企业要为员工负责，为员工设计绩效，首先表现在为员工提供一个能够获得

---

[32] 陈春花.激活组织:从个体价值到集合智慧[M].北京：机械工业出版社，2017.

绩效的岗位上，把员工放在合适的岗位上，他才有可能产生绩效。如果一个人在某个岗位上无法获得好的绩效，问题有时并不是员工本身，很可能与员工所处岗位职责不匹配有很大关系，管理者就要考虑是否自己对员工的安排不当㉝。关注机会而非问题。把重点放在机会上，并不是指要忽视问题，管理者不要总是分析问题，花费精力去寻找原因，就是因为分析问题、寻找原因、采用"自我立场与自我认知"对标，虽然有数据、有判断、有依据，但得出的结论却没有意义㉞。作为管理者要想维持和创造绩效，必须要把重心放在机会上，并且把机会转化为可见成果，即绩效。因此对于组织绩效而言，关键不在于问题，而在于机会。管理者应该聚焦于机会，是结果导向，寻找可能的机会以获得绩效。那些陷入问题中的管理者，很难获得成效，而那些让复杂问题简单化，想办法不让自己陷入问题中的管理者，反而取得成效。因此管理者要关注机会而非问题，这是获得绩效的有效途径。

七、激活组织要素六：价值共同体

系统管理理论指出，大系统都是由不同的子系统所构成，子系统之间又相互影响、相互制约。对未来组织预测的过程中，指出组织间的接触问题将增多，并将发展出有效的组织间的协调手段。计算机化的决策信息系统，将对组织具有越来越大的影响。构建价值共同体——很多成功的新商业模式中，一个明显的特征是构建"价值共同体"，将客户个性化要求与高效的供应体系相连接，利用计算机技术实现合作各方的无缝连接，以高效率提供解决方案。"价值共同体"涵盖了企业自身、客户、市场对手、联盟伙伴等多重经济关系的网络体系，它表现为三种基本形式：以客户为核心的价值创造网络、以生产企业为核心的合作关系网络及以网络主体间关系为核心的竞争关系网络。价值共同体从本质上而言，是一个基于用户价值和产业网络高效合作所形成的网络成员资源共享、价值共创、利润共享的群体性产业网络模式㉟。客户需求激发、组织动态演化、信息技术整合和群体协作响应，是企业"价值共同体"的核心运营理念。建立生态逻辑就今天

㉝ 彼得·德鲁克.卓有成效的管理者:珍藏版[M].北京：机械工业出版社，2011.
㉞ 陈春花.激活组织:从个体价值到集合智慧[M].北京：机械工业出版社，2017.
㉟ 陈春花.激活组织:从个体价值到集合智慧[M].北京：机械工业出版社，2017.

的企业战略思维而言，具有生态逻辑内涵是其核心关键。传统战略思维的根本特征是以打败对手为企业一切战略的出发点。这是一种只有你死才能我活的博弈思维。对于今天的市场环境而言，战略的出发点不再是竞争对手，而是用户的体验价值，企业如果想在市场中获得优势地位，就需要围绕着用户的极致体验，进行战略要素的组合。战略不再是以打败对手为思考出发点而是以用户体验为思考出发点，为了用户极致的体验去整合所有相关的资源，围绕着用户结成一个有效的价值网络。

德鲁克在《功能社会》中指出，"组织不是为自己而存在的，组织是手段，每一个组织都是为了执行一项社会任务的社会器官"。最近十年来，一些企业发展迅速并令人欣喜，如腾讯、阿里巴巴、滴滴等，他们所获得增长完全超乎一般企业的发展逻辑，深入分析其背后的驱动因素，会发现他们具有一个共同的特点，那就是：以价值共生替代竞争。这一点甚至可以从互联网企业的免费模式中更深地感受到。以阿里巴巴创造价值的模式为例，它建立了一个提供共享价值的商业平台，在这个平台上，一端中小商户可以非常容易地开设自己的网店，另一端顾客可以非常容易地获得商品。阿里巴巴所创立的"双十一"，更是缔造了一个商业神话，集合千万供应商完成一个在人们看起来不可能完成的价值共享奇迹。阿里巴巴在实行这个商业模式的时候，并没有考虑到怎么去打败竞争对手，它的核心是怎么让供应商、物流商、中小商户以至顾客，让大家在阿里巴巴这个平台上，共同生长，互为主体，这是一套生态逻辑，这就是其创造商业神话的根本原因。即平台就是为每个价值主体创造了一个发挥自身优势的空间，以使共同体内的主体，通过相互作用，能更好地创造价值。

左丘明《左传》有"辅车相依，唇亡齿寒"。孔子《论语》有"礼之用，和为贵"。"价值共同体"作为一种新的企业范式存在，对企业管理者的要求也改变了，突出体现在四个方面：①发展建立与共同体价值成长的使命和战略；②采用合作式的商业流程；③获取有关顾客、用户和市场的知识；④决定完成使命所需要的工具。达成这些新要求，组织管理者需要从开放平台、构建价值共同体以及建立生态逻辑三个方面去努力。这是一个"价值共同体"而非"组织共同体"的时代，即组织内和组织间价值观一致的个体，可通过多种方式聚合而发挥力量。其中最为关键的是，"价值共同体"维系的关键，在于价值主体间都有价值创造，是互为主体的共生系统。

八、激活组织要素七：领导者角色

彼得·德鲁克先生说过："无人能够左右变化，唯有走在变化之前。在动荡不定的时期，变化就是准则。但只有将领导变革视为己任的组织，才能生存下来。"面对巨变时代的经营环境，领导者必须做出打破思维、打破常规、破除利益阻隔、破除组织刚性的自我超越的变革选择。在一个需要向自己挑战，不断变革自己的时代，领导者需要有更加重要的引领作用，这个时期的领导者，不仅仅是要担当责任、驱动变革，更重要的是给成员以信心，即便在黑暗之中，也能指明前进的方向。相比较之传统的领导者角色，领导者需要以全新的角色出现：布道者、设计者、伙伴。系统管理理论指出，首先，多元化的文化价值。作为社会系统的一个子系统，企业和社会具有天然的、密切的关系。组织的很多价值观来源于社会文化环境，组织只有服从社会的需要，具有达到社会目标的功能，它才有存在的价值。其次，组织内部成员的协调。未来组织将继续分化其活动，并会引起更多的一体化问题和协调问题。最后，领导者由权力转向建议和说服。作为协调组织内各成员和职能活动的手段，将更多地强调建议和说服，而不是以权威人物的权力为基础的高压强制。

德鲁克指出，"管理就是界定企业的使命，并激励和组织人力资源去实现这个使命"。孔子《论语》也指出，"其身正，不令而行；其身不正，虽令不从"。授权充分，让一线的听到炮声的人获得资源后，管理者转而要在思想上充当"政委"的角色。因此管理者要实现基于组织权力的传统领导，向三个新角色的转化。第一，"布道者"的领导新角色。在这样一个多元文化价值观下，对与错在很多时候比较模糊，甚至是不确定的，确实需要一个具有非权力性影响力的"布道者"来告诉员工什么是对的、什么是错的。对于理念和价值观处在变化的情形下，更需要通过一种能让大多数成员信服、认同，甚至崇信、崇拜的精神理念来组织成员的共同精神体系，领导者需要通过这种过程来获得组织的凝聚力。第二，"设计者"的领导新角色。选择"设计者"这个词来诠释领导者新角色，是因为现今的领导者不仅仅要有战略洞察力，理解消费者与人性需求的能力，同时还要能够把这一切转化为商业模式、产品以及组织制度。因此，作为"设计者"的领导者，需要设计商业模式、设计产品、设计组织制度，不仅仅包括产品，还有整个公司的价值理念，它包括公司所能够提供的体验的各个方面，无论是有形的还是无形的。"设计"导向，让一家公司的商业模式和产品具有了"梦想"的力量，让一家公司的制度安排具有了"梦想"的力量，这一切就是领导者需要完成的责任。第三，"伙伴"的领导新角色。今天的管理是一种基于共享价值为基础的新范式。这种新范式是指，具有系统思考的领导者，依赖于激发个体内在价值，而不是沿用至今的组织价值来考虑整体以及个体的行为。员工要能够与领导者平等对话，在员工专业领域内，领导者要能够成为被管理者，成为团队成员之一，这就需要领导者抱有关爱之心，包容、亲和力以及成为被管理者。

九、总结

互联网通过加速组织内部、组织之间、组织和环境的协同，颠覆了产业格局，重塑了企业边界，挑战了管理认知。巨变时代下高度不确定性的外部环境，使得泰勒提出的以"分工"为基础的科学管理，已经不能适应复杂组织系统的需求。在以互联网和数字化为特征的时代，信息共享下的新渠道，庞大的网上消费新族群，突破行业的逻辑的新进入者，以及共享经济下的人类生活方式的资源变革，使得企业经营环境已发生巨大变化。华为总裁任正非感慨道，"一个人不管如何努力，永远也赶不上时代的步伐，更何况知识爆炸的时代。只有组织起数十人、数百人、数千人一同奋斗，你站在这上面，才摸得到时代的脚。"华为的力量来源于个体有效结合的组织整体，这也是华为持续发展的动力所在。

一个能够让个体价值最大化的组织管理，需要做出很多根本性的改变，其中最重要的是七个方面的改变：结构、文化、激励、工作习惯、绩效检验、价值共同体以及领导者角色，这就是激活组织的七项核心要素。在组织结构上需要主动打破内部平衡，从固化角色转向模糊边界，从分工转向协同效率；在组织文化上建立基于契约的信任，通过管理员工期望、提供组织支持、增加信息透明和沟通渠道，找到个体发展和组织发展之间的协调性；在激励设计上更加注重个体需求，根据新生代和知识员工的需求，设立"合伙制"，帮助员工实现工作与家庭相平衡，构建幸福组织；在工作习惯上实现管理者真正授权，通过授权决策和建立试错机制，并授权员工打造自组织；在绩效检验方面坚持顾客立场并为员工设计绩效，利用机会创建可见绩效；在价值共同体构建方面，创造个体发挥优势的平台，形成"共生"而非"竞争"的生态逻辑；在改变领导角色方面，领导者要自我变革，完成向布道者、设计者、伙伴的新的领导角色的转换。

"这是一个英雄辈出的时代,更是一个集合智慧的时代"[36],在今天的市场格局中,内部的资源和能力也许不再是最重要的,更加关键的是企业是否以创造一个"价值共享系统",与外部机会组合在一起,进行价值创造、价值延伸以及价值共享。如何组织自身跟得上环境的变化,提升组织驾驭不确定性的能力,找到正确激活个体创造力,以及激活组织有效性的方式,决定了组织的生死存亡。通过本研究提出的激活组织七要素,只有"赋能"以激活个体,构建"价值共享系统"以激活组织,实现个体价值到集合智慧的转变,才能时刻保持旺盛的生命力,快速应对巨变时代的不确定性,获得巨大的价值创造。

(原载:《珞珈管理评论》,2017年第4期;合作者:朱丽)

---

[36]陈春花.激活组织:从个体价值到集合智慧[M].北京:机械工业出版社,2017.

协同工程理论与企业改革

一、协同作用及协同环境

用协同工程理论之协同作用观念制订企业改革的基本思路，首先要解决的一个根本问题是如何把宏观的经济体制改革与微观的经营管理制度的改革统一起来，也就是把建立和完善社会主义市场经济体制与建立和完善现代企业制度统一起来。协同工程理论中一个基本的原则就是环境原则，它要求人们在整个过程中必须注意整个环境之间的协同，即注意系统整体与环境的相互联系和相互作用。一方面，每一部分作为构成其整体的一个部分，它的存在和发展对整个环境起一定的作用；另一方面，环境的存在和发展必然要制约包含于其中的各个部分的存在的发展。按照普里戈金"耗散结构"的自组织理论，对于一个与外界进行物质和能量交换的开放系统，其熵的变化可以分为两部分：一部分是系统本身由于不可逆过程引起的熵增加dSi，这一项永远是正的；另一部分是系统与外界交换物质和能量引起的熵流dSe，这一项可正、可负、可为零。整个系统的熵变$dS=dSe+dSi$。在开放系统中，熵流dSe可以大于零或小于零。如果$dSe<0$，$dSe>dSi$，则$dS=dSe+dSi<0$。这时，系统的总熵可以逐步减少，使系统由无序趋向新的有序。形成有序之后，如$dSi=-dSe$，即$dS=0$，则系统可维持一个低熵的非平衡定态的有序结构。同样道理，正如富勒提出，尽管协同作用被以各种方式定义，但最好是在系统范围内来理解；哈里斯指出，系统就是处于动态相互作用中的组合部分，其结构的联合作用叫做协同作用。而按照帕克等在《市场营销管理》一书中的理论，协同作用区分为正协同作用、负协同作用和中性协同作用三种情形。只有正协同作用发生在组分的特定组合产生出附加效力或附加效率，或是二者兼而有之，此时，组分的这种适宜结合产生的联合作用大于各组分的简单相加，即整体大于部分之和。帕克等还提出，协同作用源于一致性要求和互补性

要求相加，即：

一致性要求+互补性要求=协同作用

把这一理论应用于企业改革，我们很自然地可以把每一个企业看作一个开放系统，它们的环境是由许许多多的企业和经济部门所组成的整个国民经济大系统。企业改革的实质是使企业获得协同作用，使企业的负熵流大于其内部熵增，从而使企业的无序状态趋于有序状态，从低级的有序趋向高级的有序。由此，按照协同工程和一般系统论的一些概念和定义，系统S是由具有相互关系的一些事物的某一个集合W和这些相互关系构成，而系统S的环境则是由一个或由一些不属于集合W，但仍然与属于集合W的事物有关系的事物所组成的集合ES。这就要求我们注意协同环境这一概念。

对于企业改革而言，其协同环境我们可以从以下几方面看：

（1）外部环境因素。包括人口因素、社会文化因素、政治因素、经济因素、技术因素。

（2）环境因素的性质分为可控和不可控两类。可控因素包括影响公司发展的管理决策及与公司发展相互作用的企业其他领域；不可控因素包括消费者选择、竞争策略及实践、政府活动、经济状态、技术进步以及社会变化等。可控因素能强制公司管理能够做什么；不可控因素则在很大程度上决定企业管理是成功还是失效。

（3）环境的层次思想。一个企业受到撞击的力量是各种各样的，如图1所示。

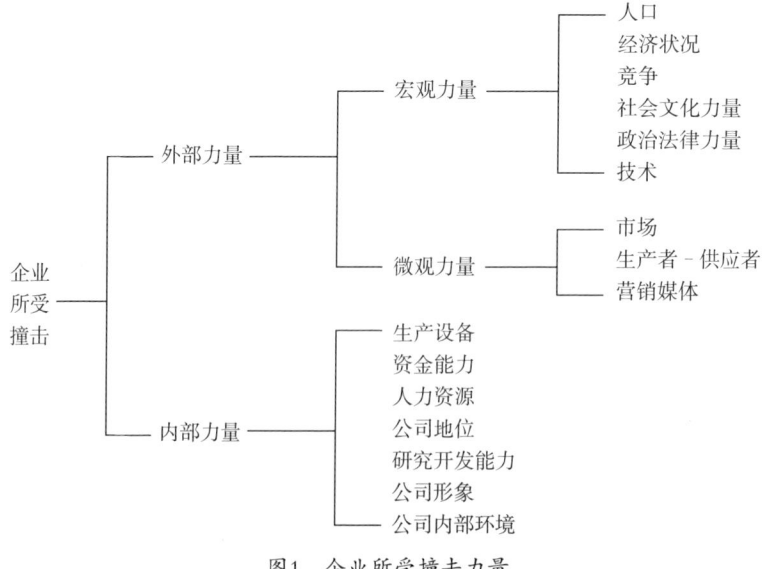

图1　企业所受撞击力量

（4）不同环境层次之间和不同环境因素之间的协同作用观念。按照帕克等人的说法，不同环境因素之间以及不同层次的环境组合之间存在着互补性，而环境组合与企业发展机会之间存在着一致性，经由这种互补性和一致性产生了诸如内部环境组合中、业务环境组合中、宏观环境组合中的协同作用以及因此而来的总体环境中的协同作用。

二、宏观经济改革与微观经济改革协调统一

由上述理论我们可以看出，企业改革要走出目前的困境，一方面，必须不断改革宏观经济，以保证企业的物质能量交换，形成一种稳定有序的耗散结构；另一方面，企业本身也必须不断适应环境变化，进行内部调节，增强自身内部各子系统之间的协同作用。提高自己的抗干扰和自身组织能力。由此可见，深化企业改革不能看成是一个一个企业的问题，也不能看成是国家和政府出台的一个又一个经济政策、法律和条例的问题，而必须把企业内外情况结合起来考虑，把解困的基本思路从只重整个经济体制的改革或企业本身的改革转变到内外结合，以环境促内部，以内适外的全盘配套改革上来。

再明确地说，就是要求宏观改革与微观改革统一，也就是把建立和完善社会主义市场经济体制与建立和完善现代企业制度统一起来。宏观的经济体制改革必须考虑到大多数企业的承受能力，它所造成的经济冲击不至于使企业的原耗散结构崩溃。微观的经营管理制度的改革，也必须沿着社会主义市场经济的发展道路进行，不能超越社会主义市场经济体制的界限。实际上，我们都承认企业改革必然是在整个社会的协同作用中才能得以实现。我们以宏观改革和微观改革统一的基础现实的生产力为例，众所周知，市场经济是生产力发展的必然产物，是同生产的社会化的一定程度相联系的，没有生产力的发展、生产的高度社会化，无论是资本主义的市场经济，还是社会主义的市场经济都不可能得到完善和发展，脱离现实生产力基础，超越生产力水平和发展要求去设计完整的市场经济体制和完善的市场运行机制，就只能是改革、法令、措施、条例一个接一个地出现，而市场运行机制仍不见得有多大的好转，甚至引起新的混乱。因此，整个社会环境的协同才可以真正实现企业改革，反映在建立现代企业制度中亦是如此。现代企业制度的建立必须从我国现实的生产力状况出发，既不能落后于现实生产力的状况，也不能超越现实生产力的状况。只有这样，宏观改革和微观改革才能步调一

致，相互促进发展。离开现实生产力的种种设想都只是一种空想。

三、企业内部协同环境的形成

就企业本身的改革来说，理论界大多把注意的中心放在产权问题上，似乎只要产权清晰了，现代企业制度也就建立起来了，企业改革的任务也就完成了。其实，现代企业制度的本质不在于采取何种产权制度，而在于是否有科学的经营管理，是否具有积极参与竞争的机制并在市场竞争中经得起各种风浪袭击，保持长久的兴旺发达能力。企业内部的经营管理水平是否适应社会化大生产的要求，经受得住激烈的市场竞争的考验，是企业制度是否现代化的根本标志。而企业内部的经营管理水平则取决于企业内部协同作用，取决于是否营造了一个协同环境。一般说来，一个企业是由人、财、物等资源和产、供、销等经济活动构成的动态系统，企业的管理是由多层次、多方面的管理子系统所构成的大系统，因此企业自身的内部环境是极其复杂的。我国国有企业的改革，要从过去落后的管理体制中创建出一种科学的管理体制，只有对各个层次、各个子系统同时进行改革，相互协调配合，才能有大的功效。过去，国有企业的经营管理机制的改革，大多在经营责任制、劳动用工制度以及分配制度上下功夫，企业基本上普遍实行了经营承包制、劳动合同制、严格的奖惩制度等等，但这些都只能在短期内收到一定的暂时实效，并没有使国有企业的活力有什么显著的提高，而且这些措施所引起的负效应，比如企业设备的损坏，国有资产的流失，技术人才的外流以及企业职工主人翁精神、奉献精神的丧失，恐怕是在短期内难以补偿的。

按照协同学这一新的系统自组织理论，一个由大量子系统构成的系统，在一定条件下，它的子系统之间通过非线性的相互作用就能够产生协同现象和相干效应，使系统整体形成宏观的时空结构，形成一定功能的自组织结构，表现出新的有序状态。根据协同理论来考虑企业经营管理体制的改革，我们自然就会明白，没有它的各个子系统的协调变化，就不可能有新的状态的产生，某一单个子系统的变化，在一定的范围内充其量也只能对原有系统结构起一种修补作用，而如果让其没有制约地进行下去，超出了所允许的界限，所引起的还会是系统原有结构的崩溃，形成从有序到无序的倒退。

四、问题在人，不在技术

协同工程在企业发展中的应用主要是从平衡公司的四个关键方面，即组织机构、通讯设施、顾客要求和产品开发这四个方面入手。在仔细分析协同工程的这四个方面以后，人们不难发现，组织机构和通讯设施这两个方面与思想体系有关，它们的形成是建立在某些人（通常是高级经理）对一些问题的态度之上的，如怎样才能建立有效的小组，权力和责任的界线是什么，什么是最有效的通讯手段等等。顾客要求和产品开发这两个方面与方法学有关，必须遵循特定的程序来缓和、明确顾客的要求，使产品与开发过程成为一个统一体。从某种意义上讲，协同工程环境是哲学范畴（组织机构和通讯手段）和方法学范畴（顾客要求与产品开发）的集中，这个理解可能用一个更为通俗的说法来概括，即问题在人，不在技术。

一切社会、经济系统都是由一定的人群集合体现在现实的生产力基础上构成的，人作为一切社会活动的主体，在系统的运动发展中起着主导作用。任何社会改革，无论是政治的、经济的、还是文化的，都必须以人为中心来进行。就企业改革来说，无论是建立现代企业制度还是企业管理的科学化都必须高度重视人的因素。许多企业花费巨资用于购置和安装以客户服务器及开放系统结构为基础的网络设备，但是这些企业仍会面临困境，原因是没有将决定新环境成败的一个至关重要的因素列入预算，这个因素就是将要使用先进技术的人。

因此我们提出问题在人，不在技术，意即企业真正的改革必须调动企业主体——人的积极性，技术是一种手段。技术完善的程度最终仍取决于人，从协同理论的观点更能证明这一点，协同环境的形成取决于人的主观认识，取决于人的精神因素，协同本身就是一个人的概念。人的精神因素与技术可以互补，但不可以互相替代，其中人是第一因素，也是决定因素。我们都可以看到的一个现象是：同一类型的企业，在技术水平、人的素质、生产设备、技术性能、生产工艺大体相当的条件下，企业效率会有很大的不同。美国哈佛大学教授来宾斯坦（Lebstanl）在研究企业效率时得出结论：企业投入与产出之间并不存在着单一的关系，不该认为在一定技术条件下，企业有什么样的投入就必须会有什么样的产出，理论上的投入产出比率是有差异的。在通常情况下，实际的投入产出比率要低于理论上的投入产出比率，他把这种低效率称之为X低效率。我国的一些经济学家对低效率进行了研究，结果表明企业凝聚力是决定企业X低效率的根本原因，我国国有企业普遍存在X低效率就是因为企业凝聚力低。不言而喻，企业凝聚力的高低在一定的物质技术基础之上，主要取决于精神因素，要提高企业的凝聚力不是仅靠几项简单的制度就能解决问题的。

凝聚力的形成有多种办法，受多种因素影响，但人的协同观念是其中一个重要的因素，而表现在直接的行为上就是员工的主人翁精神，这就是要使每个员工真正感受到自己是企业的主人，对企业的兴衰荣辱负有直接的责任，并把个人以及家庭的命运和企业兴衰统一起来，这样才能实现企业的改革。

（原载：《华南理工大学学报（自然科学版）》，1997年第4期；合作者：周霞）

面向21世纪的技术创新模式

1992年6月联合国在巴西召开"环境与发展"首脑会议，通过了全球《21世纪议程》，1994年3月，国务院通过《中国21世纪议程》，使中国成为世界上第一个制定21世纪议程的国家。我们将迈向21世纪，世界的发展趋势、国家的行动纲领都应当顺应自然和社会的要求，其中技术创新将起十分关键的作用。

一、21世纪国内外环境和条件

我们面临十分严峻的环境，人口急剧膨胀，资源进一步减少，环境污染严重，生态平衡遭到破坏，社会问题进一步恶化。自地球上有人类以来到19世纪初，人类仅有10亿人口，随着生产的发展，人口增长速度的加快，人类对环境产生巨大的需求和压力，特别是第二次世界大战后，西方国家大力发展经济，如今世界各国均以发展经济为最高目标，以GNP计算，第二次世界大战以来，世界经济增长50倍，而对矿物能源的使用量增加30倍（1996），各国竞相追求的经济增长均建立在资源消耗的基础上，其中绝大部分是不可再生的高消耗资源。据有关专家预言，以现在的模式发展，50年后全世界现已探明储量的煤将被耗尽，其他已发现和正在被利用的资源也将逐步告罄，资源的过度开采严重影响了生态平衡，地球——我们共同居住的环境，酸雨增加，沙漠面积递增，保护地球生灵的臭氧层已出现了几次空洞，海平面上升，气候变化明显，人均耕地减少，失业人口增加，在高速增长的经济繁荣背后是地球越来越小的承载力。早在1970年梅都斯等人就已提出了经济零增长模式。

中国目前面临的问题更加严重。在总体上我国是一个资源并不富裕的国家，如可耕地仅为全球人均占有量的32.3%，森林仅为全球人均占有量的14.3%，淡水仅为全球人均占有量的28.1%（1996），石油等一些重要矿产资源相对不足，资源十分短缺而资源利用率却很低。我国拥有12亿人口，人口基数庞大，人口总量持续增加，由此带来就业、住房、升学等许多难以解决的社会问题。从1979—1994年，我国经济平均每年以9.8%的速度递增，但随之也出现许多环保问题，SO_2排放量高居世界第一，氟里昂排放量也居世界第二位，工业污染加剧，使自然环境受到极大的破坏，而人们的环保意识和能力却十分薄弱。面向21世纪，在可持续发展主题下，我国将充分协调经济、自然、社会的发展。在世界向多极化发展、紧张局势总体趋于缓和的国际形势下，我国将拥有一个和平的环境，持续发展成为可能。

二、技术创新与可持续发展

（一）可持续发展的含义

1987年挪威首相布伦特夫人领导的世界环境与发展委员会在《我们共同的未来》一书中提出：人们有力量使人类的事务同自然规律相协调，既满足当代人的需要又不危害后代人的生存利益，即应当保持持续发展。1991年世界自然保护同盟、联合国环境规划署、世界野生生物基金会在《保护地球》中给可持续发展下了明确的定义："人类生活在永续、良好的生态环境容量中，同时又要改善人类生活的质量。"要提高人类的生活质量就必须促进经济的增长，经济增长意味着人力的投入和资源的消耗，同时也为资源的再生和恢复、社会进步提供条件，因此，可持续发展总体目标模型可简单设定为

$$\left.\begin{array}{l} \max Z = F(z_1, z_2, z_3) \\ s.t \quad \max f_1(z_1, z_2, z_3) \leq T_1(t) \\ \quad \quad \max f_2(z_1, z_2, z_3) \leq T_2(t) \\ \quad \quad 倍, z_1 > 0, z_2 > 0, z_3 > 0 \end{array}\right\} \quad (1)$$

其中，z_1, z_2, z_3 分别表示经济、自然、社会增长变量，$F(z_1, z_2, z_3)$ 是关于经济、自然、社会的多目标函数，以经济的权重为最大。f_1 表示经济、自然、社会持续发展对资源的消耗函数，f_2 表示由于经济、自然、社会持续发展引起社会类需求膨胀对自然产生的压力函数，T_1, T_2 分别为时段 t 上资源耗费类、人口增长类的物理上可持续承受的水平值。显然这是世界经济发展模式的一次重大变革，它本身就是一次技术创新。

(二)技术创新是实现可持续发展的重要途径

可拓学认为任何事物都有正、负部,可持续发展的核心是经济增长,经济增长必然带来资源的耗费并产生污染。过去我国采取粗放型的经济增长模式,资金投入多,能源消耗大,资金利税率和劳动生产率却很低,经济效益和生产质量处于较低的水平。面向21世纪,我们只有通过技术创新提高经济增长中的科技贡献率,实现集约型增长模式,提高经济整体素质和生产要素的配置率,发挥结构化效益、规模经济效益。

自熊彼特提出技术创新(以下简称TI)的概念,到如今它的意义已为人们所深刻认识。我国《科学技术进步法》规定,逐年提高科技经费占国民生产总值的比例,到2000年该比例要达到1.5%以上,用于科技经费的财政增长幅度要高于财政经常性收入增长的幅度。各国政府相继制订了向TI倾斜的政策,作为TI的主体,企业也加大了对创新的投入。1995年国务院发展研究中心和国家统计局对甘肃、福建两省企业TI活动的调查显示:大中型、小型企业开展TI的比例分别为82%、41%,实现TI的比例分别为73%、38%;1994年开展创新活动的企业共投入费用37.72亿元,占销售额比重的5.3%,其中福建、甘肃的创新投入比大约为1.8:1,而两省的人均年总收入、人均年利税分别相差1.6和2.0倍(1996)。显然,企业加大了TI的步伐,TI使企业生产全要素发生了比较显著的变化,实现TI的企业有一半以上收到良好的效果:原材料消耗、产品成本降低,产品质量和劳动生产率提高,TI的投入愈多,企业的绩效也愈大。因此,TI的意义重大。

三、技术创新可拓模式

熊彼特把TI定义为生产函数的一种转移,是生产要素依据并满足市场需求,实现潜在利润的重新组合。TI的方法有技巧性的如形态分析法,原理性的如物场分析法,但它们较难形成算法,而运用可拓学则可以建立TI的新模式。

(一)技术创新的可拓构思

在TI的整个过程中,创新构思十分关键,它为创新活动的开展设定方向。创新的构思源于对新产品(或技术)的追求,一般来说,TI有产品创新、工艺创新和管理创新三类。根据可拓学中物元的定义,这三种创新都是一类事物,都有一个或多个特征及其对应的量值,即可由物元分析理论来描述。设创新事物为N,

它的特征为c，N关于特征c的量值为v，则创新构思的一维物元可表示为$R=(N, c, v)$。

1. 全新构思模式

创新可分为全新的创新和改进的创新，不同类型的创新应按不同的模式进行。以产品为例，全新产品指的是采用新原理、新材料、新工艺等生产的产品，基本无参照物，因此，全新产品的构思只能根据市场需求，从产品的功能出发，设定产品的功能特征，根据产品的特征元(c, v)，找出其功能特征的v，再由R的可扩性尽量构造全征物元$cpR(N)$。可拓学认为，事物的特征分为三类：描述事物的作用或用途的功能特征，描述事物性质的性质特征，描述事物实体的义特征，但它们均不能描述产品形成过程中对资源的消耗，因此，描述事物形成过程中产生消耗的特征定义为事物的消耗特征，记为c_h，消耗特征集记为$\{c_h\}$。显然，任何产品任一功能的实现都是以一定的资源消耗为特征的。设产品功能特征集为$\{c_f\}$，性质特征集为$\{c_g\}$，实义特征集为$\{c_r\}$，则$\{c_f\}\Rightarrow\{c_h\}$。

因为，$\{c_f\}\Rightarrow\{c_g\}$，$\{c_g\}\Rightarrow\{c_r\}$，所以，可沿下列途径找出$\{c\}$

$$\{c_f\} \rightarrow \{c_g\} \rightarrow \{c_r\} \rightarrow \{c\} \atop \hookrightarrow \{c_h\} \qquad (2)$$

因为$v=c(N)$，所以根据特征元的蕴含关系可找出上述特征所对应的量值，得

$$R = \begin{cases} N, & c_1, & v_1 \\ & c_2, & v_2 \\ & \dots & \dots \\ & c_n, & v_n \end{cases}$$

2. 改进型创新构思模式

改进型新产品指在原产品基础上，部分地采用新技术、新结构或新材料对产品的局部进行改进，从而使产品的功能、性质、消耗或经济指标有显著的改变。如设原产品为N，N的实、虚、硬、软、潜、显、正、负部分别为reN、imN、hrN、sfN、ltN、apN、$ps(c)N$、$ng(c)N$，则

$N = ps(c)N \times ng(c)N = hrN \times sfN = apN \times ltN = imN \times reN$

对N进行分解得

$$\left.\begin{array}{l}\mathrm{hr}N=\{N,\ N,\ \cdots,\ N_n\}\\ \mathrm{hr}N_i=\{N_{i1},\ N_{i2},\ \cdots,\ N_{im}\}\end{array}\right\} \quad (3)$$

其余类推。按照上文的方法即可找出R，R_i（$i=1,\ 2,\ \cdots,\ n$），R_{ij}（$i=1,\ 2,\ \cdots,\ n;\ j=1,\ 2,\ \cdots,\ m$），$\cdots$。设需改进的物元为目标物元，记为$R_b$，若它为一维物元，则$R_b=(N_b,\ c_b,\ v_b)$，若它为多维物元，则$R_b=[N_b;\ (c_{b1},\ v_{b1}),\ (c_{b2},\ v_{b2}),\ \cdots,\ (c_{bn},\ v_{bn})]$。为简化分析，以下仅讨论一维物元。

显然，$R_b\in\{Rx\}$，$c_b\in\{cx\}$，$v_b\in\{vx\}$中至少有一个条件成立，即R_b、c_b、v_b中至少有一个可变。设变化的要素为目标点，记为$\mathrm{mb}R$，则$\mathrm{mb}R\in\Gamma$。改进型产品创新都是依据市场调查的结果，选择$\mathrm{mb}N$进行置换、扩缩、分解等各种物元变换，由

$$R_b \dashv R_{b1},\ R_{b1} \dashv R_{b11},\ \cdots,\ R_{b111\cdots 111} \dashv R_{b1111\cdots 1111} \quad (4)$$

从而得到新产品构思的多种方案。

（二）创新的可拓性研究

创新的可拓性研究在创新构思的基础上进行。21世纪TI的一个重大转变就是在保证产品效益的前提下尽可能降低消耗特征的量值。所以，构思的方案可以模型（1994）进行筛选。

$$\left.\begin{array}{l}\max W=f_3(c_1,\ c_2,\ \cdots,\ c_n)\\ \mathrm{s.t}\quad \min c_i(N)>H_1(t),\quad i=1,\ 2,\ \cdots,\ k,\ k\leq n,\ t>0,\ c_i\in\{c_h\}\\ \max c_i(N)<H_2(t),\quad i=k+1,\ k+2,\ \cdots,\ k+n,\ t>0,\ c_i\in\{c_h\}\end{array}\right\} \quad (5)$$

其中，$H_1(t)$、$H_2(t)$分别表示在时段t上产品功能、性质、实义特征量值综合水平和产品消耗特征量值可持续承受水平，W表示产品综合经济效益，它是产品的特征函数。

TI其他环节的模型都可应用可拓学理论来建立。

TI可拓模型由物元的可扩性以及物元变换导出，得到多种方案，通过菱形思维收敛可得最适合的方案。它便于形成固定的算法，借助计算机完成，但模型是否具备可操作性，还取决于能否获得相关的信息。实际上，在我国国有大中型企业的信息需求中，主要的需求依次为：新科技、新工艺信息，新产品开发与产品发展趋势预测信息，市场信息，技术设备引进信息等（1995），加速技术创新的信息化已迫在眉睫。利用现有的信息网络，建立政府、地区或行业、企业三级

技术创新信息系统网络已是形势所趋。未来21世纪是信息的世纪，信息将成为国家、地区、企业最重要的资源，面向21世纪，技术创新系统也必须全信息化。只有适应可持续发展的要求，技术创新才具有生命力。

（原载：《华南理工大学学报（自然科学版）》，1997年第4期；合作者：周霞，夏伟）

在技术创新与组织创新的互动中提高竞争力

微软公司是一家有形规模较小，商品库存较少的公司，其资产价值却达到了2000亿美元。相比之下，通用汽车公司作为工业时代的堡垒，其全球设施与库存均居世界首位，但它的资产价值却只有400亿美元，这究竟是怎么回事？原因很简单，因为世界经济已经从"工业时代"进入"知识经济"时代。衡量成功的尺度已成为以知识为动力的创新能力，企业要想在知识经济中求得生存与发展，提高竞争力，就必须进行创新。企业创新是基本的、普通的或者说是典型的经济创新形态，包括两方面的内容，技术创新与组织创新。传统的创新模式忽视了组织创新的作用，组合创新则将两者结合起来。图1给出了传统模式与组合创新模式的比较（Xu qingrui，1998）。

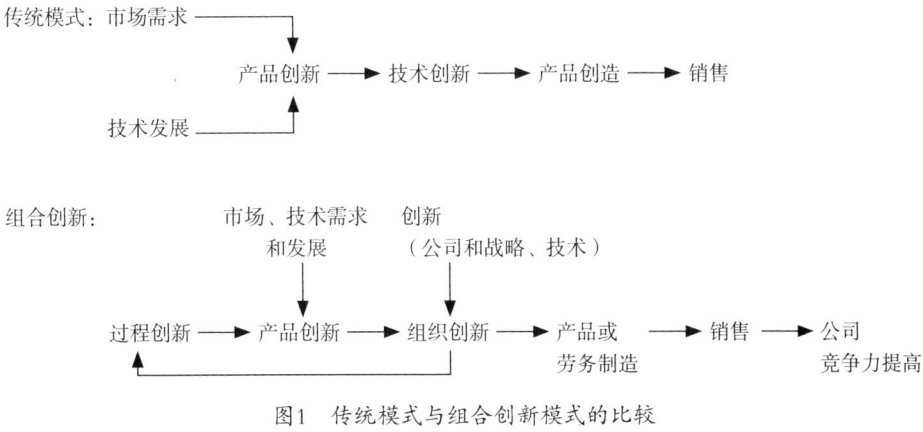

图1　传统模式与组合创新模式的比较

新的模式，可以看出两者并不是孤立的，两者之间存在着互动关系。技术创新的成功必然要求组织创新，而组织创新又进一步推动了技术创新，企业竞争力在两者的互动中也得到了迅速的提升。

一、技术创新求生存

一般来说，企业的成长最早源于技术创新，往往是因为一项新技术发明而推动了整个企业的变革。何谓技术创新？它是指一种新的生产方式的引入。这种新的生产方式可以是建立在一种新的科学发现的基础上，也可以是以获利为目的的经营某种商品的办法，还可以是工序、工艺的创新。

由定义可以看出，这种新的生产方式并不局限于物质、设备等的硬件更新，在知识经济时代更为重要的是工艺程序设计、操作方法改进等的软件创新。本文引述的福建东百集团正是百货零售业以软件创新而使企业竞争力迅速提升的典型案例。东百集团的前身是成立于1957年的福州东街口百货商店，从股份制改革后1993—1997年，公司销售、利润两大指标均呈二位数增长，经过几年股份制运作，东百走出了一条"深层次改革、多层次经营、高层次发展"的道路，以科学的管理模式，现代的管理方法与严格的管理制度在创新中不断提高企业竞争力。

大型百货公司一度以其独特的经营方式吸引了众多消费者，但由于近几年国内商场盲目发展，数量又过于集中，而丧失了独特的专业魅力，在经营中失去了原有的市场吸引力。据国家统计局权威数字显示1996年1月—11月，全国212家大型零售商店，有119家出现了销售收入净额负增长，160家出现利润总额负增长。1997年仅第一季度的亏损额已达1.29亿元，与此相对应的却是国外大型百货公司的仓储式连锁店迅速占领了国内市场，深圳沃尔玛、广州好又多、万客隆、家乐福，以其管理、资金优势蓬勃发展。在这种情况下，国内方兴未艾的零售百货业连锁店革命进一步纵深发展，但与国外或合资店相比却出现了分店越多亏损越重的现象，这固然与国内流通体制等外部原因有关，但关键还在于国内对连锁店这种经营方式普遍存在一种误区，认为只要店堂外观、内部商品陈设基本一致就行，却忽视了连锁店最大的优势是为消费者接受、体现经营理念的企业形象；同时，充分利用零售商场的销售渠道，通过扩大进货批量来降低进货成本，在商业竞争中形成价格优势，扩大自身销售额，也就是说需要灵捷性和多样性；与变化、革新和新颖相联系，与稳健性和复原力相联系，即转变传统的组织系统与管理规则，从而变得更具柔性。

　　遵循这一原则，东百集团在连锁店经营热潮中，并未四处开花，而是按照企业制订的发展战略，立足于福州，抓住企业核心经营能力，积蓄力量。1997年企业正式全面导入IC战略，明确企业经营理念，为企业引入现代零售业态做好准备。集团领导认识到：现代零售业态是高科技与高投资相结合的产业，远不是一种简单的传统商业的低进高出和进销存调流程方式，其真实的内涵在于用零售的方式从事实质的批发业务，用产业链组织者的力量带动大工业生产。而大型仓储连锁店在我国迟迟未进入成熟期，也在于连锁店经营方式的技术制约，即连锁店经营环节与程序及管理要点难以软件化。因而，集团决定以适用于企业的管理方法与管理手段的创新为突破点，依靠创造信息资源的信息技术，冲击原有的思维方式、组织障碍，发展成为"创新型"组织。一方面尽量将连锁经营环节与程序标准化；硬件的引进使新的交易方式得以实行，如订货上的订单制、品牌开发上的定牌制及商品销售上的代理制与经销制，从而一改往日"零售业的物业管理者"形象。新的交易方式要求新的管理方式。将原来分散的采购、财务统一集中管理，如物流中心统一了采购权有利于降低采购成本，加强质量控制。同时硬技术的逐步软化，要求企业不仅仅改变组织框架，更重要的是建立相适宜的企业战略及管理体制。另一方面依靠员工的团队精神，也就是说用水平沟通代替垂直沟通，从而将购销分离的信息成本降到最低，提高企业的市场竞争力，经过初步可行性论证，集团于1998年初投资1000多万元开始在总部引入MIS。集团并不是简单地将计算机技术、网络技术、POS系统、电子转账作业系统、自动订货系统等成功的连锁经营必要的科学技术堆积在一起，而是同时通过组织机构、管理方式的转变建立与之相应的成熟的科学管理系统。多数企业在信息化的过程中总是从企业现存的经营过程来看待信息技术，想的是怎样使用这些新技术的能力来增强与改善当前的工作方式；而集团却领先一步，考虑的是将怎样使用新技术使自己做好当前和过去没有做过的工作，更多地关注如何利用信息技术的新能力实现全新的目标。图2说明了集团创新后的组织架构的变化。

　　再者技术创新必须坚持高起点战略，不仅要考虑现在的情况，还要考虑未来的价值，使创新保持超前性。方正集团创新机制的顶天立地模式极佳地注释了这一点，所谓"顶天"即要有高度前瞻意识，立足于国际科技发展潮头，感受市场最前沿的需求刺激，不断追求技术突破；"立地"则要求营销的开发、技术与市场紧密结合，一方面创新与技术拓展出全新的市场生存空间，另一方面新的市场

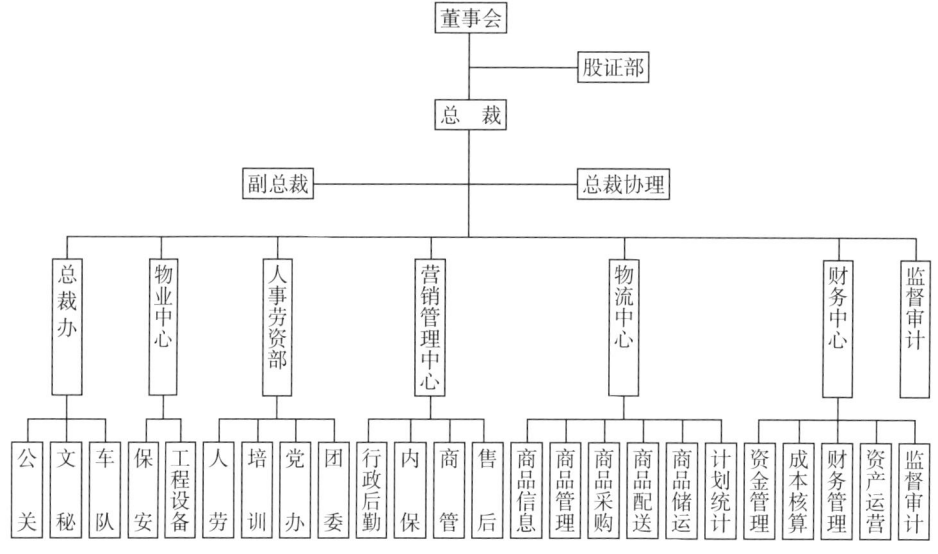

图2　试行后组织机构图

需求又刺激新技术开发的创造力与激情。在"顶天立地"模式的指引下，方正完成了一次创新向持续创新的过渡；单一产品创新向系列产品创新的过渡；能人创新向集体创新（组织创新）的过渡。

二、组织创新求发展

技术创新是市场经济的产物，市场既是技术创新的终点又是起点，企业适应竞争，加速技术创新是企业管理的重要途径。但研究表明，企业技术创新发生的频度、规模及成功率很大程度上依赖于组织学习状况，也就是说，只有将创新渗透于管理过程中，作为经常性的主要管理职责，才能适应"无边界竞争时代"。彼得斯·奥汀在《追求卓越》一书中谈到企业组织变革问题，认为企业需要创新精神，而创新精神首先是从顾客那里吸取新思想、革新热度与热情、以小胜为大胜等。彼得·德鲁克亦指出，20世纪90年代是企业大改组的年代，企业内部组织机构及外部竞争合作方式均在进行一次大调整，已形成"一个组织、管理与策略上的新纪元"。这些企业改组的实质就是组织创新。西方国家目前流行的企业再造、组织重建、并行工程与精益生产、战略联盟、虚拟公司、中场产业及插入兼合式企业均是组织创新的一些具体方式，国内外同行业间激烈的竞争要求企业重构管理框架，以求找到自己特定的具有竞争力市场来组织设计与生产产品。同时，现代科技的飞速发展，使产品换代周期不断缩短，变成为唯一不变的真理，企业要生存就必须进行变革，不但要变得快，还要变得巧，成为具有个性化特征的创新型企业。无论是美国的IBM、惠普、3M，德国的奔驰汽车，还是日本的松下电器公司都是如此。但创新精神只能在鼓励创新、不畏危险、不惧失败的企业文化环境中才得以形成。正如约翰·科特在《企业文化与经营业绩》一书中指出的那样，只有那些能够使企业适应市场经营环境变化并在这一适应过程中领先于其他企业的企业文化，也就是灵活适应型企业文化，才会在较长时间与企业经营业绩相互联系，这种文化的核心就是创新精神，良好的组织环境不仅有助于新思想的产生，而且也能使这些新思想迅速而有效地转变成实际运用。

美国的3M公司，几十年来锐意创造，总是以领先于他人的速度不断开拓新的技术领域，推出新的产品。新技术与新产品是人创造出来的，3M的超人之处就在于它有一套完善的用人机制。3M公司发掘了培养企业家与创新家的行为准则简明别致："不要妨碍他们的工作。"这种鼓励创新的企业文化使3M公司遥遥领先。迪士尼公司在娱乐文化上进行创新，于1955年将米老鼠们请进迪士尼乐园，开创了独一无二的巨大市场，把本世纪的游乐园发展到了几乎完美的程度，而别人很难在这一市场上与其竞争，它得到的则是"超级文化利润"。总之，当满足灵活、行动迅速和集约管理、联盟组建等各种关系的条件，创新最可能繁荣起来。由上所述可见，技术进步直接改变着企业间的竞争格局与竞争实力，企业要想在市场竞争中获胜，超越竞争对手，技术创新是不可忽视的因素。技术创新不仅为企业组织创新提供了物质技术条件，也成为企业外部环境变化，进而成为企业不断创新的直接推动力。而组织创新则成了一种机制，不断调整变无序为有序，变不协调为协调，使企业在适应环境变化的过程中得以生存与发展。当企业内部不协调因素由量变积累到一定程度，即将发生质变时，企业内部的组织创新就是企业靠内部调整实现企业由不平衡到平衡的唯一生路。同时组织创新的最大优势还在于适应变化、创造变化、制造无序、以变制变，由于变化经常是难以预测及出人意料的，与其被动紧跟市场，不如创造引导市场。索尼公司最早开发随身听时，并没有进行市场研究。因为他们知道人们只想方便却不知道自己真正需要什么服务。他们能告诉顾客他们需要什么。果然"随身听"一推出市场，就成为市场的宠儿，打开了新的市场。综上所述，他们的关系如图3所示。

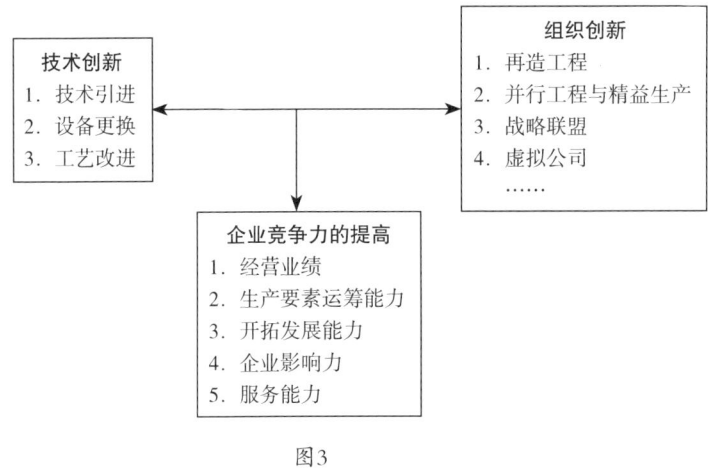

图3

三、我国企业创新思路简析

企业创新为企业在动态多变、竞争激烈的市场环境中获得竞争优势，提供了新的思想、新的方法。但我国许多企业在创新过程中却步履维艰，成效甚微，是企业创新本身的高风险吗？不，因为从实质来说，企业创新是降低经营风险，从根本上提高企业经营效益的手段。企业创新就如同踢足球，踢得失败并不是因为运气，而是水平不够。因而企业创新成功的关键在于知识与能力，在于认识到自己踢球水平不够的症结所在。几乎每个国内企业在经验总结中都会提到创新，将自己的一时成功归于创新，以创新为管理时尚来标志自己的管理水平，却忽视了创新内涵与实施规则。事实上，我国企业创新存在两大问题：①缺乏创新自觉力；不排除我国有一批优秀企业如海尔、华为、万科、联想、东百等在主动适应市场甚至创造市场的过程中，自觉创新而取得了令人瞩目的成绩。但实际上还有一大批企业在传统体制僵化的组织机构中，打着企业资产重组、再造企业的幌子，不创不新处于被动之中。也可以说，这些企业的管理人员也确实知道要创新了，但这种创新不是自己主动自觉地进行技术或机构上的创新，而是热衷于财务账簿上的策划，忽略了经营目标上的创新，结果使企业始终无法摆脱困境。因而对我国企业而言，首先是促进创新自觉力的形成。②认识不到企业两大创新，即组织创新与技术创新间的互动关系。

本文仍用福建东百集团为例，说明企业如何通过改善组织环境，运用企业机制的先发效应，提高市场竞争力。创新管理的第一个关键问题是怎样使管理者注意，怎样促使管理者重视创意、需求与机会。机会来自于顾客的需求，因而与用户或顾客的紧密接触是重要的创新启动因素。百货零售业主要是靠提供给顾客优质的服务来增加附加值，服务作为一种无形产品，其效果极大程度上取决于顾客的主观评价，因而获得顾客认可尤为重要。沃尔玛的成功原因之一就是它获得了绝对值得信任的好名声。另外良好的企业形象是获得顾客认同的有效途径。麦当劳叔叔、肯德基爷爷的成功事实证明，谁能够将良好的企业形象呈现在社会公众面前，谁就能够在对手如林的激烈竞争中赢得社会公众的认同、理解与支持。东百意识到面对新的社会经济与文化环境，必须结合企业发展要求，重新整合企业经营理念，以新观念去应变，以企业的风貌去开拓东百发展的新天地。东百走出的第一步就是通过导入IC战略，统一理念，确定企业的本质，呈现企业的风格，为进一步的技术创新创造环境。东百的价值观念"东方人的本色""百姓家的向往"，既内涵了诚实守信的东方商业道德，又强调了"顾客至上"的企业宗旨。为顾客服务的追求是无止境的，因而企业在为顾客服务过程中，为满足顾客的需求，甚至引导顾客需求，就不得不常创新，使企业创新成为自觉。表1为创新前后的管理模式变化。

表1 创新前后的管理模式

传统模式	正在出现的模式
逐级控制	集中与分散相结合的控制
按商品类别的独立经营活动	以规模效益为基础的相互依存的单元
垂直集成的单一结构	多种形式的联盟、多种结构
传统的百货经营思想	现代开放的经营思想
强调短期效益	强调柔性

任何企业竞争的后面都是人的素质与精神的较量。催人奋进、引人向上的企业精神是企业为之奋斗的长远目标，是企业为凝聚员工的意志而提出的高层次要求。企业利用统一的理念口号将无形的思想变成有形的制度放在眼前，作为统一意志与行动的"焦点"，将创新变成员工精神为核心的现代经营理念识别系统。可见东百集团以改善组织环境形成企业创新自觉力，随之又采用新的经营管理，使企业市场竞争力提高的方法是值得企业借鉴的创新之路。但对国内企业而言，更重要的是着眼于本企业的经营过程，采用创造性的思维方式，才能避免简单模仿而毫无成效的老路之中去。而且实践表明，对我国大部分企业而言，为带来根

本过程创新而在系统与人力变化方面进行大量投资是十分困难的，尤其是我国现阶段缺少足够的创新资本与创新人才，因而通过改善进行创新是可行的，同时也要认识到由于经济环境的动态多变与科技水平的日新月异，实施企业创新又是一个持续变化的过程，因而必须对企业创新的后续阶段，有更长期的规划与展望。信息时代，世界上任何一个企业所能提供的最好的价格、最好的质量与最好的服务会迅速变为各个企业所效仿与遵循的标准。竞争的标准在升级，企业若墨守成规，不以崭新的管理法则、经营法则及对新技术的开创性，即在组织创新与技术创新互动中，创新出新的竞争力，便会很快在市场上失去立足之地。

（原载：《技术经济与管理研究》，2000年第1期；合作者：欧亚菲）

组建跨部门的产品开发团队

社会的飞速发展，引领人类从工业社会步入了信息社会。企业面临的生存环境也发生了翻天覆地的变化。面对买方市场的形成和全球经济一体化的激烈竞争，企业必须能够灵活、快速地提供优质产品，才有可能占有市场中的一席之地。而我国很多生产型企业的产品开发仍是采用基于部门化的流程，这种研发流程人为地割裂了原本一体的设计，使人们只看到自己掌管的一部分，没有很好地考虑到上下游部门的衔接问题，不仅使加工周期延长，而且使产品成本升高、质量差强人意。为了改变企业研发的现状，人们开始组建网络状分布的跨部门团队，这种团队由从企业各个部门中抽调的专业人员组成，团队全面负责某个产品或一部分产品的研发。跨部门团队的组建突破了企业内部专业和层次的界限，由于团队内综合了各种人才，研发中就可以全面考虑到产品的性能，预见一些问题，利用一切可利用的人力资源，汇集整个企业的力量，从而大大缩短组织对环境的响应时间，使组织更灵活、更快速。

一、跨部门团队组建的原则

团队运作的成败从一定程度上来讲在团队成立之初就已经决定了，因此必须对团队的整体设计格外注意。在跨部门团队组建的时候，应遵循以下几项基本的原则：

1. 规模适中

人数的多少代表了规模的大小。由于跨部门团队的设立是为了解决复杂性、多样性的任务，为了获得更多的专长和功能，人数较一般团队多，但过多的人使团队难于协调沟通，原本简单轻松的会议变成了大型正式的会议，成员难以清晰地表达自己的观点，因而缺少思想上的交锋，出现扎堆、随大流的行为，甚至于"小团队"窝里斗的现象。同时人数过多所带来的交往复杂性使团队成员之间信任感的形成困难，而相互之间的不信任不仅为沟通制造了障碍，而且隔断了原本顺畅的信息流，使团队建设受到严重损害。所以一定要根据开发项目的复杂性来决定团队的合适规模，人数一般以5～25人为宜。

2. 具有共同的目标

目标是团队成员聚集在一起的旗帜，是团队存在的根据和诱因。目标进一步分解可以转化为团队成员的任务和工作计划，是团队成员行动的依据。目标还是团队取得成绩的标尺，由于团队的组建跨越了组织的边界，没有共同的制度和方法来对团队进行奖惩，所以只有用目标来衡量团队产出。成员目标不一致会导致个人行动，目标相互冲突会导致竞争，只有目标一致才能让团队成员维持合作关系。团队一旦建立就要有共同而明确的目标，只有这样才能让目标的功能充分发挥。

3. 具有互补的技能

具有相同技能的团队成员，会有一个"领头羊"，成员会向他看齐，但由于缺乏相互的提高和帮助，团队整体上得到的突破有限。当成员具有互补的技能时，他们可以相互学习不同的技能以提高个人综合素质，进而优化团队。这里所说的技能不仅包括各种专业技能，还包括人际关系技能、解决问题的技能、决策技能等。但是没有一个团队在一开始就非常好地拥有这些技能，只有通过日常的团队学习才能获得，这样团队成员可以更好地成长，团队才可能出现令人意想不到的业绩。

4. 具有共同的责任感

团队成员不仅要具有共同的责任感，而且要相互负责。人们通过互动会形成信任的关系，这种关系也是一种无形的约束力，其表现就是人们之间的相互负责。由于任务的多样性和复杂性，每个团队成员都会有自己擅长的领域，这就决定了在一定条件下每个成员都必须承担起对团队领导的责任，帮助团队其他成员共同实现目标和个人成长。共同的责任感和相互之间强烈的责任感会扩大和深化团队的绩效表现。

5. 领导权共享

由于人们认识能力的有限，外界环境的日益复杂，人们只可能在某一领域内具有专长，所以团队在实现目标的过程中，为了克服团队运作中的各种障碍，每位成员应该发挥自己的领导能力，以引导团队正确地向着目标前进。领导权一旦集中在一个人的手中，就会导致决策低劣甚至使团队失去应有的活力。

二、如何让跨部门团队具有发散性思维的特征

所谓发散性思维是指在进行思维的过程中依据现有的资源，从多角度给出问题的解决方案。要让团队具有发散性思维，要求团队整体对事物能从各种可能的角度给出答案。团队可以从以下两个方面达到具有发散性思维的目的：

1. 建立异质团队（成员具有不同思维模式的团队）

因为项目开发是一种创新活动，它需要不同的思想、观念的相互碰撞，要求人们从不同的角度、以不同的方式来观察事物，这样才会导致具有建设性的争辩，让团队产出具有新意的研发。但由于跨部门团队具有多样化的视角和背景，不同的专业知识和工作方式会带来沟通的困难，所以很多企业在组建团队的时候，为了减少冲突的可能性，很喜欢组建同质的团队，无疑同质团队成员的认知趋同让他们可以很快地给出"解决方案"，具有高昂的士气，但由于思维模式相似，不仅不利于团队成员本身专业知识和思维方式的提高，而且限制了解决问题方法的多样化，给出的方案是不会令人满意的。所以企业想建立具有发散性思维的团队，就要吸收具有不同思维模式的人，以拓展视野，使团队能提出各种各样完成目标的新途径。

2. 避免群体思想

所谓群体思想就是指在群体情境下产生的认知趋同现象。群体思想并不仅仅存在于绩效差的团队之中，有时候，团队的绩效太好也会导致群体思想的产生。例如，过于强大的凝聚力会让团队成员过分追求共同之处，排斥团队外的人员，封闭思想，彼此施压以保持一致，让个人在认知上就范于群体规范性压力。群体思想带来的是个人感觉到的群体压力，即使个人有不同于群体的想法，也会由于面子或者屈从于权威，产生服从于大多数人想法的从众行为。由于整个团队缺乏批判性的思维，排斥外来信息，思想就会封闭而盲从。对于如何杜绝群体思想的产生，美国的Janis给出了下列一些方法：当决策风险比较大的时候，召开特殊会议集中讨论几个问题；召开"二次会议"，重新审视以前的决策，并发表新的看法和建议；在交流和完成任务的过程中，每一个步骤都要重新进行审视和评价，以确保能听到每一个成员的呼声。此外团队还要制定规范，保持开放，抛弃以往那种单向、定向的思维模式，对常见的现象突破思维定式，从多方位进行全面的

思考。

三、跨部门团队的成员如何构成

为了充分吸收专业人员的知识和技能，团队成员要涉及从产品开发到产品使用中的一系列人员，由于跨部门团队多是解决比较复杂的问题，人员比较多，可以采用核心团队—延伸团队—外部合作伙伴的方式进行运作。这样的团队组织结构极好地避开了团队规模的限制，而且使团队运作更灵活，反应更快。以机械行业中重型机械的研发为例，来说明团队的实际运作中应包含的成员：

（1）研发所必需的各种专业人员。

如具备结构力学、液压系统、电气系统、机械设计、汽车系统专业知识的团队成员。他们是研发中的核心人员，有了他们新产品才有可能出现。

（2）工业设计师、工艺规划人员、制造工程师、熟练生产人员、财务人员、营销人员、客户代表也是必不可少的。

工业设计师可以在产品外观、符合人们操作习惯方面给出意见；工艺规划人员、制造工程师、熟练生产人员可以帮助设计人员完善、改进产品结构，以便于产品的生产和制造，降低加工成本；财务人员帮助团队分析产品在财务上的可行性；营销人员在工作时直接接触产品的使用者，不仅可以了解客户的实际需求，而且凭着专业技能可以挖掘客户的潜在需求；客户在长期的使用已有产品的过程中积累了许多明确的期望和要求，甚至根据自己的要求改进产品，如AtuoCAD虽然好用，但几乎每个企业都要根据自己的需求建立标准库进行二次开发，于是在对AtuoCAD进行二次开发的基础上产生了清华同方、天河软件，从而便利了企业的应用，由于团队规模的限制，客户代表可以作为延伸团队成员。

（3）外部咨询人员、供应商以及外部合作人员也是必要的。

供应商可能不能事先确定，但可以根据产品材料和结构进行预选供应商，因为材料的供应影响产品开发的进度；外部咨询人员不仅可以帮助团队进行内部建设而且可以进一步让团队了解市场，帮助团队解决一些棘手但却不必去做的工作；由于项目的复杂性，设计还可能需要外部协助或外部数据来源，外部合作人员是团队的得力助手。所有这些人可以称为团队的外部合作伙伴。

四、跨部门团队实际运作中应注意的事项

在实际的团队运作中经常会出现一些意想不到的事情，这是毫不奇怪的，但作为企业应该在团队出现障碍之前有所准备，才能让团队良性运作。在团队的实际运作中应该注意以下事项：

（1）组织的支持是必不可少的。

组织不仅应该在精神上给团队动力，而且要适当给予团队资源：时间和金钱。过于紧迫的时间，会阻碍团队的正常运作，甚至扼杀团队的创造力。过多或过少的物质资源都会降低团队的效率。组织的整体支持是团队高绩效的关键所在。

（2）不应该过早地切入团队任务。

早期关系的建立有利于团队成员信任感的产生，从而提高团队的凝聚力。团队组建之初重要的是团队成员关系的建立，彼此探讨个人的情况和各自的期望，没有做好前期准备工作就上路的团队，在以后的工作中可能会产生很大的冲突。

（3）目标要稳定。

团队的目标不仅服务于企业的利益，而且包含了团队成员的目标，是团队存在的依据。因此团队的目标要保持一定时期的稳定，不停地进行目标转换会严重干涉团队的运作，甚至导致团队的解散。

（4）以团队绩效为基础进行奖励。

传统的激励方法都是建立在以个人绩效为基础上的，这种方法强调了竞争，使人们各自为政，而团队需要合作，所以应该以团队的整体产出而不是个人的产出来衡量绩效。

（5）帮助团队成员突破层次和部门的界限。

不同观点、思想的交融在给团队带来创新思路的同时也带来了协调的困难。由于不同专业人员使用的专业术语、思考问题及表达方式不一样，会造成相互之间的误解，同时在设计过程中，团队成员容易从本专业出发考虑问题并强调其重要性，轻视其他专业人员的价值，所有这些都会造成团队工作时间延长，效率降低。因此，一定要让团队成员真正在团队中突破背景的限制。

（原载：《经济师》，2003年第2期；合作者：刘晓英）

超越变革：
重塑变革时代的变革理念

一、走出变革的误区

现代社会瞬息万变，"唯一不变的法则就是变化"这一观点已被广泛认同，成为这个时代的一个重要特征，大大小小的变革无处不在。变革按照其内容、目的等分为好多种。就内容来讲，包括制度变革、组织变革、流程变革、文化变革等等；就目的来讲，有的是为了挽救陷入困顿的企业，有的是为了改善企业的状况以获得更好的发展，有的是运作良好的企业为未来作准备预先进行变革，等等。变革程度也因不同的内容和目的各有不同。

对于变革，主要存有以下三个误区。

误区一：忽视或不够重视变革中的文化因素。很多企业在瞬息万变的环境中处于过于被动的状态，它们往往只是在面对变化和挑战，处于危机时，被迫进行变革。如此进行的变革多半会以失败而告终。因为任何一场变革，大到合并重组，小到流程改进、资源重新分配等，都不可避免地涉及人、涉及文化的因素。"人的力量可以激发也可以挫败公司变革，人的因素是组织变革的核心问题。"波士顿咨询集团的高级副总裁珍妮·德克基于多年参与公司变革的经历和经验总结，提出"变革曲线"的概念和方法进行变革分析，认为变革可以分为五个阶段：停滞阶段、准备阶段、实施阶段、巩固阶段、收获阶段。在变革的不同阶段，"变革怪兽"，也就是变革中的人及情感因素会贯穿于整个变革过程，它会不时地出来阻挠变革的顺利进行，甚至中断变革的进程，扼杀变革的成果。珍妮·德克所指的人及情感因素，如果换一个种角度看，其实就是组织文化的内涵所在。文化冲突是变革中的关键问题，冲突能否协调成功，能否顺利进行变革文化和原有文化的整合，是变革能否成功的关键。

误区二：认为文化变革独立于其他组织、制度等变革。一些企业在进行企业文化建设的时候，过多地看重纯粹文化方面的因素，如重新审视和明确适合企业发展的企业使命、核心价值观、经营理念、管理理念等，而忽略了其他跟文化息息相关的影响企业文化的重要因素。普华永道变革整合小组认为，要想改变企业文化，必须通过改变影响文化的因素来改变文化的特征。他们认为，这些影响因素包括：领导者行为，绩效考评，人事惯例，愿景、目标和战略，结构，竞争环境。

事实上，企业在进行文化变革前首先必须检验企业当前的战略是否可行。文化与战略是企业发展紧密相扣的两环，只有正确的战略指导下的文化变革才可能会成功。而且，文化变革要真正成功，一定要保证领导者的意识和行动也同步改变，企业文化说到底是旗手文化，企业家的一言一行极大影响着员工的行为和态度。同样重要的一点，企业的组织结构和人事制度包括人员招聘、培训、激励、考评等也必须相应有所改变，比如影响企业文化的因素与企业文化本身的因素能协调一致，从而真正保证企业文化建设的成功。

误区三：把文化变革看成是能立竿见影包治百病的良方。文化变革并非灵丹妙药。一个陷入财务或经营困境的企业很难仅仅通过变革企业文化来挽救企业重获新生。即使文化变革的方向、思路、内容等都是正确同时也适合企业成长发展的，但是因为企业文化发挥作用具有一定的惰性和滞后性，企业并不能在短时间之内因此有明显改善。而且，文化建设一般都耗资颇多，资金周转困难的企业，尤其濒临困顿的企业，并不适合谈文化建设。对于这些企业而言，首先考虑在一个有威望和影响力的领导者的带领下，对战略、财务等方面进行大刀阔斧地改革更为可行和重要。即使像IBM这样的大企业，郭士纳在临危受命对其进行改革的时候，他虽然知道企业文化存在很大的问题，但还是先从战略和经营入手进行改革，来改善经营状况以及恢复内部员工与外部股东的信心，然后再转去对企业的文化和组织机构等内部深层的东西进行变革，最终使IBM重新成为行业枭雄。

从一定程度上可以认为，企业文化更多的是锦上添花的东西，而非包治百病的灵丹妙药。

二、超越变革——重塑变革理念

企业文化像空气,看不见也摸不着,却滋养着万物;企业文化像水流,蕴含着极大的能量,但也可能成为企业发展的阻碍,关键在于能否把它们汇聚到一起,同朝一个目标、一个方向前进。托马斯·彼得斯等在《寻求优势》中明确提出:"一个伟大的组织能够长久生存下来,最主要的条件并非结构形式或管理技能,而是我们称之为信念的那种精神力量,以及这种信念对于组织的全体成员所具有的感召力。"这里的"精神力量"指的正是企业文化的力量。

企业文化对企业的影响是深入的、全方位的、无处不在的。企业文化渗透在组织各个要素之中,它可以也应该为组织经营、组织变革等一系列组织行为服务,服务质量的高低取决于对文化建设的好坏。文化力量一旦构成竞争力,很难被模仿;文化力量一旦构成阻碍力量甚至破坏力量,其危害更是非常巨大和可怕的。企业文化已经成为企业生存和发展不可忽视的环节。

企业文化究其本质,正是一种精神和信念。甚至可以归结为一种感觉,外现于公司的陈设和事物、员工的态度和行为、公司的决策制度和执行制度等等。跟许多有机生命体类似,企业文化也遵循着某些特征和规律,包括:

(1)企业文化是对企业而言是必然的东西,任何企业都存在一定的企业文化。

(2)企业文化存在惰性,企业文化一旦形成,将保持一定的稳定性,但它并不是一成不变的。

(3)企业文化受多种因素影响,是众多因素长期共同作用下形成的。

(4)企业文化具有相对独立性。虽受多种因素影响,但一经形成,就相对独立,并与各种影响因素彼此作用,如果两者协调一致则说明企业文化是积极的、适应和促进企业发展的;反之则是不积极的、不适应且阻碍企业发展的。

前两项我们相对容易理解;后两项反映了企业文化形成、存在、变化等深层次原因,却也正是我们所忽视或不够重视的,充分理解和运用它们,能让我们对变革、企业文化及其建设有更好更深入的了解,从而尽量避免陷入前面提到的几大误区,提高变革或文化建设的成功率和有效性。在这个变革无处不在的时代,我们崇尚弹性,崇尚创新,崇尚速度,崇尚整合,所以企业必须充分提升足够的灵活性和应变性。但是,企业是存在惰性的,企业惰性主要源于企业文化的惰性。要克服企业的惰性,就必须克服企业文化的惰性,就必须建设一个灵活且适应性强的企业文化。

考虑到前面提到的文化的内在特性和规律，一个适应性强的文化不应该单纯地从文化本身来构建，最好的解决办法是：让企业各个要素文化本身的要素和影响文化的众多要素都尽量面向外部而非仅局限于内，并增强它们之间的互动性，从而延伸对外界的感应触角，提升其对外界环境变化的感应度和应变力，在被动变革之前预先做好准备，以更好地挑战变革、超越变革。

笔者认为变革时代的变革主体最应该关注的两个基本点如下：

第一，营造一个良好的、促使文化与相关因素充分高效互动的环境。基于对《基业长青》和《从优秀到卓越》中提到的众多优秀公司和卓越公司，以及对国内一些优秀公司，如联想、海尔等的研究，我们发现一个能促进企业不断进步的良好的环境应该是这样的：

（1）核心理念。企业不断进步必须有一个深具感染力和激励作用的核心理念，它更多地表现为一种激情，并最好能超越对利润的追求。

（2）组织特征和行为方式。贯彻这一理念的一整套制度、文化等组织特征以及它们所共同规范的行为方式，包括企业战略以及相应的具体策略和行动等应与核心理念保证一致，员工的行为也必须与其保持一致，只雇佣和培养认同这理念的员工，让员工的行为更多地受组织核心理念的激励。

（3）政策和制度。除理念认同外，招聘制度和程序、激励政策、考核办法等这些对员工行为产生直接影响的政策和制度都应该尽量保证留下最合适的、最优秀的员工，而挡住不合适的员工。另外，保持一定的人员稳定性，尤其注意中高层领导的内部培养，以保证组织文化和战略的延续性。

（4）信息公开。组织力求信息公开，透明运作，提倡和鼓励广泛的对话与沟通，尽量对事不对人，允许争执和建设性冲突的存在，以保证在不影响组织凝聚力的前提下，群策群力，发挥出最大的战斗力。

（5）重视执行。从理念到愿景到目标到战略，最后一定要落实到具体可操作、可监控的行动方案，并辅以相应的评估，保证行动方案得到切实高效实施。行动方案实施完成后，应及时总结，坚决落实责任，公开、公平地给予必要的奖惩。

（6）全体动员。全员皆动，关注外部变化，敢于直面现实，关注未来，通过设定"胆大包天"的目标或其他机制来刺激个人和组织的进步，不断超越和完善。

（7）企业家。拥有一个或多个以上关注营造环境和氛围的企业家，他们的身体力行一定程度上决定了能否真正建立起这种开放、互动、动态、自我更新的环境和文化氛围，决定了能否真正推动企业从优秀走向卓越，实现基业长青。

具体该从何做起，不同的企业可以根据自身的情况在很多已通过实践多次证明有效的管理技术和方法中选择适合自己的技术或方法。

第二，尽量减少变革损耗，让变革平稳进行。因为组织的各种因素，如文化、战略、组织结构等息息相关，一个健康的优秀的组织应该至少是一个能维持其内在平衡的组织。所谓的平衡指的是整个系统的平衡，包括文化体系各要素的平衡、战略与文化的平衡、组织内部人与组织的平衡、制度本身的平衡、制度与文化的平衡等等。变革本身是一种打破平衡的方式。传统那些被动应对的变革内耗严重，因为重新建立平衡需要投入很多时间和资源，能否有足够的资源，能否在下次变化、下次变革到来之前作好调整以应对下一次变革，能否重新建立平衡，这些都将决定变革的最终成败，所以各种变革失败的大小案例不胜枚举也就不足为怪了。一个致力于挑战变革、超越变革的组织必须尽量减小变革时打破平衡的冲击力，让变革尽可能平稳地进行。要实现这个目标，需要强有力的变革领导者能够准确地看清和把握变革方向，制定切实有效的变革措施，包括具体行动方案、监控评估机制等，快速、有效把变革打破的平衡过渡到另一个平衡。但是，把所有的责任和重担都落在变革领导者身上，不仅对变革领导者而言并不公平，而且也是具有很大风险的。事实上，每个人的能力都是有限的，变革领导者也需要各方配合，这个配合一方面由变革领导者的领导魅力和影响力来推动，另一方面应该由其他的组织或机构来促进。可以通过成立一个控制、评估、协调小组来实施这个工作，从而保证组织各个要素尽快回复动态平衡、健康运转。当然这个小组最好在组织正常运作时就建立，它可以是正式的也可以是非正式的，可以是由固定人员组成的也可以是由非固定人员组成的，而且最好尽可能让不同层次的员工参与到这个小组中，让更多的人了解其目的、运作程序等，这样有助于让这种行为和意识深入人心。让员工共同参与监督整个日常管理运作状况、变革的执行情况等，并最终形成一种强有力的、能掌控平衡和应付变革的文化，从而真正构建一个开放、有活力、能不断实现自我更新的组织。

（原载：《企业经济》，2004年第1期；合作者：谢晓君）

群体思维产生原因
及对团队创新的消极作用的分析

创新已成为企业的核心竞争力之一。在创新的过程中，组织结构也在发生根本性的转变，作为一种新的企业组织形式——团队，在提高组织的柔性和适应能力方面，正在为越来越多的企业所看重。因此，团队和创新紧密地结合了起来，但与此同时团队工作过程中的"群体思维"现象却对组织的创新有着明显的消极作用。

一、什么是群体思维

所谓群体思维，指的是群体成员更关心保护群体的同一性及欢快气氛，而不是去寻求最理想的决策。群体思维的问题，是由美国心理学家阿希（S.E. Asch）首次以试验方式予以证实，他指出，当人们面对群体压力时，对于高度真实的事实，将会改变他们的意见。在其所做的试验中，一名自愿者坐在由另外6个人围成的半圆中，这6个人都是主试者的秘密同谋，他们每个人都需要指出三条线中哪一条与所指定的目标线段相同。回答这个问题其实非常容易，如果在不受群体其他成员影响的情况下，自愿者的差错率不会超过1%。但在试验的条件下，让受试者在做出判断之前，先听6位同谋者做出的同样错误的判断，在18次试验中选取了12次，结果，这些受试者的出错率增至37%。尽管各个自愿测试者之间存在着相当大的差异，但是在123名受试者中，只有四分之一没有出错。随后的访谈表明，受试者对于同伴做出的一致的错误判断感到困惑和担心；随着试验的进行，他们会对自己与群体的其他人的差异和隔阂感到愈来愈不安。这就是群体思维的影响。

在阿希试验之后，一些心理学家进一步分析了导致群体思维产生的因素，将遵从群体意见的情况都看作是顺从行为。苏联心理学家彼得罗夫斯基则指出，一部分人接受意见可能是屈服于压力，怕被孤立，而另一部分人也许是为了实现群体的理想和信念而与群体保持一致。但是都没有将群体思维与团队的创新联系起来，分析其对创新的消极作用。

二、群体思维产生的原因

在团队工作中，群体思维是客观存在的，本文将从团队成员的原因和团队自身的原因两方面出发，研究群体思维产生的原因。（图1）

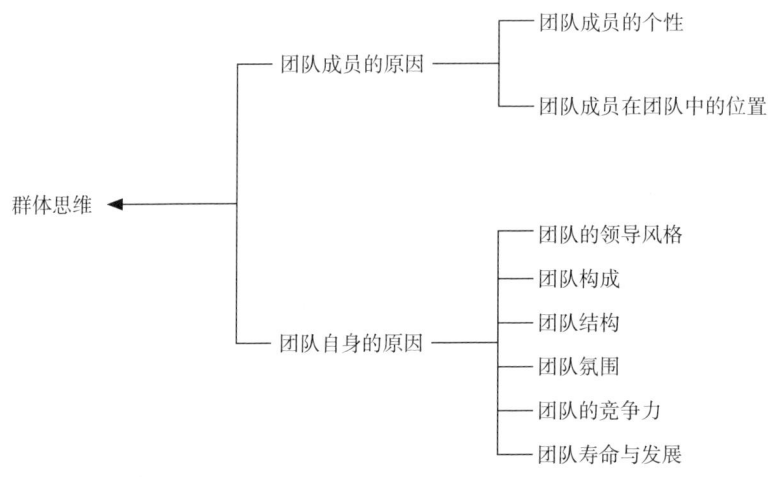

图1　群体思维产生的原因

（一）团队成员的原因

1. 团队成员的个性

关于个性的研究包括两方面：一方面是对个人控制力的研究，另外一方面是对个人自我肯定的研究。其中第一方面分为外部控制力和内部控制力，内部控制力强的人是指那些认为个人努力可以改变事情结果的人，外部控制力强的人是指那些认为人们对事情的影响程度是有限的人，他们相信命运、机遇。外部控制力强的人比内部控制力强的人更容易受团队其他成员的影响，产生群体思维，因为他们不认为自己的看法会发挥作用。同样，自我肯定低的人比自我肯定高的人更容易产生群体思维。

2. 团队成员在团队中的位置

团队成员在团队中的位置也包括两方面内容：一是他们的经验；二是他们在团队中的地位。一般来说，职位越低的人就越容易产生群体思维。团队中的新成员在这方面表现尤其明显，因为他们在团队中职位不高，经验比较少，所以更容易受他人影响，产生群体思维。

（二）团队自身的原因

1. 团队的领导风格

法里斯（Farris，1973）在对实验室团队的研究中发现，最具创造力的团队不是那些最民主的团队，而是那些领导稳健控制的团队。这是由于团队的领导对群体思维的产生有重要的影响。如果领导不对团队实行一定程度的控制，不为团队指明方向，这种极端自由化很容易导致团队成员受其他成员的影响，产生群体思维。

2. 团队构成

在团队成员角色进行分配过程中，团队成员的同类性和异类性也会影响群体思维的产生。在同类性较强的群体中，团队成员彼此之间具有很多共同点；与此相反，在异类性较强的团队中，团队成员彼此之间存在显著的差异。在一些情况下，由于多样性的存在，在异类性团队中，容易发生价值和意见冲突，可能会阻碍创新的产生；而在同类性团队中，由于团队成员的相似性，更有可能导致群体思维现象的出现，从而产生拙劣的创新决策。

3. 团队结构

团队的组织结构对群体思维的产生同样有着影响。团队的组织结构可以分为"有机"的结构和"机械"的结构。一个有机的团队倾向于以综合的方式完成任务，而不是将任务分解成零星的任务，再将其分派给个体成员。它对责任、权利和影响的界限设定得不是很严格，而是在很大程度上取决于团队所面临的特定的要求。在有机的团队中存在着大量的人际沟通，这种沟通以横向而不是纵向沟通为特征，人们之间是相互支持的，而非支配性的。在组织成员中，对决策有着高度的参与性。而且在有机群体中，团队成员表现出很强的职业技能与价值，而机械的团队具有与之相反的特征，非常正规，等级森严，严格按照规则和程序行事，团队成员不敢轻易发表自己的意见，因此更容易产生群体思维。结构越紧密，人们就越不能容忍不同的声音。

4. 团队氛围

团队氛围是指对团队生活的感觉、态度和行为倾向的特征的描述。在团队氛围中，与群体思维最具相关性的就是凝聚力。强凝聚力的团队更容易产生群体思维的现象。强的凝聚力是指能使个体从团队中获取极大的满足，同时使个体感觉到，应当作为一个整体的团队分担一切失败的责任。团队凝聚力越强，团队成员就越想成为团队的一员，就越怕被其他成员所排斥，就越容易受其他成员的影响，从而产生群体思维。

同时，凝聚力通常与同类性密切相关，因为相似的人要比不相似的人更可能相互吸引。因此，一个凝聚力强的团队，其成员更易于共享态度、观念和价值，也就更容易导致群体思维的发生。

5. 团队的竞争力

竞争力分为外部竞争力和内部竞争力。竞争力和凝聚力在团队中同样重要。当团队只注重外部竞争与合作，而忽略内部竞争时，团队成员之间相互依赖，为寻求一致性，压抑创造性思维，导致群体思维的产生。

6. 团队寿命与发展

卡茨（Katz，1982）发现，研发团队维持的时间越长，其表现越不佳。存续时间相对较短的团队更具优势，这是由于长寿的团队可能在解决问题的方法方面受到习惯力量的约束，产生群体思维。但是团队寿命与创造力之间的消极关系并不是绝对的，有时并不能因为存在顽固的思维及行为习惯而导致出现的问题，从而强制去限制团队的寿命。最好的办法应该是出现这种情况时，把一些新成员引进到团队中来，或者是在人力和团队开发活动中强调创造力和创新。

三、群体思维对团队创新的消极作用

在团队工作过程中，仅仅选择有创造性的个人，增强现有组织成员的创造力，并不是达到成功创新的充分条件。斯蒂芬·罗宾斯指出："团队是为了实现某一目标而由相互协作的个体所组成的正式群体。"作为一种特殊的群体，群体理论中的"群体思维"对团队的创新有着消极的作用。

由于团队成员想被团队所接受，不想被团队的其他成员所排斥，如果想到自己的弱点和想法暴露在其他人的面前，他们可能会有自己容易受到别人攻击的想法，因此不敢提出自己的想法。而这实际上也是一种与其他人对待创新的态度进行博弈的结果（图2）。根据博弈的结果，博弈的最优解是团队成员不赞同创新，成员自己也不提出创新意见和团队成员赞同创新，成员提出创新意见。当团队中的因循守旧、小心翼翼处于主导地位，或者当团队中存在着强烈的失败恐惧感，团队在做出有关创新的决策时，就会比个体更加小心，团队成员遵循群体思维，害怕成为麻烦制造者，从而影响人际关系。因此他们为寻求一致性，新观念被一致性的强大压力所抑制，他们不会表达出自己的创新的想法和意见。而这也就造成：①过分强调团队利益高于一切；②重团队外部竞争，轻团队内部竞争；③重人情，轻绩效；④重整体优势，轻个性发挥。这也就导致了团队成员在团队工作过程中，为了不被团队其他成员所排斥，会压抑自己的创新性的观点和想法，遵从多数人的意见，从而阻碍了团队的创新。

创新贡献	团队其他成员不赞同创新； 自己提出创新意见	团队其他成员赞同创新； 自己提出创新意见
高 低	团队其他成员不赞同创新； 自己不提出创新意见	团队其他成员赞同创新； 自己不提出创新意见
	不赞同	赞同
	创新态度	

图2　团队成员与团队其他成员的博弈模型

四、转变群体思维为团队思维，促进团队创新

根据以上的分析，可以针对群体思维产生的原因，加强团队建设，转变群体思维为团队思维，促进企业中团队的创新。

团队是一种特殊的群体，但是团队和群体有着本质的区别。斯蒂芬·罗宾斯指出："团队是为了实现某一目标而由相互协作的个体所组成的正式群体。"他用图3对工作团队及工作群体进行了区别。

群体思维并不是不可避免的。尼克和曼兹（1994）研究了自我管理团队如何避免群体思维的压力，培养一种不同的、更积极的决策方式，研究人员将其称为团队思维。与群体思维相对应，团队思维的基础是运用积极的认知战略，产生更开

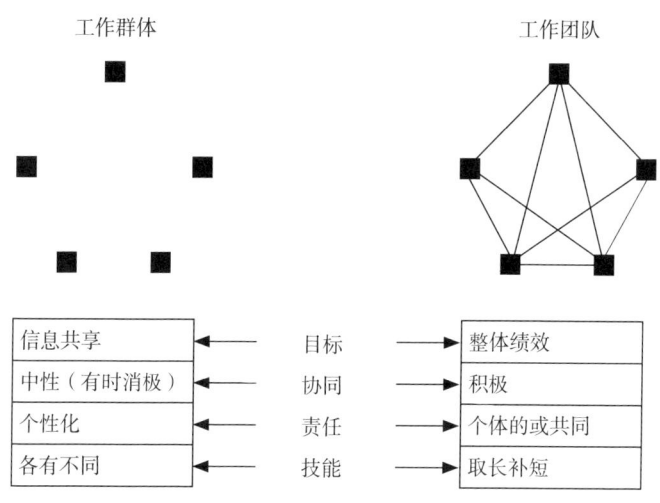

图3　工作群众与工作团队的区别

放的决策制定方式，而不是造成威胁和压力。心理学的大量证据表明，与消极的、悲观的方式相比，积极、乐观的方式会产生更多的观点，并取得更多的成就。

团队思维不是采用狭隘的方式制定决策（狭隘的方式就是只认为一种选择是正确的，而不认真考虑其他的不同观点），而是形成了更具建设性的思维模式。这可以鼓励团队成员拥有不同的观点，形成自由表达各种观点的环境；使团队意识到自己正在考虑的问题中可能出现的局限性和威胁；使人们认识到团队成员是独立的，彼此的观点也可能互不相同；使疑问都得到公开的讨论，而不是置之不理。只有这样才能促进团队的创新。

群体思维并不会自发地、主动地转化为团队思维，在这个过程中需要加强团队建设，促使群体思维向团队思维转化，促进团队的创新。那么应如何加强团队建设？

1. 加强团队领导

在群体思维向团队思维转化的过程中，团队领导的作用非常重要，因为他能为团队内的讨论和方法确定基调，可以使消极、悲观的方法变为积极、乐观的方法。同样，领导对待困难的方式也是很关键的。如果领导认为自己有能力克服困难，即使这意味着学习新的技能，发展新的影响方式，那么他就能积极接受新的观念，促进团队创新。

2. 协调好凝聚力与竞争力的关系

有的团队很强调合作和凝聚力,但是有时过强的凝聚力反而会使人们不敢发表自己的看法和观点,导致更多的群体思维。群体思维的产生不仅受凝聚力的影响,也受竞争力的影响,在此,竞争力主要指内部竞争力。有的团队注重团队凝聚力,拒绝团队内部的竞争;而有的团队则一味地追求内部竞争,忽略了团队作为一个整体凝聚力的重要性。事实上,应该在团队中协调好这两者之间的关系,使两者相匹配,最大程度上避免群体思维的产生,转变群体思维为团队思维(图4)。

图4 内部竞争力与凝聚力的四分图

3. 设置合理的团队构成和团队结构

团队成员的同类性容易导致群体思维,而团队成员的异类性也可能导致意见冲突,阻碍团队创新。因此,应当设置合理的团队构成,把握好同类性和异类性的尺度,在团队中既要鼓励不同的意见,也要避免产生过大的冲突。

同时,为了使团队成员勇敢表达出自己的与众不同的想法,将群体思维的影响降到最低,转换为团队思维,还需要拥有适当的交流机制。这种交流可以是正式的,也可以是非正式的;可以是有关整个组织的,也可以是有关整个部门,或者是有关团队本身的。通过交流,保证团队成员理解彼此的作用和特长,理解任务要求以及团队所处的环境。而这也需要设置合理的团队结构,从而加强交流和沟通。

五、结论

总之,群体思维产生的原因决定了在团队中群体思维是一个客观存在的现实,同时由于群体思维对团队创新所产生的消极作用,使得我们在面对群体思维的时候,需要想办法将群体思维转化为团队思维,这个过程就是团队建设的过程。通过对群体思维产生原因的分析,针对性地进行团队建设,可以使群体思维转化为团队思维,从而促进企业中的团队创新。

(原载:《科技管理研究》,2005年第12期;合作者:袁晓婷)

组织变革的"力场"结构模型与企业组织变革阻力的克服

一、企业组织变革阻力的研究概述及定义

长期以来,企业组织变革所遇到的阻力一直是组织发展实践者和管理学家所关注的一个热点问题。一般情况下,阻力被看作是一种容易引起组织混乱的因素;而更多的时候,阻力则被看成是一个激烈的交战过程,它甚至可能破坏管理控制机构。从20世纪40年代末至今,有关建议管理人员如何克服组织变革阻力的文章持续不断地出现在国外各种刊物上。近几年来,我国学者对企业组织变革中的一些问题也进行了若干研究。

Lawrence P.R.(1954)正式提出"变革阻力"这一概念,认为阻力是"阻止组织脱离现状的力量",并分析了阻力产生的原因:"习惯、经济因素和安全感";Shephard(1967)在他的论文"抵制和促进创新的组织"(Innovation-resisting and innovation-production)中认为,"高级管理人员是一切组织中创新和变革的阻力的主要来源";Kotter J.P.和Schlesinger L.A.(1979)发表于《哈佛商业评论》上的《选择变革的策略》(*Choosing Strategies for Change*)一文则论述了"如何克服阻力"的六种策略——交流、参与、简化、协商、控制和强制。此外,Lewin(1951)、DuBrin(1974)、Robbins(1994)也阐述了他们对变革阻力的一些观点。

组织变革阻力的存在已是理论界和企业界公认的事实。而且,通过研究和实践人们发现,阻力可能产生于组织各级结构中的任一层次,不论是组织群体还是组织个体,都有可能在态度上和行为上抗拒、抵制组织变革。

组织变革阻力是"当组织存在变革的驱动力(压力和拉力)而向组织渴望达

到的平衡状态发展的过程当中，组织中的个体、群体和组织的任何试图维持组织当前平衡状态的态度和行为。"

二、组织变革的"力场"结构模型

借助物理学中有关力场和平衡的概念，我们可以建立组织变革的"力场"结构模型（图1）。在"力场"中，组织是一个具有稳定状态或者相等的正、反向作用力制衡的"平衡体"。一方面，组织存在很多的"驱动力"，这种驱动力既包括外部环境给予组织的"压力"，如知识经济的兴起、快速变化的环境、市场竞争的威胁，它们对组织构成"外在驱动"，促使组织实施变革；同时，这种驱动力还包括组织为了应对外在压力，组织自身所采取的有利于变革发生的行动，我们称之为"内在驱动力"或"拉力"，如组织结构的弹性、学习型组织、组织文化的创新、管理者的观念更新等（当然，不同的组织可能会采取不同形式的拉力）。另一方面，组织还存在着来源于组织结构不同层次的"阻力"，它们可能是个体的，也可能是群体的或组织整体层面的。

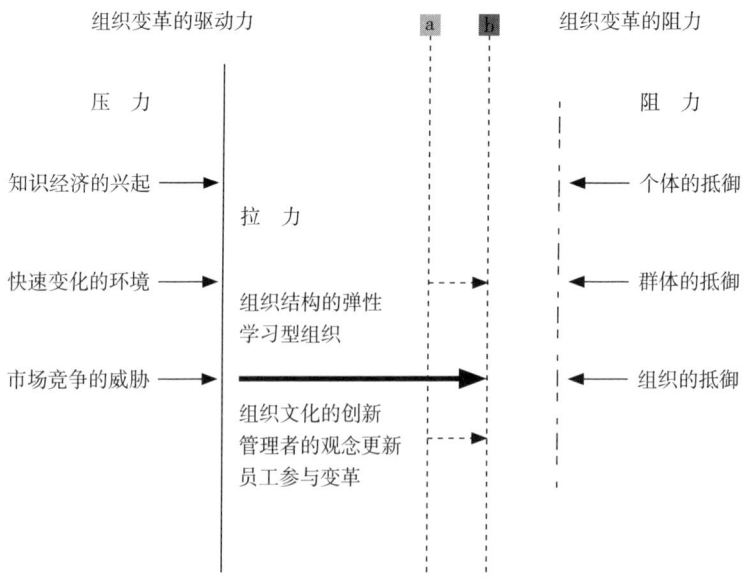

图1　组织变革的"力场"结构模型

任何组织变革的活动都是在以上各种力的作用下进行的，组织也受到正、反两方面力的作用和影响。从某一个时间点来看，由于"压力""拉力"和"阻力"的共同存在，组织处于一种短暂的平衡态，我们称之为"当前的平衡状态"（如图1中的a线）。

组织采取变革行动是为了使组织更好地适应环境，获得更好的竞争能力或竞争优势，从而实现组织的目标，在本文的模型中我们把它称为组织"渴望达到的平衡状态"（如图1中的b线）。组织变革的目的就是让组织从"当前的平衡状态"（a线）发展到"渴望达到的平衡状态"（b线）。

影响组织变革的"驱动力"和"阻力"都是随着环境的变化而变化的，这种变化不仅包括力的大小，还包括力的类型。如果环境变化引发的变革"驱动力"小于"阻力"，组织将保持当前的平衡状态；只有当环境变化引发的"驱动力"大于"阻力"时，组织变革的行为才有可能发生。在本文中，我们主要基于企业组织当前所面临的生存与发展环境（"压力"），通过强化"拉力"、弱化"阻力"的办法，从正、反两个方面来克服组织变革的阻力，从而使企业组织的平衡状态由a→b。

三、压力：组织变革的外在驱动

组织作为一种职能是指在一定的环境下，组织成员创造、维持和发展组织结构，并使组织结构发挥作用和完成目标的过程。组织的一切活动都是基于组织所处的环境来开展的。环境的变化，促使组织结构和组织行为、组织目标不断调整，从而引发组织变革。组织所处的环境不仅对组织变革予以压力，也是组织变革的"外在驱动"，它是组织变革产生的外部因素。

（一）知识经济的兴起

知识经济时代使企业传统的组织模式和管理理念越来越难以适应其要求。

（二）快速变化的环境

美国思科系统公司有一个广为流传的信条：当今时代"不是大鱼吃小鱼，而是快鱼吃慢鱼，活鱼吃休克鱼"。这句名言形象地表达出知识经济时代的一个鲜明特征：变化和不确定性。变是唯一不变的真理，处在当前"10倍速"变化的时代，企业的竞争要素在质量、价格、品牌、服务等传统因素之外，又增加了一个新的因素：时间。时间的核心在于适应变化的能力和速度。据统计，自20世纪70年代以来，全球企业的平均寿命正在逐渐缩短：在美国平均有62%的公司存活不到5年；1970年名列《财富》500强的大企业中，有三分之一到1983年已经消失了；我国企业的平均寿命只有3.5年。企业寿命如此短暂，从根本上说，就是因为缺乏迅速适应环境变化的能力。传统管理模式下的企业组织显然已不能适应当前环境的要求，组织必须不断地动态调整和持续地创新才能确立自己的竞争优势。

（三）市场竞争的威胁

竞争是市场经济的本质特征，面对竞争对手的威胁，企业必须进行技术、产品上的创新和组织结构、观念上的变革。

明确和强调组织变革的"压力"，不仅在于它能够给组织变革以外在的驱动，而且在组织变革即将开始的时候，让组织的管理者和员工在观念上认识到压力的存在，认识到组织的变革是当前环境下的一种必然趋势，将有利于从组织内部推进变革。

四、组织变革的阻力因素分析

我们借助张丽坤、王海宽、刘开第等人在《数量经济技术经济研究》2004年第2期上所发表的观点（参见《企业组织变革阻力评价的模糊综合评判模型》），从个体、群体和组织三个不同的层面来分析组织变革阻力产生的主要因素。

（一）个体的抵御因素

（1）个体惰性。个体惰性是指个人在习惯了某些生活方式、思维模式后不愿改变的习性。当变革对象面对组织变革以习惯方式做出反应的倾向时，个体惰性在个人行动中就起着阻力源的作用。

（2）心理抵御。有心理抵御的员工大多喜欢安定的生活，他们崇尚生活环境不要发生意外。对自己的工作环境和工作方式已经形成了认知感，而组织变革可能会改变这些因素，这使他们在心理上不适而产生抵制情绪。

（3）利益损失。变革的过程是一个调整的过程。调整会带来利益和权力的重新分配，从而引起失去利益和权力的人的抵制。即使变革可能会带给他们更大的收益，但对于未来的不确定性的担心和忧虑，使他们非常依恋现有的地位和权力。这部分人大多处于中高层，构成抗拒变革的主要来源。

（4）个体的安全感。目前企业普遍存在着"减人增效"的改革思路，进一步加剧了职工心理上的不安全感和风险感。组织变革过程中有关人员将面临着职位和环境的变化，原先心理上的那种稳定的认同感受到威胁，在行动上往往表现出对组织变革的抵制。变革威胁到的安全感涉及职业安全和经济安全。

（二）群体的抵御因素

（1）群体的惯性。既定利益团体有时也称为"利害关系群体"（Burgoyne, 1994）。认为变革会影响到他们在长期工作中形成的习惯化或模式化的行为方式时，会抵制变革。而且，工作中形成的群体规范对于组织个体面对变革的思想态度的转变也会成为约束力。同时，个体受社会群体的影响，这也可能成为阻力来源。组织中的非正式组织关系也会成为约束组织成员行为的重要惯性。

（2）信息沟通障碍。信息沟通障碍是指在信息传递过程中的失真、过滤或中断。同时信息的传递受到人的主观意识的影响。在通常情况下，信息沟通障碍主要来自于信息发送者、接受者和沟通环境三个方面的有关因素。此外，在变革的实施中，强调维持现状的群体在群体结构、组成和工作关系方面的内在因素都能引起阻力的产生。

（三）组织的抵御因素

（1）组织的惯性思维。组织的惯性思维是指在长期的运作中，组织形成的对一定事物的习惯性反应。组织的惯性思维可以帮助组织稳定现状，但对于组织的进一步发展却会产生障碍。这种现象在大企业中尤为明显。同时组织结构惯性和固有的机制在组织面临变革时，也会充当起维持现状稳定而成为组织变革的反作用力。

（2）部门的抵制。变革是利益的调整，涉及各个部门的职权、权利和责任的重新分配，从而会受到原来的利益主体不同形式、不同程度的抵抗，进而使企业的变革趋于失败。

（3）对专业知识的威胁。组织变革可能涉及专业群体的专业技术知识。变革通常会要求部分专业群体学习和掌握新知识和技术，但学习过程存在障碍，如果不能顺利完成学习过程，这部分群体就会成为变革的"弃儿"。

（4）组织文化。落后的组织文化会成为组织变革的阻力源。

五、拉力：克服变革阻力的策略

组织变革"驱动力"包括"压力"和"拉力"。由于"压力"的三个主要方面，它们是组织变革的外在驱动，而且，通过在观念上强化管理者和员工对"压力"的正确认识，将有助于组织从内部推进变革。当变革开始进行之后，组织必须针对变革阻力来源的不同特征（个体、群体和组织三个层面的不同抵御），通过强化不同方式的"拉力"而予以克服。就组织来说，"拉力"是推进组织变革、克服变革阻力的直接动力因素。当"拉力"+"压力"＞"阻力"时，组织变革便得以顺利进行。

（一）组织结构的弹性

组织变革阻力产生的一个重要因素就是信息沟通中的障碍。由于信息在传输过程中的失真，个体或群体对组织变革的原因和流程认识不清楚或误解，进而在心理上产生威胁感和不安全感，担心自身利益的损失，从而抵制变革。另外，传统的以内部专业化分工为基础的组织结构由于层级多、分工细致，组织成员在工作中往往缺少变化，容易养成个体惰性和群体惯性，增强变革的阻力。组织结构的扁平化将有效地解决这些问题。

所谓组织结构的弹性，就是要打破专业分工和等级制的组织结构，减少管理层次和职能部门，强化内部信息交流与沟通，突出平等、速度与效率，以团队结构取代层次结构，按照生产的过程或顾客的需要而不是按照职能来进行组织，从而形成以工作小组、团队为基本单元的组织结构，及强化组织对于外界的反应速度。德鲁克曾把这种具有弹性的组织比喻成一个交响乐团，其中，只有一个最高指挥，其成员都是各种类型的专家，其地位、工作方式都是平行的，共同的组织目标把他们联系起来，使得乐队能够有序演出。拥有弹性的组织具有较好的灵活性，对市场变化敏感，信息传输准确及时，使组织行动迅速，能应对快速变化的环境，从而有助于组织变革的推进。

（二）学习型组织

克服个体惰性、群体惯性和组织惯性思维的最好办法就是在企业内部建立学习型组织，它有助于组织成员接受新观念，改变传统的、惯有的思维模式和行为方式，从而从主观上容易接受变革。圣吉认为，企业要成为"学习型组织"，必须进行五项基本修炼：第一，自我超越。员工要学习认清、加深和不断实现他们内心深处最想实现的愿望，不断创造和超越。第二，改善心智模式。组织应向以互动关系与变化形态思考方式为主的共同心智模式转变，员工应以开放的心灵容纳别人的想法。第三，建立共同愿景。组织管理者和员工拥有共同的使命感，人们围绕一个共同的目标而努力。第四，团队学习。团队成员能超越自我，克服防备心理，学会相互学习与工作，形成有效的共同思维。第五，系统思考。组织成员必须把自己与周围世界连成一体，在思考时能纵观全局，形成系统思维模式。

（三）组织文化的创新

组织文化反映了企业组织的战略远景和经营理念，不仅是现代企业发展的精神向导，也是员工共同价值观和外在行为方式的基础。组织文化一旦形成，将会对企业组织的方方面面产生深刻影响。减少变革阻力的一个重要方法就是让组织内部形成一种创新的文化氛围，在组织内部鼓励变革和创新。创新的组织文化将引导组织成员接受新观念、学习新知识、敢于冒险和超越自我、不墨守成规。许多组织变革难以进行，原因就在于其员工害怕创新、不愿意接受新知识。实行组织文化的创新关键在于：一方面，塑造创新和知识共享的文化环境，包括相互信任、开放式交流、不断学习、共享与开发企业的知识运作机制、享受知识管理过程；另一方面在于坚持"以人为本"的理念，企业组织要以人为中心，强调人和事的统一发展，注重开发人的潜能，特别是注重人的智慧、技艺和能力的提高与人的全面发展，充分调动员工的积极性和创造性。

（四）管理者的观念更新

企业的变革，首先是企业管理者的观念更新。作为企业组织变革的发起者和推动者，管理者对组织能否通过变革实现组织"渴望达到的平衡状态"担负着重要责任。管理者的观念和对变革的态度从一定程度上决定了员工参与变革的程度以及组织变革的执行情况。按照传统观念，管理者的职责是指挥和命令下属去完成工作任务，而自己高居于团队之上。或者在推行变革的时候，管理者认为变革是理所当然的，员工应该积极参与变革，尤其是当变革的目的是提高生产效率和组织员工的收益时。对于管理者来说，这些观念必须予以更新。首先，知识经济时代的员工更注重工作中的尊重和自我价值的实现,因此,当变革开始的时候,管理者必须摈弃指挥和命令的高姿态,而采取说服的方式鼓励员工变革并在变革进行当中给予员工帮助和指导。其次,由于立场不同,员工和管理者对于同一个变革的看法可能会存在重大差异,或者说由于员工自身角色的局限性而对本来有益的变革存在心理上的不满。例如,当高级管理人员将实施新技术看作是生产力提高的原因时,实际操作人员可能更关心的是这些新机器将会怎样影响他们的工作常规,而不是公司的利润。所以,管理者应该充当好"信息传递者"的角色,向员工传达有关变革的完整信息,从员工的立场出发告之变革的益处,从而消除员工的心理抵御和部门的抵制。

(五)员工参与变革

早在1948年,Coch和French就通过组织变革的试验证明让员工参与变革过程将会使变革中的阻力显著较少。组织变革阻力之所以产生,一个常见的原因就是组织中的员工对于变革认识不清楚,从而产生迷惘、不确定性、风险、威胁等心理感受。通过前文所述"学习型组织"的建立和"组织文化的创新",员工形成了不断学习的习惯、创新的意识和变革的观念,而通过对变革过程的参与,则是让员工从实际行动上减少对变革的抵制。在让员工参与组织变革的过程中,变革推动者和管理者要注意以下几点:第一,沟通。让员工充分了解到变革的理由、目标和流程。第二,参与计划制定。让有关员工参与变革的计划的制定,使他们对变革有发言权。第三,促进与支持。变革推动者可以提供一系列帮助支持员工的变革。第四,奖惩结合。及时对变革的先进单位和个人予以奖励,在组织内部形成积极向上、勇于变革的氛围。第五,利用群体动力。注意使个人、群体和组织的变革目标相一致,运用群体的归属感和凝聚力激发员工对变革的参与。

(原载:《科技管理研究》,2006年第4期;合作者:张超)

不确定环境下
企业转型的四个关键环节
——基于新希望六和转型的案例分析

伴随着国际化竞争的加剧、技术革新的加速、消费者需求的多变等，企业面临的外部环境已经表现出越来越高的不确定性。对于处在转型经济时期的我国企业而言，外部环境不确定性可能更加严峻。因此，今天的企业在开展经营与管理活动中遇到的挑战可能比以往任何一个时代都更大。不确定性不仅仅是一种常态，同时也是企业必须面对的经营与管理背景。在管理实践中，我国转型经济背景下的环境不确定性对于企业的发展好似一把双刃剑。一方面，正是源自于环境不确定性，市场涌现了成千上万的发展机遇，激发了民众的创新创业动机；另一方面，技术和商业模式创新等加速了细分市场的萎缩。因而纵使在国家有利的政策支持下，依然有部分企业由于未能灵活及时地调整经营战略，或因固步自封、自身条件不足等原因，导致组织绩效无法得到明显的改善，甚至被淘汰。近些年，广东东莞等地区众多制造企业濒临倒闭或转行就是很好的说明。可以说，现代企业所有的经营背景与条件都源自于对不确定性的把握。只有理解不确定性，企业才能真正了解可能性之所在。

毋庸置疑，所有的组织都在环境中运行。根据权变理论的解释，不同组织所处的外部环境都不尽相同，因此，在管理活动中并不存在适用于一切情境的原则和方法，任何管理都必须要适应环境。而环境的主要特征是其本身及主体感知的不确定性，环境不确定性是解释组织状态的重要变量。在传统理论中，环境不确定性被定义为组织进行决策时需要考虑的环境构成要素的数量和变化，是外部环境处于一种持续变化的状态，这些变化给组织所带来的影响充满了未知。在高不确定性的环境下，团队和组织在市场需求、竞争者、技术等方面均面临着迅速的变化,充满了风险性。在当下的经营与管理实践中,互联网技术的革新与发展更是增加了这种不确定性。休·考特尼就曾指出,基于信息技术的新的管理理念使企业所面临的环境及自身的管理活动发生了巨大的变化,而变化带来的则是更高的不确定性。正确认识不确定性和想方设法减少不确定性对于解决组织的发展问题具有重要意义。因此,组织只能通过深入地认识和了解外部环境,并结合自身的能力以适应外部环境的变化。这就要求组织对外部环境不确定性具有主动适应能力和管理不确定性的能力。

本研究旨在以新希望六和为代表的传统行业企业作为研究对象,通过分析新希望六和的转型过程,探索组织如何管理不确定性的时代问题。在后续的安排中,首先,将对不确定性相关的文献进行梳理;其次,对本研究的研究方法、案例选取、资料收集等进行详细阐述;随后,对案例背景进行介绍,并进行深入分析,提出相应的理论命题;最后,探讨研究的分析结果以及理论和现实意义,指出研究的不足和未来研究方向。

一、有关不确定性的文献评述

(一)理解不确定性的内涵

环境是企业赖以生存和发展的场所,Daft的观点认为,企业所处的环境或许比其他因素对组织结构、内部过程、战略决策的影响更大。作为一个重要的情境因素,不确定性是组织理论中解释组织与环境之间关系的一个重要概念。环境不确定性已经被广泛应用于组织领域研究,包括组织行为、战略管理以及公司治理等。综合目前学者们对于环境不确定性的不同认识,主要可以分为两大学派:一是基于客观解构视角的实证主义学派,认为环境不确定性是对环境特征的客观衡量,因此,主要通过对企业所处的环境维度衡量来确定其环境不确定性水平;二是基于主观建构视角的行为主义学派,该学派的观点认为,环境本身并不重要,关键在于管理者的感知。因此,将环境不确定性定义为管理者认为难以准确预测未来外部环境的程度。事实上,这两类视角各有长短和侧重,很难截然分开。原因就在于,环境不确定性不仅包括客观的环境内容,也包括管理者对于环境的感知和特定情境下的意识状态,两者均会对管理者的企业家精神及其决策行为产生直接作用。作为企业的外部因素,不确定的环境并不能为组织所改变。因此,有学者试图从综合视角来把握环境本质,例如,Boyd(1993)和项宝华(2007)等学者尝试将两个视角进行有机结合，并建立了综合模型。在网络化时代，借助于网络信息技术的发展，商业模式不断更迭，令组织面临的不确定性更加严峻，组织在管理不确定性更应综合考虑客观环境中的不确定性，以及管理者对于不确定性的认知。

（二）认识不确定性的来源

在管理不确定性之前，组织首先需要明确环境不确定性从何而来。在探讨环境不确定性的来源时，存在两个主流学派：信息基础论和资源依赖理论。从信息基础论视角，物质环境被认为是不稳定的，且管理者难以获取并理解全部信息，从而导致了企业面临环境不确定性。在此理论框架内，环境不确定性被认为是由不完全信息、战略行动到反馈的时滞、因果模糊等原因所造成。而从资源依赖理论视角，环境被认为是企业赖以生存的稀缺资源的来源，对这些资源控制的缺乏造成了环境的不确定性。在该学派看来，环境不确定性的真正原因并非缺乏信息，而是缺乏对关键资源的控制。因此，为降低环境不确定性的影响，企业应与环境建立良好的关系，以求得对关键资源的控制。上述两种视角与环境不确定性的两种不同认识（客观解构视角与主观建构视角）相对应。从资源依赖理论视角，更关注对客观环境中资源的控制。而信息基础论视角，更偏重于探讨管理者对环境的认知的有限性。

从客观环境来看，首先，在线消费人口爆发性增长。互联网技术的变革为组织带来了巨大的消费人群。根据中国互联网信息中心发布的调查结果，截至2017年6月，我国网民人数已高达7.51亿，占全球网民总数的五分之一，互联网普及率为54.3%[*]。以互联网为代表的数字技术正在加速与各个领域的深度融合，成为促进我国消费升级、经济社会转型、构建国家竞争优势的重要推动力。其次，商业渠道发生根本性改变。新渠道与传统渠道的区别在于形成了网络结构，解决了网络的价值。传统渠道关注顾客，而互联网带来的族群则是用户。组织需要利用互联网获取用户，并基于数据驱动以识别真正能为组织带来价值的顾客。再次，价值创造由内向外延伸。在传统战略管理中，强调的是组织的资源与能力，尤其是内部资源和能力的培养与整合。但在当下的环境中，组织必须将价值创造延展到外部，必须从外部合作转变为价值创造、价值传递以及获取收益的逻辑。最后，

---

*数据来源：中国互联网信息中心，《中国互联网络发展状况统计报告》，2017-8-4。

借助于网络作为信息平台,传统生产者与消费者、企业、行业的边界被打破,价值提升速度加快,新的商业模式不断涌现。

从管理者认知角度看,经营与管理环境所体现的高度不确定性要求管理者具备认知未知的能力而非传统的经验传承。互联网对于组织最为深刻的变化就在于发展逻辑的改变,而管理者对于发展逻辑的正确认知则可以帮助组织更好地理解变化。发展逻辑变化主要体现为两个不确定性:其一,无法识别谁是对手,褚橙、柳桃、潘苹果都是颠覆传统思维的鲜活的跨界农业例子;其二,不同的组合带来全新变化的可能。以美团为例,若再以传统的思维去定义餐饮显然已经无法准确描述所发生的变化。因此,对于组织而言,当前面临的最大挑战实则是管理者认知未来的能力,而非对经验的传承。

(三)判断不确定性的类型

在识别环境不确定性的来源之后,组织需要对环境不确定性的类别加以判断,以便能够更合理地分配组织资源、准确地制定战略,从而更好地把握市场机会。基于不同的研究出发点与视角,学者们对于环境不确定性维度的划分也变得更加多元与多维。具有代表性的划分方式主要包括几种(见表1)。这些经典的划分方式为组织衡量与识别不确定性提供了很好的理论基础。伴随着商业环境的不断变迁,环境不确定性也被赋予了新的内涵。

表1 不确定性的维度划分

概念	维度划分	代表人物
环境不确定性	复杂性、动态性	Duncan
	复杂性、动态性和宽宏性	Dess & Beard
	复杂性、动态性和敌对性	Justi & Litsschert
	状态的不确定性、影响的不确定性和反应的不确定性	Milliken
	市场环境不确定性、制度环境不确定性	Shaffer
	技术不确定性、市场不确定性	Lu & Yang

基于数十年的管理咨询经验以及长期的观察和研究,拉姆·查兰在其所著的《求胜于未知:不确定性变革时代如何主动出击变中求胜》一书中,将不确定性分为两种类型:经营性的不确定性和结构性的不确定性。诸如日常生产进度的调

整、利率的变化、经营模式的改变所引起的管理手段的变化，这些均属于常规的经营性挑战。而今天组织所面临的致命性挑战则是结构性的，如互联网创新技术的更迭、全球性金融危机、地缘政治冲突等不可人为控制的结构性挑战都使组织的未来充满了不确定性。结构性的不确定性源于外部环境的根本性变革，往往对组织的经营战略产生质的影响。特别在移动互联网经济时代，新技术的出现常常会推翻以往数十年积累的商业经验。

经营性的不确定性在一定程度上是在可预见范围内的，且并不对原有格局产生实质性影响，而结构性的不确定性则会带来产业格局的根本性变化。无法求胜于未来的组织，要么没有意识到不确定性的出现，要么虽意识到了不确定性的出现，但低估或者没有准确识别不确定性类型，将结构性的不确定性当作经营性的不确定性加以对待。组织要求胜于未知，首先是能够准确认识和判断不确定性的类型以及识别结构性的不确定性之所在。以阿里巴巴为例，正是意识到消费者将从线下往线上迁移，阿里巴巴识别出线上消费这一结构性的不确定性。这一消费渠道的结构性变革将整个主流消费人群进行了垄断，使得阿里巴巴获得了巨大的商业机会。

回顾现有关于不确定性的研究可以发现，从理论发展来看，以往有关不确定性的研究要么着重从信息基础论，关注管理者对于环境的认知；要么从资源依赖理论角度，关注客观环境的资源换控制，主客观割裂现象较为明显。从实践角度而言，组织所处的这个时代，其不确定性远远超过以往任何时期，无论规模、速度还是迅猛程度上，与过去都不是一个量级。管理不确定性成为现代企业尤其是传统企业的核心挑战。因此，对于不确定性管理问题的探索，对于丰富现有管理理论和指导企业实践都具有重要意义。

二、研究方法

（一）案例研究方法及样本选择

本研究旨在回答组织如何识别和管理不确定性，根据Yin提出的案例研究方法理论，案例研究方法特别适用于回答"如何"的问题。根据研究问题及内容，本研究根据以下三个标准来选择案例研究对象：①案例研究理论抽样的考虑。理论抽样要选择特别能说明和表现主要理论的研究对象。②相关资料的可获得性。案例企业应当已经成立一段时间，资料的全面性及可获得性有所保障。③案例的典型性。选择的案例研究对象应当是在管理不确定性方面具有典型性和代表性的组织。

基于上述标准，本研究选择新希望六和集团为研究样本，是遵循了理论抽样的准则。其典型性主要体现在以下几点：

（1）农业是传统行业进行转型升级的代表，民以食为天，新希望六和所在的行业既是一个传统行业，又是一个永远朝阳的产业。农牧行业在不确定环境下的挑战是如何顺利实现转型升级，这对农牧企业的整体能力和对关键价值的理解都是极大的挑战。新希望六和需要对消费的认识进行重大调整，从过去专注于生产到对品牌的认识，其转型之路有助于深刻理解不确定性时代背景下企业如何实现转型升级。

（2）作为国内畜牧行业的龙头企业，新希望六和始终走在行业前列，然而面对新的行业供求背景、互联网技术的冲击等，同样出现了业绩下滑，以及核心管理人员大量离职的挑战，不确定情况下的转型势在必行：由传统行业向互联网产业转型，由农牧产业向食品产业转型。以上两个转型均在三年内完成，战略转型和组织转型双驱动，在产业属性、业务领域、组织模式、时间效率以及盈利增长五个维度同时展开。

（3）就研究的数据和资料可获得性而言，从2013年开始，作者之一便直接操盘新希望六和的转型，完整领导、组织和参与了整个转型过程，为本研究的展开奠定了坚实的数据基础。

（二）研究来源、分析方法和信度效度

本研究数据主要来源于访谈、公司内部资料和外部二手资料三大类。其中，研究团队在2013到2016年间多次访谈新希望六和内部不同层级管理人员，并做了完整的记录与整理。一手数据主要来源于新希望六和提供的信息与数据；二手数据主要来源于具有法律效力的公司公告/年报、针对企业所做的学术研究以及专业财经新闻报道。由于二手数据外生于本研究，因而更为自然与客观，有助于还原事实。同时，为了保证资料的真实性与可信性，本研究的作者还就该案例所涉及材料和信息与新希望六和相关人员进行了确认。

本研究采用归纳法进行数据分析，将新希望六和转型过程划分为方向把控、实现途径、有效保障、核心归宿四个环节，构建分析框架，研究四个方面的数据收集、文本挖掘和策略提取。每个环节数据分析的步骤都围绕以下三个方面：

（1）对原始数据的判断、分析和编码，提取新希望六和转型的不同类型证据信息。

（2）对相关的数据、文本进行内容分析，归纳四个环节的不同策略和措施。

（3）在相关理论研究基础上，结合不同的管理举措和策略提取，提出相应的理论命题。最后，进行编码和分析，构建出新希望六和不确定环境下的转型策略体系，并在此基础上形成研究结论。

本研究按照构建效度、内在效度、外在效度、信度四个方面进行了检验和控制。

（1）在构建效度上，涵盖公司内部访谈、内部资料、外部二手资料三种资料来源，并运用外部书籍和资料对新希望六和转型进行核实和验证，以确保对其转型模式的正确理解。同时，在证据链方面采用了原始数据——构念提取初步构建理论命题——再次收集数据验证和分析——提出命题。

（2）在内在效度上，通过数据分析陈述各种可能的命题，并有多名研究者共同探讨、修正提出最初解释。

（3）在外在效度上，采用理论回顾的方式实现本研究和现有理论的对话，以及结合数据形成待验证命题。

（4）在信度上，建立案例研究数据库和资料库，并进行类型分类，同时，以示例性、文本型和言语型三种类型对证据进行呈现。此外，有多名研究者进行背对背分析，通过不断对比达成统一意见。

三、新希望六和案例与数据分析

（一）新希望六和集团的案例介绍

产业互联网作为一股趋势，正以非常强大的动能兴起。面对粮食安全和食品安全困局，传统农业毫无悬念地成为产业互联网下一个主攻战场，农牧食品行业面临格局调整和重新洗牌。未来互联网将显著改造传统农业产业链，农业现代化、信息化变革将带来多方面发展机遇和投资机会。2013年4月底，新希望六和第一季度业绩达到历史最低，市值跌了近一半，管理团队人员流失严重。新希望六和面对两个巨大挑战：一是原有业务遇到了产业调整的挑战；二是面对外部环境巨变的挑战。前者是经营性的不确定性带来的挑战，后者则是结构性的不确定性带来的挑战。因此，如果新希望六和仍然简单地沿袭陈规，就意味着"等死"。面对环境中存在的多种不确定性，作为中国最大的农牧集团，新希望六和

走出了一条传统行业转型升级的可参照路径。

2013年一季度,新希望六和净利润同比下滑17%,股价从23块降到8块,同时,伴随着核心管理人员的大面积离职。在这样的背景下,新希望六和开启了转型之路,在2013年至2016年三年的时间里,这家拥有超过30年历史,拥有8万人分布在全球20多个国家,接近600个分公司,服务超过10万养殖户,产业规模达2亿人的传统行业企业——新希望六和进行了成功转型。新希望六和三年的转型之路很好地诠释了面对互联网对传统农牧行业带来的冲击,组织如何识别和管理不确定性。在转型开展的三年之后,2016年第一季度报告显示,净利润同比增长28%,其中,农牧业务盈利大增近400%,公司屠宰加工业务取得了84.73%的毛利增幅*。面对环境中存在的不确定性所带来的影响,新希望六和的管理者正确地识别了不确定性之所在、准确地判断了其类型,并采取了相应的措施来应对不确定性,实现了组织的可持续发展。

(二)新希望六和面临的不确定性

1. 经营性的不确定性

日常生产进度的调整、利率的变化、经营模式的改变所引起的管理手段的变化等均属于常规的经营性挑战。经营性的不确定性并不可怕,现有的方法足以应对,归根结底就是顾客价值的回归。那些能够在变化中取胜的组织都是把握一切资源和能力服务于顾客价值。顾客对于企业以及产品的认同有着"决定性"作用。组织的领先来源于顾客端。全国市场基本饱和、产能过剩、各项成本刚性增长、利润率不断下降等是所有传统农业企业面临的现实。在食品行业中,几乎所有同行都以健康、安全、可靠、满足顾客购买能力等为追求目标,行业内已经普遍展开成本要素、规模要素、养殖服务、技术创新等,但少有企业能够将顾客价值上升到另外一个层面,即"顾客感知价值"。新希望之所以能够实现行业领先的根本就在于能够根植于行业与顾客价值的理解,并创造性地转换理解为产品和服务的能力。例如,新希望六和实施持续划小经营单元的目的就是增强贴近市场、贴近顾客、获取市场份额的增长的能力。在当下的经营环境中,互联网不是关键,关键的是走到顾客端。

---

*数据来源:新希望六和2016年第一季度报告以及海通证券研报(新希望公司季报点评:转型成果释放叠加行业景气,农牧业务盈利大增,2016-5-5)。

2. 结构性的不确定性

在传统农牧行业中，农村、农民、土地、技术等是其基本构成要素。但在今天，作为产业互联网的主攻战场，农牧食品行业面临格局调整和重新洗牌。未来互联网将显著改造传统农业产业链，农业现代化、信息化变革将带来多方面发展机遇和投资机会。技术的革新使得传统农牧行业不得不面对产业再造。新希望六和的管理者注意到这种结构性的不确定性。从商业角度，农业产业链上下游的高度分散，从田间到餐桌望眼欲穿的产业链节点，无疑是制约农业发展的最大枷锁之一。在新的竞争环境中，"公司+农户"的传统模式逐渐显露出弊端，已无法适应公司的发展需要。因此，新希望六和开始着手布局产业链转型。面对结构性的不确定性，组织需要从提升管理者能力、变革组织业务模式、打破组织平衡等多方面入手以提高组织对于动荡环境的适应能力和生存能力并获得较高的绩效。

（三）新希望六和管理不确定性策略分析

该部分采用归纳法分析，探索新希望六和面对高度不确定性的外部环境，三年内实现成功转型的策略体系。为了更加清晰地呈现其策略体系，本研究从不确定性下转型的方向把控、实现途径、有效保障、核心归宿四个方面展开，并提炼出相应的策略体系。在分析过程中，采用多来源数据和资料进行呈现，事例型证据为新希望六和转型过程中实际发生的大事件和成效；文本型证据即从公司内部资料、外部公告/年报、学术研究成果、专业财经新闻报道、图书资料（例如，《共识:与经理人的九封交流信》《改变是组织最大的资产:新希望六和转型实务》《激活组织》等）及其他二手资料中提取；言语型证据从内部访谈、内部讲话等提取。

1. 不确定性下转型的方向把控——管理者认知

组织管理者需要更新认知模式。管理者自身对于环境不确定性的认知机制与感知对组织管理不确定性具有重要的影响。农牧行业所面临的经营与管理环境已经发生了根本性改变，譬如，行业资源的集中度变高、行业总体规模发展遇到瓶颈、行业发展关键要素转变等，这些都给农牧企业带来了极大挑战，但与此同时，也提供了调整和重塑的机会。在管理实践中，绩效对稳定性的要求很明显。由于稳定的结构能够帮助组织绩效的达成，组织管理者通常不愿意打破原有的结构与格局。但在今天充满不确定性的经营与管理环境中，不确定性成了常态与时代主题，管理者已经无法用稳定性的结构来获取绩效，却需要拥有在不确定性中

表2 不确定性下转型的方向把控——管理者认知

关键点	证据实例	措施归纳
管理者认知	**事例型证据（A）** A1：2016年第一季度报告显示，归母公司净利同比增长28%，其中，农牧业务盈利大增近400%，公司屠宰加工业务取得了84.73%的毛利增幅。 A2：未来三年公司的战略目标是打造顾客导向的农牧企业，到三年战略期末，销售额达到1000亿元，利润率有较大幅度提升，奋斗者收入翻番。 **文本型证据（B）** B1："在农牧发展的第一阶段，新希望成为工业化生产饲料的创新企业之一，并能够第一个走出国门走向海外发展，新希望成为中国民营企业首位；在农牧发展的第二阶段，新希望率先理解禽产业的本质特征，聚焦山东、聚焦养殖户，创新地运用产业集聚方式获得了巨大发展，当新希望与六和组合在一起的时候，开展了全球市场布局，饲料量超全球第三；在农牧发展第三阶段，需要专业化能力来推动成长，在猪产业的发展中体现得尤为明显。" B2："公司转型增长至今，已经到了攻坚战的时刻。如何打造'养殖基地'、如何掌握'消费端'已经清晰地摆在我们面前，专业分工、产业协同是对这个产业发展的本质认识，如果我们不能回归到对这个产业的本质认识上并采取行动，我们拥有的规模将无法再保护我们。" B3："刘永好敏锐地感知这个时代的变化并永远走在时代前端，永葆青春，这也是他被誉为'常青树'的根本原因。" B4："传统企业感受到从未有过的压力和焦虑，这是因为互联网时代使'人'的感受和体验变革更加丰富和多样，而新兴企业更能借助互联网满足这些不断被释放的需求……" **言语型证据（C）** C1："我们需要学会寻找机会，在机会中解决问题，并在机会中成长，拥有增长型思维就可以拓展视野和想象力……我与大家反复交流如何用食品价值提升产业价值的问题，如果从饲料行业看，中国总体规模在下滑，竞争在加剧，但是从食品行业看，每年需求都在增长，但是还未产生强有力的企业品牌，更大量的肉食产品都在区域市场，而并未占据全国市场，所以从食品端看，会有巨大的增长空间，而从饲料端看，就要做出彻底的结构转型，才会找到可能的空间。" C2："农牧行业发展已经进入第四个阶段，这个阶段需要把养殖端的价值在消费端释放出来。我们积淀30年的努力，让我们对养殖端的理解和投入有机会在消费端展示出来。" C3："每个行业、每家企业都在经受格局巨变的考验，如果说互联网引发了消费市场的变化，那么互联网+则引领了产业领域的深刻革命……工业4.0将要带来更大的冲击……这一切只是预示着变化成为常态的同时，企业需要具备全新的能力。"	变化敏感性（B3，C3）； 不确定性判断（B4，C2）； 增长型思维（A1，A2，B1，B2，C1）

获得绩效的能力。因此，组织管理不确定性首先要改变的是管理者自己，提升管理者认知。在新希望六和的管理实践中，与管理者进行思想上的沟通与交流，帮助管理者认识到不确定性以及变革的重要性，对实现不确定性下转型的方向把控，具有决定性作用。具体证据如表2所示。

综上所述，提出以下命题：

命题1：对变化保持敏感性、对不确定性的正确判断和增长型思维的管理者认知，有助于促进不确定性下企业成功转型。

2. 不确定性下转型的实现途径——双业务模式

组织需要建立"双业务模式"。环境不确定性作为解释组织状态的重要变量，将直接影响组织进行业务调整。环境的变化将促使组织进行业务模式的调整。在充满不确定性的环境中，仅仅发展现有业务已经不足以令组织面对不确定性。但如果因为发展了新业务而影响了现有业务，那么组织也将无法存活。组织必须在维持现有业务稳健经营的基础之上，同时布局新业务，也即长期与短期的有效结合。双业务并存会给组织管理者带来巨大的压力，但时代要求管理者必须成为驾驭组织转型的高手，必须实现长期发展与短期目标之间的动态互动。在过去的几年里，新希望六和向食品企业转型，从"生产商"向"服务商"转型，并做出了一系列紧密、细致的组织调整、人员调整、商业模式调整的安排，逐步构建了一整条完整产业链，并在全产业链中聚焦"养殖"和"消费"两端，实现了向"基地+终端"模式的转变。在此基础上，新希望六和打造了自身独特的核心能力，在消费端做出努力，超越了现有行业竞争，高效的执行力保障了双业务模式的彻底贯彻和实施。具体证据如表3所示。

表3 不确定性下转型的实现途径——双业务模式

关键点	证据实例	措施归纳
双业务模式	事例型证据（A） A1：从一家生产饲料的公司，延伸到养猪；产品延伸到服务，再延伸到解决方案；从生产延伸到产业，再延伸到综合服务商；从饲料延伸到养殖，再延伸到食品；从制造延伸到技术，再延伸到可靠性；从养殖户延伸到养殖合作，再延伸到养殖数据及价值。 A2：2015年上半年山东片联展开了结构重组，围绕一体化的基地建设，开始全员竞聘以及结构重组，坚定地推行了下去，用实际行动证明了基地建设的可行未来。 A3：成都片联稳健发展，2015年岁遇到人事动荡，但上半年仍然实现量利双增。川渝、两湖、云贵已经建成20多个合作社，打造全新的养殖渠道和基地。金融服务创新再创新台阶，为养殖户融资近亿元。半年时间培训养猪讲座近80场，互动体验式营销模式收效良好。	核心能力（A1，B1，B2）； 超越竞争（A2，B3，C1，C3）； 执行力（A3，B4，B5，B6，C2）

（续上表）

关键点	证据实例	措施归纳
	文本型证据（B） B1："并不是能不能成长的问题，而是用什么方式成长的问题；并不是能不能保持领先位置的问题，而是我们能否真正拥有核心能力的问题。" B2："饲料的有效增长对公司而言是一个关乎生存与发展的核心命题，禽产业的盈利和稳健增长对公司而言是一个当今能否获得竞争力的核心命题。" B3："互联网不是关键，关键是走向顾客端""我特别强调要离开竞争，就是因为竞争与顾客之间没有直接关联……当你重视竞争时，你可能会沉迷在自己以及同行之中，此时你一定会忘了顾客，忘了你最应该创造的价值。" B4："一个好的策略、好的想法，只有加上超棒的执行力，才可能获得成功……商业模式以及对概念和策略的把握的确很关键，但是更关键的是团队执行力，落地实现才是关键，而不是概念本身。" B5："战略转型中我们确定了很多策略……这些都是很好的选择和概念，重要的是如何把这些策略——落地实现，而不是停留在策略创新或是概念创新中。" B6："团队执行力对于一家成功公司的重要性而言，其关键性占了32%，仅次于'时机'，排在第二位，远高于'商业模式'和'融资'这两个关键因素。"	
	言语型证据（C） C1："中国市场经济三十而立三十而变。中国市场经济的第二阶段已经到来，经济出现普遍过剩，企业间的边界变得模糊，企业开始进入协同、协作、共生共荣，追求永序经营阶段。企业竞争进入价值联盟和另一个价值联盟的竞争阶段。" C2："从观念更新开始，发扬企业家精神，回归顾客，创新求变，领导变革、核心业务的设计落实到具体的经营策略上来。" C3："今天的企业要发展，一定是要离开竞争、超越竞争，一定不要用竞争的思维和策略做事，更不要把竞争作为一种能力来培养，而是要培养自己离开竞争的能力、合作的能力，以及共同创造价值的能力。所以要求我们的团队一定要在离开竞争的层面上做出策略选择，要在独特价值创造上做出选择，要在顾客端做出选择，要在价值链合作上做出选择。"	

综上所述，提出以下命题：

命题2：以明确核心能力、超越竞争和强大执行力为特征的双业务模式，有助于促进不确定性下企业成功转型。

3. 不确定性下转型的有效保障——达成共识

组织需要就转型达成共识。组织转型是内部认知和行为方式从产生分歧到消除分歧的过程，因此，转型过程的有效保障就是达成共识，上下同欲为转型的实施奠定了人力保障。现有研究组织转型的模型将经济因素等外部环境因素作为关键因素，而对于转型过程中的转型速度、转型方式等存在明显分歧，但鲜有学者就如何有效突破分歧、达成共识进行研究。本研究就此进行了深入探索，并根据新希望六和的转型实践的归纳中得出信任、接受变化的文化、持续变革的共识的产生和达成，是不确定下转型的有效保障。共识的达成使得新希望六和能够焕发基层团队的积极性，众志成城克服转型带来的巨大压力和挑战，为转型的成功提供了保障。具体证据如表4所示。

表4　不确定性下转型的有效保障——达成共识

关键点	证据实例	措施归纳
达成共识	事例型证据（A） A1：实现由传统行业向互联网的产业转型，以及由农牧产业向食品产业转型。 A2：战略转型和组织转型双驱动，在产业属性、业务领域、组织模式、时间效率以及盈利增长五个维度完成转型。 文本型证据（B） B1："并不是公司能否实现战略的问题，而是管理团队如何认同战略并保持一致的问题。" B2："如果公司成员不具备上下同欲、超越自我的文化来实现这种改变的共识和决心，那么我们就会陷入自我封闭、自我消耗以及丧失发展的窘境。" B3："接受变化与适应变化在公司内部已经成为常态，也许一些改变还需要时间去深化……大家已不再拒绝变化和惧怕变化，即使内心有冲突，但是行动上提速已经成为文化取向的共识……这些努力市场给予了美好的回馈……市场乐见做出改变的公司，而我们让自己成为改变者。" B4："沟通是为了达成共识，不是为了证明你想做什么。当基于共同的目的沟通时，沟通是会达成共识的。" B5："企业转型是一个持续性的任务，需要贯彻始终……已经持续转型整整两年的时间，初步看到了转型的效果……必须持续变化与转变，因为停滞就意味着已经落后。" 言语型证据（C） C1："思想观念上，总体上认同了现在的聚焦两端的战略方向。不管在片联还是禽肉事业部，都比较明确自己的方向。原来比较纠结，现在不纠结了。" C2："经过反复的变革，大家养成了配合的习惯。原来变革是先反对，现在是先配合，看看再说。变革成了一种习惯和理念。" C3："要保持合作的心态和开放的心态，分期分批拜访我们的合作伙伴，传达我们对未来的规划和种种努力，和所有合作伙伴一起共同努力，共创美好未来。" C4："2015年华北团队在降低成本，养鸭生产线盈利、一体化推进、后勤人员精简等方面攻坚战，每个核算单元在产业价值、成本核算以及有效经营上都打了一场翻身仗。"	信任（B1、B4、C1、C3）； 接受变化的文化（B2、B3、C2）； 持续变革（A1、A2、B5、C4）

综上所述，提出以下命题：

命题3：信任、接受变化的文化以及持续变革下的共识的达成，有助于促进不确定性下企业成功转型。

4. 不确定性下转型的核心归宿——顾客价值

德鲁克说，"顾客是企业的基石，是企业存活的命脉，只有顾客才能创造就业机会。社会将能创造财富的资源托付给企业，也是为了满足顾客需求。"一般认为，企业核心竞争能力的根本特征就是创造顾客的价值。一是在顾客价值方面，对顾客所看重的价值，即顾客的核心利益，能够做出关键性的贡献；二是在差异化优势方面，能够在竞争中表现出自己的独特之处，具有独特的价值创造。例如，新希望六和推行的福达计划以及模式创新的打造，就是基于顾客成长计划所做出的努力。此外，构建合作主体的共生系统为构建顾客价值提供了全面保证。面对经营性的不确定性，作为管理者，最重要的是创造顾客价值，带来业绩增长和企业成长，围绕顾客价值创造来开展工作，切实地执行自己的战略选择，集合一切可利用的资源，进行独特价值创造，回归到市场与顾客的核心价值当中。如何识别、应对和管理不确定性，并从中找到属于组织自身的价值，是对于今天管理者提出的一个重要要求，其答案是在"现场与顾客"中，顾客价值是不确定性下企业转型的核心归宿。具体证据如表5所示。

表5　不确定性下转型的核心归宿——顾客价值

关键点	证据实例	措施归纳
顾客价值	事例型证据（A） A1：入股蓝星。2015年12月9日，新希望六和与美国蓝星贸易集团有限公司在北京完成股权证书交接，新希望六和正式入股蓝星集团。 A2：云动保。建立云动保体系，通过一个中心实验室和多个分实验室覆盖全部的养殖户。2014年，新希望六和养殖ERP项目开展试点工作，确定"工单"养猪方法，开发养猪管理系统。 A3：新加坡金融平台。新希望六和于2014年4月初获得了我国外管局批准的外汇资金集中运营试点，并于4月底在新加坡实施银团融资。 A4：向食品企业转型。新希望六和逐步构建了一整条完整产业链，并在全产业链中聚焦"养殖"和"消费"两端，实现了向"基地+终端"模式的转变。 A5：掌控养殖基地。新希望六和于2013年11月启动"福达计划"，也即农场成长计划。	专注顾客（A5、A6、B1、B2、B4、B6、C1、C2）； 独特价值创造（A2、A4、B3、B5、C3）； 合作主体的共生系统（A1、A3、A7）

(续上表)

关键点	证据实例	措施归纳
	A6：调整消费端渠道。新希望六和收购久久丫、本香农业等，并于先后建立上海和重庆的两个"美食发现中心"。 A7：聚落一体化。2016年，新希望六和围绕农牧产业链建立聚落，实现聚落一体化。	
	文本型证据（B） B1："无论是我们的养殖户、用户、合作伙伴、最终消费者，还是我们体系内部的同事、相关部门都是我们需要专注的对象。基于顾客价值去做行动的选择和判断，基于顾客立场去做资源投放和积聚……" B2："我们要全员专注于顾客，专注于核心价值的创造，我们付出多少，顾客给我们的感觉和信任就会是多少。" B3："我们拥有全球市场布局，饲料销量全球第三，拥有这一切的原因就是根植于对行业与顾客价值的理解，以及能够创造性地将其转换理解为产品和服务的能力。" B4："我们已经在多个区域市场布局，总部持续推进专业能力打造……真正释放出专业能力与区域能力组合的竞争力，真正释放为顾客创造价值的能力。" B5："淘汰经营者的不是技术，而是顾客，忘记顾客注定失败！只要你愿意投入，总会有人帮助你解决技术问题，因为有技术的人总是有的，而最终只有满足顾客需求的技术才是有价值的技术，才是我们每个经营者真正需要追求的东西。" B6："由外而内的观察方法是企业成功的必要条件，只有从外部寻找价值，企业才能获得生机。使企业持续充满活力的因素在于外部……正是因为顾客提供价值的愿望使企业有了目标，也正式满足顾客需求使企业实现目标。"	
	言语型证据（C） C1："具备持续竞争力，我们的价值必须在终端产品上表达，而这需要我们真正能够贴近顾客，无论是通过渠道建设，还是设计顾客需要的终端产品。" C2："新希望六和命中注定是为顾客而存在的，除了顾客，新希望六和就没有任何存在的理由了。" C3："我去看了湖南片区、陕西片区、埃及、土耳其以及波兰市场……走访这些市场的时候发现，做得好的片区都有明确的顾客价值创造策略，都会采取与行业不同的市场行动，都能创造属于自己的独特价值。"	

综上所述，提出以下命题：

命题4：专注顾客、进行独特价值创造，以及合作主体的共生系统下的顾客价值创造，有助于促进不确定性下企业成功转型。

（四）分析总结：管理不确定性的组织运作模型

在深入地认识和了解环境不确定性之后，组织需要结合自身的能力以适应环境的持续变化。这就要求组织对环境不确定性具有主动适应和管理能力，而有效识别经营不确定性和结构不确定性是组织管理不确定性的前提。在此基础上，组织的成功转型还依赖于是否能够有效抓住转型的关键环节，以及是否能够有效采取核心策略来保障关键环节的实施。因此，可以构建"环境不确定性的类别判断——不确定性下转型关键环节——应对不确定性的策略体系"三个阶段的管理不确定性的组织运作模型。以下就不确定性下转型过程中存在的关键环节和应对策略进行简要阐述。

首先，提高管理者认知。环境不确定性改变了原有的竞争格局，为组织带来了更多的机遇和威胁。在高动态环境中，组织的压力主要源自于现有产品和服务市场的萎缩。管理者对感知到的环境中的变化和状态解释不同，将形成对未来状态的不同预测，从而形成不同的战略决策理解和选择，进而导致不同的组织动态能力及绩效等。管理者主观感知视角能更为快速地把握当前环境机会与威胁，从而做出恰当的决策与响应。Phua（2007）的研究指出，即便在相同的客观环境下，不同的个体也会产生不同的感知结果，只有当管理人员认为这些客观环境对他们重要时，他们才会采取相应的行动去应对。越来越多的学者认为，客观环境对组织来说是机会还是限制条件，主要取决于管理者感知到的环境不确定性，管理者自身对于环境不确定性的认知机制与感知对组织管理不确定性具有重要的影响。因此，敏感识别变化策略、变化基础上的不确定性判别策略、坚定的增长型思维策略是提升管理者认知的重要方面，为不确定性下企业转型指明了方向。

其次，构建双业务模式。在考察外部环境对其影响时，应将业务调整重点放在总体或任务环境的不确定性水平上。从外部环境视角，环境学派和制度学派指出，环境不确定性作为解释组织状态的重要变量，将直接影响组织进行业务调整（包括技术多元化、产品多元化、业务剥离等）。例如，出于对外部技术创新、市场竞争及其不确定性、资源约束等的考虑，组织会采取多元化业务调整来应对环境不确定性。因此，环境的变化将促使组织进行业务模式的调整。而双业务模式的构建不仅能保障企业获得持续的现金流保障，以应对经营不确定性，还能保障组织应对未来结构性的不确定性。而有效实现双业务模式的关键在于：在核心能力定位策略下，构建超越竞争策略模式，与此同时，保障高效执行力策略，这样才能使得双业务模式发挥其重要作用，应对经营性和结构性的不确定性。

再者，高效达成共识。环境不确定性在很大程度上限制了组织的行动能力，增加了其面临的风险，因而组织需要格外重视环境的变化，并根据环境状况及时调整战略。管理者能够调控组织内的各项资源，影响组织的战略决策、管理有效性及员工士气等方面，保证组织能够与外部环境相适应，进而决定组织的成败。沟通是达成共识的必经途径，而信任决定了沟通的有效性。企业转型的过程就是组织认知和行为方式从分歧到消除分歧的过程，而信任对于消除分歧具有不可替代的作用。因此，经营信任策略决定了转型效率的重要方面。当组织处于复杂环境中时，组织需要不断地进行一些无法预期的变革。组织必须不断变化自身复杂性，才能应对环境不确定性。因此，进行持续不断地变革是环境不确定性对组织的又一要求。而接受和认可持续变革，并在组织内部形成持续变革的文化氛围，对于组织内部持续变革具有潜移默化的作用。因此，经营信任策略和持续变化策略对转型过程中共识的达成具有不可忽视的重要意义。

最后，专注顾客价值。在动荡环境的经营环境中，组织需要不断地调整其战略、产品和服务，以便对不同的环境动荡水平和竞争形势做出有效反应，更好地满足顾客不断变化的偏好，并对竞争对手的行动及时做出有效反应。顾客价值是组织在任何情况下都应关注的内容，因此，组织需要对顾客需求进行持续跟踪、识别并快速抓住市场机会。顾客喜好和竞争者产品的频繁变化要求组织持续地进行创新或市场侵占，从而令顾客相信其新产品或现有产品的优越性。在面对环境不确定性时，组织需要加大研发投入，获取新的技术，探索顾客偏好，从而开发

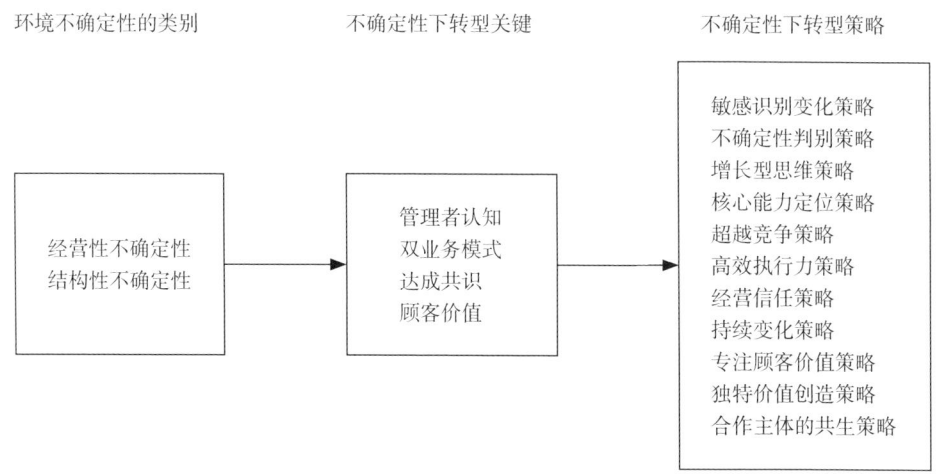

图1　管理不确定性的组织运作模型

新产品和服务并拓展新市场。通过有效实施新的战略，获得新的产品和市场，使组织能够响应顾客需求，从而提高组织对于动荡环境的适应能力和生存能力并获得较高的绩效。因此，专注顾客价值策略、为顾客创造独特价值策略，以及构建合作主体的共生策略的结合，可以为创造更好的顾客价值提供良好的环境保障。

四、结论与讨论

现有关于不确定性的理论，以资源依赖理论和信息基础论为代表，前者关注对客观资源控制，后者关注管理者的主观认知，二者存在主客观割裂的现象。此外，现有关于环境不确定性的研究主要将环境不确定性作为组织面临的外部因素，将不确定性作为组织情境因素加以考量。但是，面临持续剧烈变化的外部环境，不确定性已经成为直接决定企业生死存亡的关键，而现有研究并未将其作为直接因素，探讨企业应对不确定性的有效方式。从企业实践方面，在互联网时代，传统行业面对的经营与管理环境瞬息万变，陷入集体焦虑亟需理论界给予解答和指引。因此，从环境不确定性因素入手，直接探讨巨变时代的组织不确定性管理兼具理论和现实意义。

鉴于理论空白和实践呼吁，本研究通过对新希望六和转型单案例进行深入研究，构建了组织管理不确定性的组织运作模型。首先，组织需要正确认识不确定性并准确判断其类型。其次，在管理不确定性时，组织应该抓住提升管理者认知、双业务模式构建、达成有效共识、专注顾客价值四个关键环节，并综合运用敏感识别变化策略、不确定性判别策略、增长型思维策略、核心能力定位策略、超越竞争策略、高效执行力策略、经营信任策略、持续变化策略、专注顾客价值策略、独特价值创造策略和合作主体的共生策略，为关键环节的有效实施提供系统策略保障。本研究构建了组织管理环境不确定性的运作模型，同时，建立了一个基于现有理论并结合管理实践观察的分析范式和实施框架，是对既有关于不确定理论主客观融合研究的补充和完善，也能够为企业应对两种不确定性并进行成功转型的实践方向提供指引。

对于环境不确定性议题，本研究所起到的只是抛砖引玉的作用。基于对现实的观察以及对新希望六和管理实践所做的分析，本研究提出几个启示性的未来研究方向。首先，与传统的划分方式不同，本研究基于对管理实践的观察将组织所面临的不确定性划分为经营性的不确定性和结构性的不确定性。但是，新理论的兴起以及实践的不断发展还将会为不确定性带来新的认知，未来研究可以考虑更多不同的划分方式并展开更为深入的研究。其次，本研究较为清晰地勾画了新希望六和面对不确定性所采取的核心策略及其关键环节，是对组织如何管理不确定性所做的个案分析。为了得出更为一般性的结论，未来的研究可以采用多案例研究或者定量研究等方法。最后，本研究对现有组织面临的不确定性以及应对策略等进行了概括论述，但随着环境的不断变更，组织所面临的不确定性以及可采取的策略均会随之改变。因而，有关环境不确定性问题需要更多学者进行持续的研究和关注。

（原载：《管理学报》，2018年第1期；合作者：宋一晓、朱丽）

创新型企业文化的机制研究

在激烈的商业竞争环境中,主动创新的企业才能建立优势。创新型的文化因为可让企业具有持续的创造力,成为企业文化研究领域的热点之一。从理论的角度为创新型企业文化构建一个系统的机制模型,不仅可以清楚创新型文化如何形成,怎样转化,还可以理解其中各个要素之间的相互作用和关系,这对创建创新型文化的实务也提供了一定的依据。

一、创新型企业文化的界定

企业文化理论兴起于二十世纪七八十年代。企业文化是企业在长期的经营过程中形成的独特的价值观念、经营理念、道德准则和行为规范的综合体,它是一个组织区别于其他组织的重要表征。创新型企业文化是企业文化的一种类型,其定义学术界也众说纷纭。概括地讲,说法大致可分为两大类:

一类关注内容。这些观点认为创新型企业文化是一种以创新为文化主体和核心内容的文化类型。比如,企业创新文化是指在一定的社会历史条件下,企业在创新及创新管理活动中所创造和形成的具有本企业特色的创新精神财富以及创新的物质形态的综合,包括创新价值观、创新准则、创新的制度和规范、创新的物质文化环境等(宋培林,2000;刘焕荣、翟秀玲、刘惠萍,2001)。再如,创新型文化是具有长期的、多样化、创造性和风险意识等特点的,并以未来发展为导向的文化(张钢、许庆瑞,1996)。

另一类关注氛围。这类观点认为创新型企业文化是能够激发、培育和创造企业创新的土壤。如,创新文化是建立一种有利于创新的文化环境,无论是技术创新、知识创新,还是制度创新、组织创新,都需要有相应的机制体系和文化环境。创新型文化是组织内一种培育创新的文化，这种文化能够唤起不可估计的能量、热情、主动性和责任感，来帮助组织达到一种非常高的目标。再如，它是组织内一种奖励创新和鼓励冒险的文化，这种文化能够激励和奖赏杰出工作者，对于快速变化的环境，突然出现的危机和突然发生的情况做出迅速的反应，作为一种文化，它必须渗透到组织的骨髓中去。

各种观点并不冲突，我们可以综合地将创新型企业文化定义如下：创新型企业文化是一种以创新为核心的企业价值观念、经营理念、道德准则和行为规范的综合体，它是能够激发、培育和推动创新活动的企业文化类型。

二、创新型企业文化的机制模型

创新型企业文化是长期受外部因素和内部因素的共同作用而形成的。外部因素主要包括社会文化和经济环境，内部因素则涵盖了企业家精神、人力资源、管理制度和组织结构诸要素。企业作为社会的相对独立的子系统又势必受到社会因素的影响，因此，外部因素作用于各个内部因素。创新型企业文化形成后，它会激发和推动企业的创新活动，这些创新基本可以归结为三种类型，即技术创新、制度创新和管理创新。我们在研究创新型文化的形成机制和作用机制后，将两者整合到统一的系统中，便得到创新型企业文化的机制模型（见图1）。

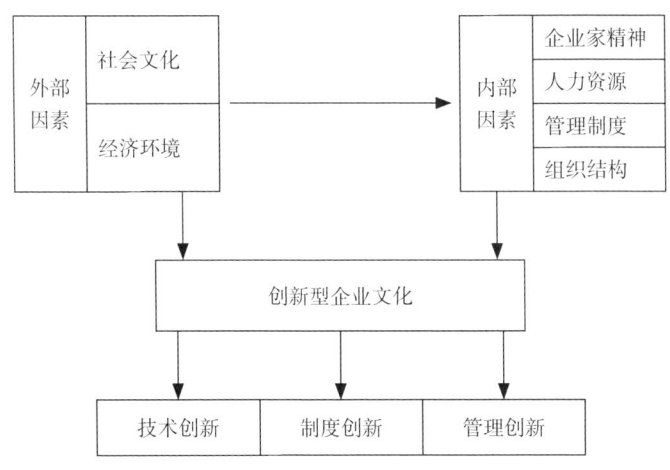

图1 创新型企业文化的机制模型

三、外部因素

创新型企业文化主要依赖于社会文化和经济环境这两个外部因素。

（一）社会文化

企业是社会的重要构成，企业文化植根于当地文化，不同国家的企业呈现不同的地域特色。同时，社会文化也直接作用于企业内部的各要素。学者Hofstede自1967年到1973年，调查了IBM分布在全球各国的员工，累计发放问卷超过10万份，通过五个维度——权力距离（power distance）、个人主义（individualism）、避免不确定性（uncertainty avoidance）、男性特征（masculinity）、长期性导向维度（confucian dynamism）来测定不同国家的文化特征。按照Hofstede的文化指标体系，我国属远东文化群，社会文化的整体特征表现为权力距离较大、个人主义较弱、避免不确定性较弱、男性特征中等和长期性导向较强。

学者们对创新型文化的基本特征进行了深入的探讨。Charles A. O'Reilly对医药类、消费者产品类、计算机类、半导体类和制造企业的500多位管理者调查后，得出了能够促进创新的因素为：鼓励冒险、奖励变革、开放性、共同的目标、自治权、行动中的信念。全员参与创新是组织内创新的关键要素（Karen Anne Zien和Sheld A.Buckler，1993）。Charles A. O'Reilly和Michael L.Tushman（1997）就组织如何提高创新绩效进行了一项调查研究，调查对象为来自亚洲、欧洲、非洲和美国的2000多名管理者，涉及的行业有采矿业、金融业、健康护理业、制造业、消费产业和高技术产业。最终研究发现，即使属于不同国家、不同文化、不同行业，但所有公司在提高创新绩效方面都拥有共同的基础性规范：挑战现状、容忍失败、鼓励冒险、提供资源和开放的信息。

我国的社会文化对创新型企业文化的构建影响深远。人们不偏好不确定性，就会求稳定，安于现状，不会鼓励冒险。人们的长期性导向明显，可以容忍眼前的失败，集体主义意识强，这些都有利于对创新的全员参与。而等级观念较重又在一定程度上扼杀共同参与的积极性。可见，中国社会文化对企业创新利弊参半。

（二）经济环境

全球经济一体化是当今经济发展的重要特征。企业经营面向的是国际化的资源、技术和市场，企业间的竞争也建立在统一的国际平台上。产品同质化严重，竞争日趋激烈，这使得企业只有不断地学习、持续地创新才能取得竞争优势。新经济环境下的人们关注生态，要求企业能够实现与自然和社会环境的和谐。尊重自然、维护生态的发展理念已经得到各国的广泛认可，这也是中国经济转型的必然命题之一。以市场和顾客为导向是现代企业需要秉持的核心理念。顾客需求是企业经营的起点，所有的创新活动应基于这个基本点。企业在提供产品的同时，实际也是在输出一种独特的价值观。顾客在购买产品的同时实际也表明他们对这种价值观的认可。全球化背景下的企业经营活动面对多样化的供应商和消费者，它需要建立一种能为大家共同接收的包容的文化。不同文化的交汇、融合本身就可以激发创新的文化。注重生态、以市场为导向、兼容并蓄、持续学习等是新经济环境赋予企业新的要求，它们既是企业文化创新的外在要求，也是企业文化创新的导向。

四、内部因素

组织内部对创新型文化构成的主要影响因素涵盖企业家精神、人力资源、管理制度和组织结构。

（一）企业家精神

企业家精神的实质是这种精神在整个公司的渗透，即一种战略导向，该导向以创新、冒险和前瞻性为特点（Covin和Slevin，1991）。熊彼特指出，企业家是创新的主体，他们破坏均衡的市场结构并从中攫取利润；如果没有企业家的创新，市场将处于均衡状态。正是企业家通过创新打破旧的均衡，才实现了创新的利润。企业家精神主要体现在公司的创新与风险创业等行为上。创新精神是企业家精神的精髓，是现代企业制度对企业家素质的最基本要求，企业家不仅是"创造性的完善者"，而且是"创造性的开拓者"；不仅是"适应性的管理者"，而且是"建设性的管理者"。另外，企业家还需具有承担风险的精神。企业家精神从本质上看，是企业家行为理性化的过程，其中包含了行为动机的理性化和行为手段的理性化。现代市场经济的特点表现为以经济价值优先，在这样的社会里，增加全社会的财富——发展生产力是核心目标，而不断创新正是达到这一目标的最理性、最有效的方法。因此，现代市场经济社会的核心价值体系对企业家的创新动机予以完全的认同和支持，并以创新精神来规范企业家的行为。这就使"创新精神"成为现代市场经济社会企业家精神的表现形式。

（二）人力资源

企业的创新需要全员的参与。重视开发人力资源，培养创新型的人才有利于创新型文化的形成和组织绩效的提高。Enrique Claver（1998）提出组织内促进创新的人力资源要素特征包括：不断学习，团队工作的必要性，公司成员拥有一定程度的自治权利和主动性，员工拥有一定从事自己感兴趣创新活动的自由。公司内全体员工都要拥有冒险精神，共同的责任感。企业内部员工的开放思想的交流与分享，能有效激发创新思想的出现。创新包括创造力和执行力两个层面，创新思想产生后需要依靠成员的执行力去实施。创新型文化要求组织成员在具有共同愿景的基础上，能够相互信任，真诚沟通，善于进行团队合作；要求他们对改变现状怀有热情，并且愿为组织的进步主动思考。人力资源成为组织创新重要的内在原动力，直接影响组织的运作绩效。企业应该对员工进行创造性训练，鼓励创造性思维，引导员工自发地进行组织学习，发掘员工头脑中潜在的想法、直觉和灵感，培养员工全员的经营意识、自我思考的意识。

（三）管理制度

管理制度文化是企业文化的一个层面，它体现了企业文化的核心价值观和理念，同时外化为员工的行为和有形的物质形态。有的学者将创新型文化定义为可以激励组织创新的文化类型，也就是说，组织内部对创新活动要有良好的激励机制。Teresa M.Amabile（1997）将组织制度激励列为激发创造力的关键因素之一。组织激励制度的内容很宽泛，它包括对创新活动的公平性，公平对待每项创造性的成果；对创造性的认知和奖励，及时发现并确认创新成果；发展创新思想的形成机制，从创新思想的萌芽到成型的整个过程要有完善的制度保障；保证创新思想的快速流动和转化，在机制上促使创造性思想加快流动并对其能做出迅速决策。除了激励制度本身外，组织决策程序的快速性和灵活性对组织创新也非常重要，它影响创新的速度和效率。企业在制度建设中应充分考量其对创新型文化形成的影响，建立能够激励和促进组织创新的企业制度体系。

（四）组织结构

组织结构是创新型文化生存环境的重要变量。Enrique Claver（1998）认为适应创新的组织结构应该具备几个基本特征：组织结构应为分散型结构；组织应具备灵活性和适应性；允许非正式组织的存在，系统思考而不是片段或零星思考。

在促进创新的环境中人人平等，大家可以积极参与，所以，官僚组织结构对创新的扼杀是毋庸置疑的。为了提高决策的效率，组织扁平化得到广泛的认可，它也有利于组织成员，特别是企业基层员工贡献智慧和做出决策，参与度的提高让创新活动更加频繁。随着经济的迅猛发展和网络技术的日趋完善，组织边界日益模糊，虚拟组织随之出现。虚拟组织具有强柔性度，具有高度的组织灵活性、快速的反应速度和高效输出特征，大大压缩了管理层级，能够充分实现合作和共享，为创新文化提供了良好的条件。微软、耐克、可口可乐等跨国公司在组织虚拟化方面效果卓然，它们极大地整合了全球资源，成为重要的创新中心。

五、创新型文化的输出要素

企业文化通过导向、激励、凝聚和辐射等功能影响企业创新的方向和内容。创新型文化可促使企业的技术创新、制度创新和管理创新，从而形成产品或服务的竞争力。技术创新、制度创新和管理创新是企业创新的主要内容，三者相辅相成，互相促进。

（一）技术创新

企业技术创新指企业运用先进的科学技术改进现有生产工艺和组织方式，以发现和控制新的原材料、开辟新市场、生产出新产品，从而提高企业的市场竞争力、盈利水平乃至可持续发展水平的能力。企业技术创新包括产品创新和工艺创新。技术创新是以企业文化为平台的，并通过其对企业文化的支撑体现自身价值。创新型文化是技术创新的内在动力，推动了技术创新的效率，同时它也在价值判断和核心理念方面对技术创新进行引导。不同文化的企业对技术创新的认知也不同，崇尚低成本企业文化的企业会通过技术改造尽量控制成本，为顾客提供低价的产品，而致力于为顾客提供系统解决方案的企业则会建立技术平台去整合资源。企业精神凝聚着企业员工的人心，鼓舞创新的士气，形成创新的强大动力。随着经济的发展和时代的进步，技术创新将向更高的层次迈进，企业文化也必然需要与时俱进，不断提高。

（二）制度创新

制度创新是对现行制度修正和完善的过程。通过不断调整和完善企业内部的各种规章制度，优化企业内部各利益相关者的关系，合理配置各种要素，能使企业适应知识经济时代外部环境多变性的趋势，满足自身内部的一系列创新要求。企业制度体现企业文化的核心，创新型文化催生企业制度的不断创新。创新文化也需要激励制度的保障。所以，在一定意义上，文化和制度是一种互动的关系。制度创新是创新型文化的重要产出之一，也是技术创新和管理创新的基础。产权制度、激励制度等的创新可推动技术创新工作，提高技术创新的成功率。

（三）管理创新

管理创新创新型文化所能激发的创新思维很多体现在管理的创新上。管理创新指创造一种新的、更有效的资源整合方式，以实现管理思想、管理组织、管理手段、管理方法、管理人才的现代化，具体包括企业领导者管理思想和方式创新、战略管理创新、财务管理创新、技术管理创新、业务流程创新、组织结构创新及人力资源管理创新等。管理活动存在于企业的各个细节，因此，管理创新也无处不在。持续的创新给企业带来生命力，很多优秀的世界500强企业基业长青的秘诀就在于管理的不断创新。如GE前总裁杰克·韦尔奇发明的"群策群力"（work-out），成为大企业反官僚主义最有效的药方。GE现任总裁杰夫·伊梅尔特的"增长流程六要素"的理论让公司源源不断地推出新产品，获得高的利润。

六、结语

创新型文化是在内外部因素的共同作用下长期形成的，外部因素主要是社会文化和经济环境，组织内部的因素则包含企业家精神、人力资源、管理制度和组织结构等几个方面。外部因素也直接作用于各内部因素。创新型文化会促成技术创新、制度创新和管理创新的出现，这三者相互关联，互相影响。

（原载：《科技管理研究》，2009年第3期；合作者：刘国江）

基于战略匹配的
中小企业的文化创新研究

数量巨大的中小企业在我国的经济体系中扮演着十分重要角色，为我国改革开放以来的经济快速发展做出了重大贡献。然而，中小企业寿命越来越短的问题也引起了企业界及理论界的关注。以珠三角地区为例，在20世纪90年代活跃的中小企业目前仍然存活下来的为数极少。中小企业寿命短的一个重要原因是其不能适应日益迅速变化的外部环境，从而被"变化"和"竞争"所淘汰。解决中小企业对外部环境的适应性，使其得到可持续发展的关键就在于不断进行文化创新，使中小企业保持对外部变化的敏感性，从而建立起持续的竞争能力。

树立文化创新的目标和方向，这是中小企业进行文化创新所面临的首要问题。也正是因为目前许多企业在进行文化创新和管理的过程中没有注意到这一点，从而使文化建设收效甚微，甚至引起负效应。本文认为企业文化的创新应当基于战略匹配，从而使文化支撑战略的实施，否则文化的管理和创新就失去了意义。为解决中小企业稳定持续增长的难题，本文将在对珠三角地区中小企业研究的基础上对基于战略匹配的文化创新进行探讨。

一、文献回顾

企业文化创新是指企业根据外部环境变化和自身成长的需要，进行文化的更新和再塑造的动态过程。企业文化创新的研究是企业文化研究领域的重要课题。早在20世纪80年代，著名企业文化大师沙因（1985）就指出随着企业的成长和环境的变化，企业文化的功能可能出现失调，此时，必须对文化演变进行管理。其实质就是对企业文化进行不断的创新从而解决文化功能失调的问题。在以"变化、速度、创新"为特征的21世纪，企业文化创新对于企业持续增长的重要性显得更为突出。

国外关于企业文化创新的研究，主要散杂于企业文化研究的课题当中，其中最具代表性的有沙因（1997）在第二版《企业文化与领导》中增加了在组织发展各个阶段如何培育、塑造组织文化，组织领导如何应用文化规则领导组织达成组织目标、完成组织使命等，论述了企业在不同的发展阶段如何进行文化创新。同时，也有大批学者通过对文化测评模型和工具的开发，使企业文化创新实践得到进一步发展，代表性的成果有如卡梅伦和奎因（1998）出版了《诊断和改变企业文化：基于竞争价值理论模型》（*Diagnosing and Changing Organizational Culture:Based on the Competing Values Framework*），这部专著为诊断组织文化和管理能力提供了有效的测量工具，为理解企业文化提供了理论框架，同时也为改变组织文化和个人行为方式提供了系统的策略和方法。

国内关于企业文化创新的研究，一方面论述了企业文化创新的重要性和急迫性，另一方面侧重于对文化创新的内容和趋势的研究。学者们普遍认为，企业文化创新是企业发展的需要，是企业获得核心竞争力的来源，是企业可持续发展的依托（张召龙，2007；张海涛，2006；汤长安，2006；等）；同时，部分学者侧重于研究如何进行文化创新，力图指出文化创新的内容和趋势，他们认为企业应当不断地进行经营理念创新、价值观创新、制度创新等，从而达到文化创新（郭鹏等，2005）。

通过对国内企业文化创新研究的梳理我们发现，相关研究还处于粗浅阶段，片面地强调创新性的企业文化元素的注入，但并没有重视文化创新的初始目的——支撑企业战略的实施，使得许多企业在文化创新中一味追新求异而忽略了文化对于战略的匹配性，从而使文化创新失去了意义；同时，对于中小企业的文化创新研究甚少，中小企业的企业文化创新实践亟需理论指导。因此，本文对基于战略匹配的中小企业文化创新进行研究，力图建立适合中小企业特点的文化创新概念模型，为管理实践提供借鉴。

二、中小企业文化创新的概念模型

本文在对相关理论和珠三角地区中小企业研究的基础之上，提出了中小企业的企业文化创新概念模型（如图1）。本文认为，中小企业的文化创新包括四个

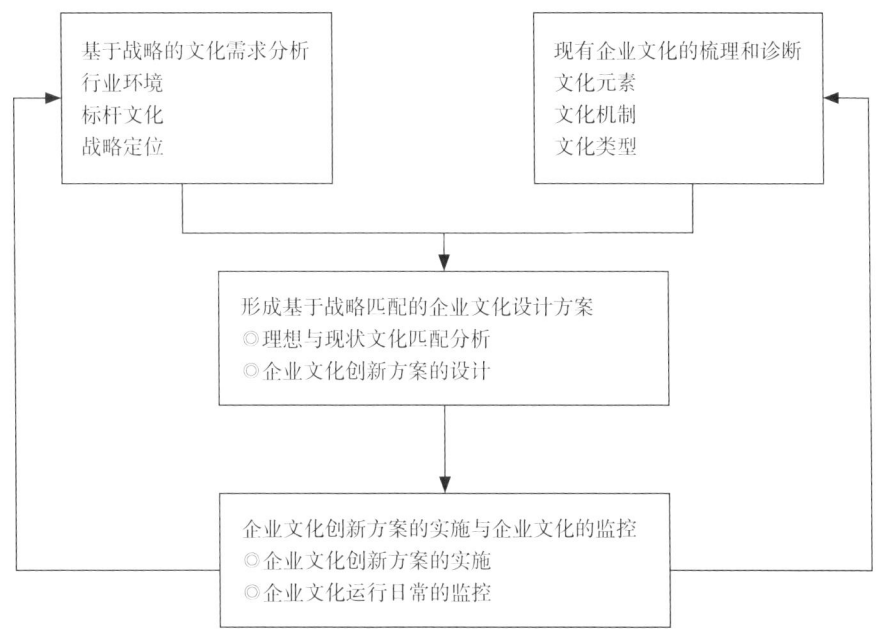

图1 基于战略匹配的中小企业文化创新的概念模型

主要步骤：基于战略的文化需求分析；对现有文化的梳理和诊断；形成基于战略匹配的企业文化设计方案；企业文化创新方案的实施与监控。通过这四个步骤动态的持续执行，中小企业的文化管理将更具目的性和科学性，使其真正成为企业战略的支持力量。

（一）基于战略匹配的文化需求分析

著名的战略管理专家希尔认为，企业的战略是通过有效地创建、运用和组合组织结构、战略控制系统和组织文化得以实施。可见，组织文化的设计对于企业战略的实施是否成功具有重大影响。企业文化是企业成功地适应外部环境的方式，企业文化创新的目的正在于为支撑企业战略的实施创建一套文化体系，使企业实现可持续的增长。因此，企业的文化创新应当以战略匹配为导向。

基于战略匹配的文化需求分析要求企业首先对企业外部环境做出判断，预测行业发展趋势，从而了解顾客可能的文化诉求。同时，企业应当对主要竞争对手进行分析，对于竞争对手的企业文化进行学习，了解何种文化能够更好地适应竞争的需要。最后，企业要明确自身的战略定位，不同类型的战略需要完全不同的文化来支撑，这是一个企业文化独特性的重要源泉。许多中小企业在这一点上存在误区，他们不知道文化创新的目标，而是一味地追新求异，这是错误的。很难想象一个以跟随者定位自身的企业一味去崇尚创新会有好的结果，最终将是自身的资源和能力难以匹配，企业战略以失败告终。因此，基于战略匹配的文化需求分析要求企业对行业环境和行业趋势、竞争对手的企业文化、自身战略定位进行分析，从而获得理想的文化模式。

（二）对现有文化的梳理和诊断

中小企业在自身成长历程中积累了成功的模式，也逐渐形成了具有自身特色的企业文化，对现有文化的梳理和诊断是中小企业进行文化创新的基础。对现有文化的梳理主要包括两大块内容，一是文化元素的梳理，二是文化机制的梳理。文化元素的梳理是指对企业文化的使命与愿景、企业经营理念、员工行为规范等文化要素进行审查。

同时，对文化机制的审查也同样重要。文化机制是一个企业文化的形成和发挥作用的机制。沙因认为即便是具有相同文化假设或相同外显价值观的企业，其企业文化仍然可能完全不同，原因就在于企业文化的形成过程受到许多因素的影响，导致了文化具有不同的作用机制，例如两个同样崇尚科学决策的公司，一个表现出对于团体讨论的重视，另一个则表现出对个人独立思考和外界权威的重视。所以，中小企业应当回顾自身的成长历史，挖掘企业文化的形成机制，从而能够对现有文化有更深刻的认识。

另外，我们还可以借助奎因和卡梅伦的OCAI模型对现有文化进行诊断，从而判断企业文化的类型，这有助于企业将自身文化与其他企业文化进行对比，并更清楚地认识自身的文化现状。

（三）形成基于战略匹配的企业文化设计方案

在进行战略匹配的文化需求分析和现有文化状况梳理之后，企业应当将二者进行匹配，从而提炼出现有文化中适应性的部分和非适应性的部分。保留适应性的文化元素而更新不适应性的文化元素是文化创新方案设计的基本思路。在企业文化创新的方案设计中，我们应当同时关注企业文化的不同层面。企业的使命和愿景以及企业的核心价值观往往具有稳定性，也是一个企业的文化灵魂所在，不应当轻易变更。吉姆·柯林斯（1994）在《基业长青》中指出："最持久、最成功的公司的基本特征是他们保存一种核心理念，同时刺激进步，积极改变除了核心理念以外的任何东西。"而这里的核心理念就是企业的使命、愿景和核心价值观，它是企业终极追求。因此，在文化创新方案的设计中，中小企业应当注意使企业文化的内核保持稳定，而不断调整与企业战略不相匹配的文化内容。

（四）企业文化创新方案的实施与企业文化的监控

文化创新方案的实施是中小企业建设落地的环节，也是实际的文化创新实践中重视不够的环节。再好的文化模式和文化创新方案，如果不能有效地落实，都无法发挥其作用。文化创新必须落实到企业的日常活动中去，中小企业尤其应当注重领导作用的发挥，因为中小企业具有规模小的特点，领导在文化建设中作用突出，所以领导应当身先士卒，树立标杆。同时，企业必须将组织结构调整、战略控制系统设计以及人力资源管理等结合起来，才能使新企业文化落到实处，最终影响员工行为创造绩效。

在完成文化创新方案的实施后，中小企业应当对自身的企业文化进行监控，一旦出现部分文化功能失调，就应当再次进行文化创新活动。因此，企业文化创新是一个不断的动态循环过程，只有不断地重复此过程，才能保证企业文化与外部环境的适应性，从而支撑战略的实施，建立起企业持续的竞争能力。

三、中小企业文化创新的指导原则

为保证企业文化创新模型的操作性，针对我国中小企业在文化建设存在的误区，本文提出了中小企业文化创新的指导原则。

（一）企业文化对战略的匹配性

支撑企业战略的实施，保证企业的可持续增长，是企业文化创新的最终目的，因此，在设计文化创新方案和实际的企业文化管理实践中，我们都应该以战略的匹配性为目标。当前的企业文化热使中小企业经常忽视这个方向，唯创新而创新，一味追新标异，结果使文化建设工作收效甚微。所以，中小企业的文化创新实践应当基于战略匹配，否则，文化创新将失去其意义。

（二）注意区域文化的影响

区域文化的差异性大是中国文化的一大特点。因为中小企业往往很有大的区域性，所以区域文化对于中小企业的企业文化形成具有重大影响。以珠三角地区为例，因受岭南文化的影响，广东人多数比较实干，具有开拓性，但同时也有着"小富即安"的思想，注重短期利益，甚至有学者认为这种文化是导致珠三角很多中小企业难以做大做强的原因之一。因此，中小企业在经营中应当利用当地文化的优势，摒除文化劣势，进行自身的文化创新，如可以引入不同地区和国家文化背景的人才，消除自身区域文化的局限性。

（三）关注企业文化的作用机制

企业文化是极为复杂的，如果不深入地探讨企业文化产生作用的机制，而只是了解其文化元素和表现形式，会导致我们对文化理解的片面性。通常的理论认为，企业文化因为具有滞后性，所以往往是组织创新和变革的阻碍，其实并非全然如此。沙因认为，把握企业文化的作用机制，有利于我们利用企业文化的支撑去进行创新的实践，往往能够使创新得到更好的实施，这有些像顺水推舟。对于文化创新的实践同样如此，企业文化的创新和变革往往只需要调整其不适应的部分，而并非对原有文化的全盘否定，因此，对于原有文化机制的研究，有利于我们借势创新，达到良好的效果。

（四）持续动态的企业文化创新

企业文化创新是一个持续的动态过程，而不可能一劳永逸。因为企业成长的环境在迅速变化，企业也会随着增长需要面临新的问题，这使得企业原有的适应生存和获取成功的方式变得不合适，因此需要持续的文化创新。目前，有些企业认为聘请一些咨询公司开展一次企业文化咨询项目就可以完全解决企业文化的问题，这种观念是不正确的。因此，企业必须树立动态的文化创新观念，对自身企业文化进行实时监控，一旦出现文化功能失调，就应当进行文化创新。

四、结论

中小企业是我国一支重要的经济力量，其可持续增长的问题值得我们关注。本文认为保证中小企业可持续增长的关键在于进行基于战略匹配的企业文化创新。在对企业文化理论和珠三角地区中小企业研究的基础之上,本文构建了中小企业文化创新的概念模型,认为中小企业首先要进行战略匹配的文化需求分析,进而对自身的文化现状进行梳理和诊断,然后在前两步的基础上形成企业文化创新的方案,最后是文化创新方案的实施以及企业文化的监控。同时,为保证该模型的可操作性,本文认为中小企业应当在企业文化创新中以战略匹配为目标,关注区域文化和企业文化作用机制的影响,并将根据需要持续不断地开展文化创新。

(原载:《科技管理研究》,2009年第5期;合作者:马胜辉、马俊旭)

社会网络嵌入性视角的创新型企业文化作用机制研究

21世纪全球经济形态，已转变成为以创新为主的技术经济时代。对多数企业而言，创新是维持及获得竞争优势的媒介。如果企业本身不具备创新能力，而其他竞争对手具备时，必定会导致企业的失败。目前创新成为企业保持竞争力，应对经济全球化的一种管理新趋势。而企业持续创新的动力则是来源于其创新型企业文化，很多企业开始培养创新型企业文化。创新型企业文化可以增强员工工作满足感，提高员工的创造表现行为和工作绩效，促进企业组织创新。但是，对于组织层面的创新型企业文化如何转变为员工个体层面的工作行为和表现，以往的研究主要基于个体主义方法展开，集中于研究创新型企业文化对员工内在驱动力的直接作用，而忽略了员工所嵌入的社会网络对员工的心理和决策的约束作用。事实上，组织内的个体往往并不具备完全的决策自由度，个体存在于社会网络之中，个体与组织相互之间的认同是经过具体的社会网络过滤之后建立起来的。人们的经济行为嵌入于社会网络之中。因此，本研究将社会网络理论引入到企业文化理论研究中，研究创新型企业文化如何通过员工所嵌入的社会网络使其产生创造表现行为。

一、创新型企业文化

企业文化理论产生于二十世纪七八十年代。"企业文化"在不同的环境中有着许多不同的含义。目前国外学者对企业文化的界定是比较一致的，他们普遍认为企业文化的核心要素是共有价值观，也就是一个企业的基本观念、信仰、看法和思维方式等。也就是说企业文化是企业员工所遵从的一系列价值观体系的总和。

在此基础上，不同学者由于不同的研究背景和研究目的，将企业文化分为不同的类型（如表1所示）。

从表1中可以看出，虽然学者对企业文化的分类各有不同，但基本上都是以遵从制度、追求创新、重视和谐信任这三个方面来做归类。因此，本研究采用Wallach（2006）对企业文化做出的分类，将企业文化分为官僚型、创新型和支持型。

在Wallach对企业文化分类的基础上，创新型企业文化被引入到不同的研究中。不同学者对创新型企业文化做出了不同的界定。具体如表2所示。

从表2所列定义中，可以总结出创新型企业文化的共同特征：创新型企业文化就是能够激发创造力和创新的文化，有利于组织内创新行为的发生，能够适应复杂环境变化的企业文化。在此共同特征的基础上，本研究对创新型企业文化做出以下界定：创新型企业文化是组织内一种奖励创新和鼓励冒险的文化，能够激发和促进企业内创新思想、创新行为和创新活动产生。

表1　国内外学者关于企业文化类型的代表性观点

学者	文化类型
Harrison（1972）	权力取向（Power Orientation）：当权者对部属维持绝对控制权
	角色取向（Role Orientation）：组织强调只为角色的期望与规范
	任务取向（Task Orientation）：以达成组织目标为最高价值
	个人取向（People Orientation）：因应组织成员需求所设计的组织
Ansoft（1979）	稳定型文化（Stable Culture）：逃避风险，不接受任何改变
	被动型文化（Reactive Culture）：接受最小的风险，接受额外改变
	参与型文化（Anticipating Culture）：允许相当的风险，接受额外改变
	探索型文化（Exploring Culture）：考虑风险利益间的转换，接受改变
	创造性文化（Creative Culture）：尝试各种风险，不断追求新奇的改变
Deal & Nenntuy（1982）	硬汉文化（Tough-guy/Macho Culture）：个人主义强、风险挑战高
	努力工作/尽情享乐文化（Workhard/Playhard Culture）：工作与玩乐并重，鼓励成员采取低风险的行动并要求成功
	以公司为赌注的文化（Bet-your-company Culture）：决策成本高、风险大、回馈慢
	注重过程的文化（Process Culture）：注重工作程序，类似官僚型
Wallach（1983）	官僚型文化（Bureaucratic Culture）：组织权责划分分明，工作性质标准化，建立在控制与权力基础上，属成熟且形式谨慎之组织
	创新型文化（Innovative Culture）：组织面临竞争多变的环境，重视成员挑战性、冒险性、创新性
	支持型文化（Supportive Culture）：组织工作环境和谐，对成员具高度之支持与信任

（续上表）

学者	文化类型
Quim和Mc Grath（1985）	理性文化（Rational Culture）：追求效率与生产力，目标明确果决
	意识形态文化（Ideological Culture）：价值与魅力领导，如政党
	和谐一致的文化（Consensual Culture）：强调成员参与，如公益团体
	科层文化（Hierarchical Culture）：强调权力集中，以行政条规管理
Soimenfeld（1989）	学院型（Academy）：喜好任用刚毕业的新鲜人，训练后分配单位
	俱乐部型（Club）：重视适才适用，也重视忠诚度、年资与经验
	棒球队型（Baseball Team）：喜雇佣有才之士论功计酬，适合冒险性倾向者
	堡垒型（Fortress）：组织保留剩余财富而少对员工提供保障
河野丰弘（1992）	活力型文化：挑战精神旺盛，员工责任感强
	独裁活力型文化：对于组织初创期，领导以革新取向带动成员活力
	官僚型文化：谨慎小心的文化，多见于政府机关或历史悠久大企业
	僵化型文化：成员只做惯性既有的工作，保守、安全第一的价值观
	独裁僵化型文化：因独裁者政策不符时宜，造成士气低落行为僵化
Coffee和Jones（1998）	网络文化型：高社交性、低团结性；容忍绩效差的成员
	佣兵文化型：低社交性、高团结性；不能容忍绩效差的成员
	孤岛文化型：低社交性、低团结性；以个别成员工作的质量做评估
	自治文化型：高社交性、高团结性；重绩效也重情谊
郑伯壎、郭建志（2001）	社会责任型、敦睦亲邻型、顾客取向型、科学求真型、正直诚信型、表现绩效型、卓越创新型、甘苦与共型、团队精神型

资料来源：李宜珈（2004），陈思颖（2006）

表2 创新型企业文化定义

学者	创新型企业文化定义
Wallach（1983）	有活力、重思考、求创新、接受挑战并能承担风险的文化
Fons Boronat（1992）	以一种初始方式，在某一特定时期为了满足创新思想数量最大化的需要而培育的一种行为模式
AECA's（1995）	创新型业文化需要满足以下四种价值观和态度：公司管理者乐于冒险、公司所有员工的参与、激发创造性、共同的责任
张钢，许庆瑞（1996）	创新型企业文化具有长期的、多样化、创造性和强风险意识等特点，并以未来发展为导向
Alan Frohman（1998）	创新型企业文化是一种培育创新的文化，这种文化能够唤起一种不可估计的能量、热情、主动性和责任感，来帮助组织达到一种非常高的目标
Thomberry（2003）	创新型企业文化是组织内一种奖励创新和鼓励冒险的文化

资料来源：水常青、许庆瑞（2005），及本研究整理

二、社会网络嵌入性视角

在从社会网络嵌入性视角出发研究创新型企业文化的作用机制之前，需要首先明确什么是社会网络及社会网络嵌入性。

（一）社会网络

社会网络的研究起源于人类学家在探讨复杂的社会中人际互动关系时，发现传统角色地位的结构功能理论，并无法解释实际的人际间互动行为，因而必须寻求新的理论。人类学家Barnes（1954）是最早思考网络概念的研究者，他发现人际关系网络才是影响人类行为的真正因素。而后，Bott（1957）也继续接着研究网络的概念，然而网络的概念并没有被注意，直到19世纪60年代后期，社会网络理论才被各领域学者广为接受，并渐渐运用于社会科学的研究中。社会网络理论的发展，自White（1970）以来便逐渐脱离"社会支持"一体的研究，开始讨论社会结构如何影响劳动市场中的社会流动行为，开启了以社会网络来研究组织行为的大门。

社会网络指因各类型的"关系"而形成的网络联结，包括血缘及婚姻的亲属关系、市场上的买卖关系、层级组织下的正式职权及角色关系、非正式友谊、伙伴的社会关系以及其他类型的关系，这些关系的集合，形成了社会结构，也是一种社会网络。Mitchell（1973）认为，社会网络是指某一群体当中，成员之间所建立的特定连带关系，而整体的网络结构，可用来解释群体中成员的个人社会行为。社会网络是社会行动者之间的一组特殊连带，社会行动者可以是个人、群体、组织、社区、国家甚至经济体，视研究对象的不同而对不同的层次进行研究。Laumann，Galaskiewicz和Marsden（1978）将社会网络定义为一群节点（可以是个人、群体、组织、国家等），透过特定的社会关系（市场交易关系、友谊关系、组织中上司下属关系、同事关系等）所形成的联结。Emirbayer和Goodwin（1994）则将社会网络定义为一群行动者所组成的社会关系。也可以说，一个社会网络是由多个点（社会行动者）和各点之间的连线（行动者之间的关系）组成的集合。用点和线来表示社会网络，是社会网络的形式化界定。

从以上学者们对社会网络的定义，可以了解所谓的个体，可以是个人、群体、组织、国家等社会行动者，而这些个体的共同特性即：皆由"人"所组成。而这也是其不仅以"网络"称之，而特别以"社会"来限定其探讨范围的主要原因。而且社会网络所关注的核心对象是个体间所形成的"关系",而非"个体"本身。综合上述学者对社会网络的定义,以及本研究的主题,提出社会网络是指个体之间因正式与非正式的互动而形成的网络联结。

(二) 社会网络嵌入性

"嵌入性"概念最早见于经济史学家卡尔·波拉尼的论文——"作为制度过程的经济"。他认为,"人类经济嵌入并缠结与经济与非经济的制度之中"。1985年,格拉诺维特在《美国社会学杂志》上发表"经济行动和社会结构:嵌入性问题"。从此以后,"嵌入性"视角得到更为广泛的重视,并成为目前美国新经济社会学的一个基础性概念。格拉诺维特认为,经济行为嵌入于社会结构,而社会结构的核心就是人们生活中的社会网络。而社会网络应该界定为网络的系统,社会成员按照联系点有差别地占有稀缺资源和结构性地分配这些资源;应该按照行为的结构性限制而不是行动者的内在驱动力来解释行为;要关注分析人们对社会资源的获取能力,而不是仅仅强调人们对某些特定社会资源的占有程度。社会网络分析强调按照行为的结构性限制而不是行动者的内在驱力来解释行为。

按照社会网络的观点,社会网络促进或限制了以获取稀缺资源为目的的集体行为和竞争行为。而如何有组织地分配和竞争稀缺资源恰恰是管理学的研究重点。

一般组织管理理论缺少对个体行为转化为组织行为和组织行为转化为个体行为环节的研究,而基于社会网络的嵌入性观点恰恰可以弥补这一缺憾。可以将组织看成是有个体组成的社会网络。如果将一切经济行为都嵌入社会网络,那么社会网络就成为个体与组织之间沟通的桥梁。个体作为行动者,在某些特定的网络结点借助社会网络获取、调动稀缺资源;而组织行为也可以通过社会网络传导、作用到每个个体。社会网络的传导、扩散、聚集能力等基本属性决定了组织的运作能力。

(三) 社会网络类型

Ibarra(1993)认为,网络理论将社会网络分为工具性网络和情感性网络,工具性网络包括影响网络、咨询网络和沟通网络,情感性网络包括支持网络和友谊网络。Krackhardt和Hansen(1993)将网络分为咨询网络、信任网络和沟通网络。Brass和Burkhardt(1992)将社会网络分为沟通网络、工作流程网络和友谊网络。Rosenthal(1996)则依社会接触区分为讨论网络、社交网络和工作网络。由过去对社会网络的分类，工具性网络和情感性网络可以包含过去学者们所区分的主要网络类型。因此，本研究将以工具性网络与情感性网络作为组织内部社会网络的两个构面。

工具性网络是指个人因执行工作上的需求，而与他人形成的互动关系，属于一种有目的性的关系网络，本研究将以工作咨询网络作为代表。工作咨询网络是当个人于工作上遇到困难时，咨询者与被咨询者之间所形成的网络关系。

情感性网络是组织成员间自发性地于私底下建立的非正式关系及产生的互动行为。本研究采用友谊网络为代表，即组织成员之间除了正式的同事关系外，私底下亦是很要好的朋友，或者彼此间可以很放心地向对方诉说自己的想法、私事及心事。

三、基于社会网络嵌入性的创新型企业文化作用机制模型构建

社会网络"嵌入性"基本要点强调对经济现象的研究应当考察经济行动者所处的社会关系网络以及个人或群体之间的互动。而企业文化的研究则一直以来是基于个体主义方法而展开的，忽视了企业文化行为的嵌入性特征。相比于个体主义方法，网络分析范式坚持的基本假设是：社会网的结构和特征，其中关系、点及位置的分布，将在某种程度上影响点的态度和行为。"从这一基本假设出发，社会网络的研究就将个别与整体、微观与宏观联系起来"，有利于解决企业文化研究中不同层面脱节的问题。

斯坦福大学研究中心曾经发表的一份调查报告，结论指出：一个人赚的钱，12.5%来自知识，87.5%则是来自于关系，由此可以看出，关系对于个人的重要性。Hrebiniak和Alutto（1972）指出，组织中除了薪酬、工作的自主会影响组织承诺之外，与同事友谊也会影响组织承诺。O'Reilly和Roberts（1975）也发现：在沟通网络中没有联结的人，其工作满足感低于有联结者。Park和Luo（2001）则认为，在中国社会里，关系对人跟人之间与组织内部，都是具有极大意义的文化特质，甚至提出关系是绩效所不可或缺的因素。在此基础上，本研究提出创新型企业文化的作用机制模型（如图1所示）。

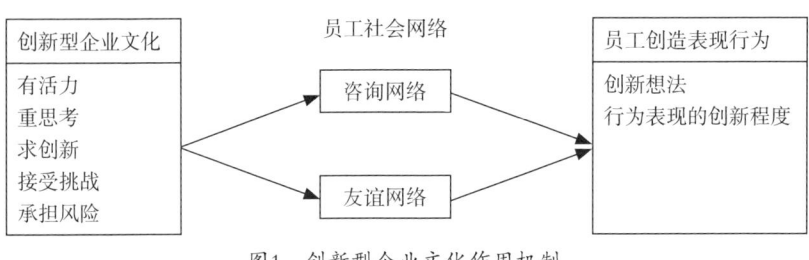

图1 创新型企业文化作用机制

（一）创新型企业文化与社会网络

1. 创新型企业文化与咨询网络

Hauser（1998）认为，创新必须高度依赖与外部沟通及内部沟通。外部沟通泛指企业内部与外部客户的沟通，而内部沟通则是指企业内部成员之间的沟通。企业内部成员沟通即形成其组织内人际关系网络联结的开始。

胡圣慧（2003）在其部属对主管人际交换关系与组织文化对部属沟通满意度影响的研究中提出，主管与部属人际交换关系与组织文化形态对于沟通满意度是息息相关的。她发现，当员工面对创新型的企业文化时，部属对主管的人际交换关系品质与沟通满意度有显著影响。创新型企业文化与员工之间的沟通咨询意愿具有相关性，可由此判断创新型企业文化与咨询网络发展相关。

叶倩亨（2004）在对中学教师人情特质、人际情感、组织文化与知识分享关系的研究中发现，组织文化中的创新求变以及分享双方的关系类型对于两人知识分享意愿与行为有交互作用的影响效果。其知识分享意愿与本研究的咨询网络有相同的意味，即员工之间愿意主动或被动分享自身知识给彼此的意愿强度会受到"创新求变"的组织文化的交互影响。因此，本研究提出创新型组织文化对咨询网络发展具有正向的影响。

2. 创新型企业文化与情感网络

黄铭廷（2002）认为，组织文化是影响组织信任的直接因素。陈介玄与高承恕（1991）将信任解释为一种由"亲"而"信"的过程所建构的"人际的信任"。经过这个"亲近"而"相信"的过程之后，更进一步的意义即是信任衍生而出的情感；当相信对方是值得信赖的人，便逐渐产生类似"你办事，我放心"的信任情感。人与人之间的信任是建立情感网络的基础。

陈明璋（1988）提到，国人只要有"同"（如同事、同学、同乡）与"缘"（如血缘、姻缘、地缘）的情意存在，就容易建立"义利"结盟的合作关系。陈介玄（1991）在其研究中也提到，"在商场，越有钱越讲道义情感，因为道义情感有效，能彼此互惠，起初可能是假的，但后来变成真的情感"。而且，"中国人是很有自尊的民族，生意过程不能谈钱，只能谈友谊，尤其是对客户更要维系相当程度的私人情谊；经由友谊联系所建立的交易关系通常较能延续"。本研究以同理推论，在绩效导向的组织里，同事间的情感也可能建立在利益的基础上，为了使工作能顺利达成，同事之间越需培养情感以便得到同事的配合与协助。

郑瑞园（2002）的研究结果发现，部门间信任越高，其技术创新能力和新产品效益越高，由此可见，技术创新能力与信任具有显著相关性。由于信任是情感网络发展的必备要素，且技术创新导向的组织价值观代表其趋向创新型企业文化，加上前述陈介玄对情感与利益相结合的论述，本研究推论绩效导向的创新型企业文化对情感网络发展具有相关性。

（二）社会网络与员工创造行为

Zhou和George（2001）指出，个人创意或创新的表现程度，不应单指创新想法本身，应该包含创新想法的产生、内容、推广与发展执行方案，如此才能确保创新的想法可以被有效地执行。

Roger（1983）研究发现，由于提出创新事物者都必须是新构想的早期采用者，以维持他们的领先地位，因此，创新表现较高者的创造能力都比较好。Perry Smith和Shalley（2003）在探讨个人创造力与社会互动间关系的文献后，认为个人在网络中的位置会对个人的创意工作产生影响。林明村（2002）曾在研究中提到，华人企业主管与归类为自己人的部属有较高的情感性依附，并给予自己人较多的资源分配，部属则相对回应以表现出良好的工作表现。陈忆雯（2004）在其研究中提到，社会网络的主要优势在于可以获得所需的资源、讯息、支持与协助，使得工作目标可以达成。因此，过去的研究结果都支持人际互动、网络中心性与绩效有正向的关系。

Granovetter（1973）在探讨求职者如何取得就业信息时，发现拥有较多人际关系弱连带的人信息比较灵通，求职成就也较好，因此提出"弱连带优势理论"。Burt（1992）引申"弱连带优势理论"提出"结构洞理论"，试图借以建构商业竞争的社会结构基础。他发现，讯息灵通的人较易发现商业机会，所以如何在社会结构之中建构关系网络，并使自己成为信息管道，是商业竞争中积累社会资本的重要决策。而个人若具有较多的信息和社会资本，便会使其在从事创造型工作时，获得较多的相关资源与支持，就会有更好的工作表现。

四、结论

Cross，Borgatti和Parker（2002）指出，就个人层次而言，社会网络分析让我们更能理解人们之间的关系。Tichy（1981）也强烈建议，组织行为研究应该采用网络分析的观点，同时考虑个人心理动机及与他人互动的关系结构，对个人态度、行为及绩效和影响。本研究指出，创新型企业文化通过作用于员工个体的社会网络作用于员工的心理和决策，从而使员工产生创造表现行为。在今后的研究中，将通过实证研究来验证并修正该模型。

（原载：《科学学与科学技术管理》，2009年第8期；合作者：袁晓婷）

企业发展高管价值评价、选拔任用方式与国企改革进程的相关性

《中共中央关于全面深化改革若干重大问题的决定》提出组建若干国有资本运营公司和国有资本投资项目允许非国有资本参股等的重要决策。这标志着国有企业改革（简称"国企改革"）将进入一个新的发展阶段。从早期放权让利到所有权改革，再到目前提出的国有资本运营，国企改革从1978年到2013年历经35年依然没有完成。在这35年的改革历程中，政府出台了大量政策来提高国有企业的活力，特别是针对国有企业高层管理人员（简称"国企高管"）设计了一系列的激励与约束机制，与此相对应的，在学术界，关于国企高管激励与约束机制的研究也层出不穷。但是，这35年来，国有企业取得的成效与政府的目标还是有一定的差距，在高管激励与约束方面难以达到既定的效果，究其原因，国企高管激励与约束机制设计时，仅仅考虑了激励本身的问题，没有充分考虑影响激励与约束机制的其他因素。这里将重点研究高管激励与约束机制的复杂性。只有找到复杂性根源，才能制定有效的高管激励与约束机制，才能真正提高国有企业的经济效益。国企改革是当前经济转型的热点问题和难点问题，因此研究其激励与约束机制的复杂性就更具有重要的理论价值和现实意义，也是经济和管理研究领域的前沿问题。

一、文献综述

有关激励与约束机制的研究文献主要集中在三个方面：从国企改革的整体发展方面研究、从国企改革进程的总结或阶段划分方面研究、从激励与约束机制的有效性方面进行研究。

（一）从国企改革的整体发展方面研究

厉以宁从体制视角提出对国有企业进行股份制改革，部分全民所有制企业可以实行股份化，形成国家、企业和劳动者联合办企业的模式。吴敬琏（1986）从市场视角提出，要让市场机制在国有企业资源配置中起基础作用，国有企业应成为在竞争性市场上自主经营和自负盈亏的组织。张维迎（1992）从产权视角提出国企改革的关键在于政企分离，把国有资产从股权变为债权进行所有权改变是其根本方法。简新华（1995）认为，国有企业要实行公司化的现代企业制度，其资产肯定必须股份化、证券化，而且应该可以转让，但必须保持国有资产的控股地位为前提。

（二）从国企改革进程的总结或阶段划分方面研究

缪文卿按时段的演进将国有企业中企业家激励制度划分为四种类型。一是"国家租金激励制度"（1956—1979年），二是"放权让利激励制度"（1979—1992年），三是"年薪制激励制度"（1992—2002年），四是"业绩考核激励制度"（2002年至今）。龙游宇和黄载曦（2006）提出了三阶段理论：放权让利阶段（1979—1984年）、承包租赁阶段（1984—1992年）和所有权改革阶段（1992年至今）。魏杰（2007）从企业制度、企业战略、企业文化、企业定位、企业哲学等五个方面剖析我国企业30年的改革历程。张文魁（2008）把30年的国企改革划分为激进的控制权改革（1978—1992年）和渐进的所有权改革（1992—2003年）两个阶段。王永等（2008）从转型期管理创新动力机制的角度，把国企改革划分为转型早期（1978—1991年）、转型中期（1992—2001年）和转型深化期（2002年至今）。

（三）从激励与约束机制的有效性方面进行研究

激励与约束机制的方式主要集中在薪酬管制、薪酬激励、薪酬差距、薪酬操纵、在职消费和职位晋升等方面。在有关激励与约束机制有效性的研究文献中，大多数学者利用上市公司的数据进行激励方式与企业绩效之间关系的实证研究。林浚清等（2003）研究发现高管团队内薪酬差距与企业业绩正相关。权小锋等（2010）通过对高管实际薪酬的分解，发现激励薪酬具有正面的价值效应。其他一些学者同样研究证明了激励与企业业绩正相关。与以上相反，陈冬华等（2005）研究表明，在政府对国有企业实行薪酬管制的情况下，在职消费成为国有企业经理的替代性选择，薪酬管制导致了国有企业的薪酬安排缺乏应有的激励效率。苏冬蔚等（2010）研究表明，正式的股权激励具有负面的公司治理效应。其他一些研究者也同样证明激励与业绩不相关（魏刚、杨乃鸽，2000；谌新民、刘善敏，2003；顾斌、周立烨，2007）。

然而，以上三个方面的研究并没有达成共识，特别是激励与约束机制有效性的研究甚至出现了截然相反的结论。从研究的方法上讲，出现截然相反结果的原因是样本问题。在研究过程中，无论问卷调查还是公开的公司数据都难以保证客观公正，这里容易产生"统计陷阱"的问题。另外，在这些激励机制的实证研究中，部分样本的选取只能按照方便取样的原则进行，不是严格意义上的样本，代表性比较差。这些问题的存在，导致"数字谎言"的产生，所以不同的研究者会得出相互矛盾的结论，在一定的激励与约束机制下，不同高管会有不同的反应，不同组织会产生不同的业绩，进而也反映了激励与约束机制存在复杂性。

直接研究激励与约束机制复杂性的文献很少，有些文献只涉及对公司治理复杂性的研究，侧面反映了国企高管激励与约束机制的复杂性。在当前国企治理结构中，出资人、国资委、董事会、国企高管等之间存在多层的委托代理关系，国企高管为政府任命的，拥有政府官员和职业经理人之间的特殊身份。宁向东等认为，当前国有企业剩余索取权和剩余控制权不对称，造成国有企业的财产关系以及经济关系模糊不清，企业的所有者与经营者之间没有形成合理的利益结构。王珺（2001）认为，在国企治理中行政组织作为强激励主体必然会弱化企业组织对经理的激励性。徐涛（2004）从国有企业剩余索取权虚化的角度进一步论证了剩余控制权与剩余索取权配置严重失衡的问题。刘磊（2004）则从国企外部治理的角度分析了国有产权外部治理残缺导致产权职能行使失效的问题，从而直接导致企业内部严重的内部人控制问题。夏立军等（2007）研究发现，在市场化进程越快的地区，上市公司更可能由低级别地方政府控制，政府持有股权比例更低；而大规模公司、管制性行业公司更可能由高级别地方政府控制，政府持有股权比例更高。在国企复杂的治理关系中，崔涛（2008）研究了"新三会"（股东会、董事会和监事会）和"老三会"（党委会、工会、纪检会）之间的特殊关系。在现有国企治理结构下，李敬湘（2010）认为，政府官员与企业高管之间存在的私下关系契约进一步排除了大量优秀的企业家人才，保护了不合格的企业高管。从研究的内容和结论看，以上文献已经涉及对国企高管激励与约束机制复杂性研究。公司治理结构的复杂性是激励与约束机制复杂性的一个方面，这里将重点从另一个方面"高管价值评价的复杂性"进行研究。

二、国企改革进程

这里将35年来的国企改革进程分为五个阶段（见表1）。第一阶段和第二阶段主要是对控制权进行改革，第三阶段主要是对所有权进行改革，第四阶段和第五阶段主要是对监督权进行改革。

第一阶段到第四阶段已经有大量的文献进行研究，这里重点分析第五阶段。党的十八届三中全会提出，组建若干国有资本运营公司和支持有条件的国有企业改组为国有资本投资公司的决定，标志着国企改革开始进入第五个发展阶段——国有企业要进行产权多元化改革，往往要借助并购、管理层收购、股份制改造等方式，由于资本运营各方的信息不对称等因素，往往会面临一些风险，甚至造成国有资产流失。在第五阶段，由国有资产运营转变为国有资本运作，改革是在所有权不变的前提下进行的。在国资委下面设立国有资本运作机构，负责整个国有资本的运作管理工作，同时成立行业投资管理机构直接管理企业，通过在国有企业之间进行股权置换、交叉持股或重组，增加监督权，形成四级制的资本运作组织架构（见图1）。

表1　国企改革进程的5个阶段

发展阶段	时间	标志性事件	核心主题	具体内容
第一阶段：起步阶段	1979~1983年	1978年十一届三中全会	激进的控制权改革：放权让利	计件工资制度、按照市场需求调整生产计划、利润包干和分成、利改税
第二阶段：发展阶段	1984~1992年	1983年十二届三中全会	深化控制权改革：承包制、租赁制	国有企企享有生产经营决策、产品销售、物资采购、留用资金使用、资产处置、机构设置、劳动人事管理、产品定价、工资奖金分配、联合经营等10项自主权
第三阶段：探索阶段	1993~2002年	1993年十四届三中全会	所有权改革：现代企业制度、国退民进	大型企业也常改制成国有控股的混合所有制企业，包括向民营企业和外资企业出售一部分存量国有股权。企业增加了投资权、联营兼并权、进出口权、拒绝摊派权等4项自主权
第四阶段：深化阶段	2003~2012年	2003年十六届三中全会	监督权改革：人、事、资产的监督管理	成立了国有资产监督管理委员会，政企分开迈开了关键一步
第五阶段：创新阶段	2013年至今	2013年十八届三中全会	深化监督改革：资本运作	股权交易、组建若干国有资本运营公司、支持有条件的国有企业改组为国有资本投资公司

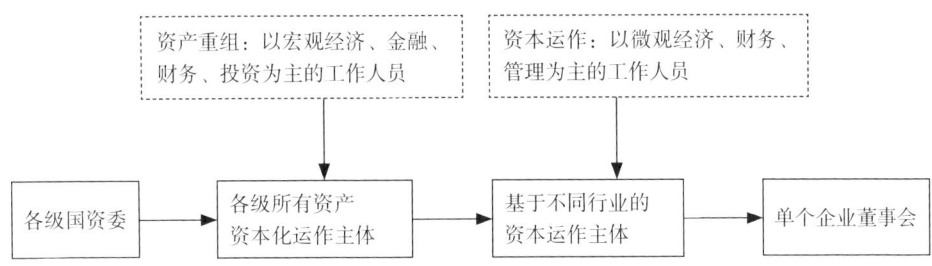

图1 资本运作的组织架构

国有资产进行资本化运作的典范是新加坡淡马锡，目前有些学者提出国有资本运作参照淡马锡，但中国国企的体量非常大，不能从国家层面直接学习新加坡。新加坡淡马锡截至2013年3月末的上一年度资产值为2150亿新元（1690亿美元，折合人民币为1万多亿元），中国国有资产体量远超淡马锡，仅中央企业资产总额截至2011年底就已经达到28万亿元，截至2012年11月全国国资系统监管企业总资产已经达到69万亿元，仅广州市属经营性国有资产总额截至2013年8月末就达到1.53万亿元。对单个企业来说，中国工商银行、中国建设银行、中国农业银行和中国银行总资监督权的深化改革阶段，在前期所有权改革阶段，资产分别为2.81万亿元、2.24万亿元、2.12万亿元和2.03万亿元，也就是说，一个副省级市属所有国企总资产或一个大型央企资产已经远远超过新加坡淡马锡的总量，所以在资本运营阶段不能盲目学习新加坡，应该从若干个市级国资委和市属国有企业开始试点，系统地考虑中国国情，逐步推进，至少还需要10年以上的时间普及到各个层面进行资本运营。

三、复杂性根源分析

现有激励机制设计基于以下的一种直线传递关系假设：工作过程中，高管在激励与约束机制下，努力工作，产生个人绩效，从而提高了组织绩效，得到一定的回报；反之，高管不努力工作，没有产生个人绩效，没有提高组织绩效，会受到一定的惩罚，这是一种线性思维（见图2虚线部分）。事实上，个人绩效的产生需要很多因素，激励存在也不一定努力工作，努力工作也不一定产生个人绩效，个人绩效高不一定导致组织绩效高，组织绩效高并不一定说明个人绩效一定高，在这些过程中需要充分考虑其他影响变量，激励与约束在传递过程中是非线性的，具有复杂性，也是研究的重点，对此提出基于激励与约束机制复杂性的系统分析模型（见图2整体所示）。

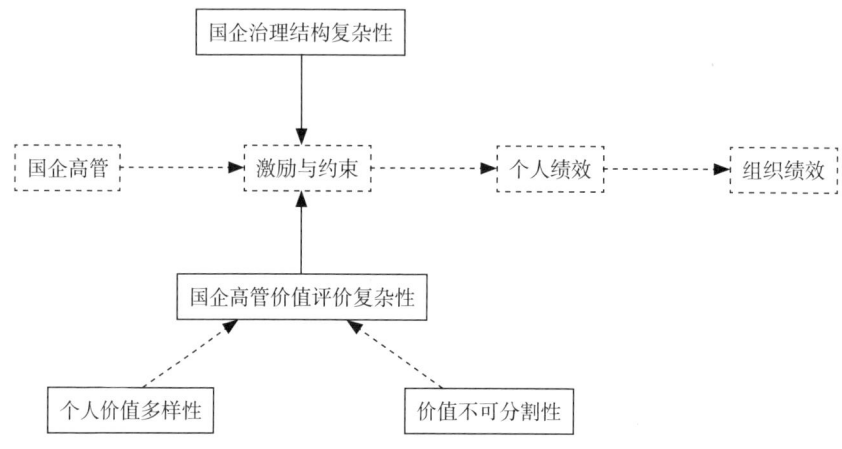

图2 激励与约束机制的系统分析模型

（一）国企治理结构的复杂性

体制决定机制，机制决定治理结构，这是无法回避的事实，出资人、国资委、内部董事、外部董事、经营班子成员和国企员工等之间的关系是复杂的，国有企业永远也不可能与民营企业一样完全满足委托代理的理性博弈。正常情况下，国资委官员监管国企的董事会，董事会成员管理国企的高管。由于国企董事会除了外部董事之外，董事会其他成员在企业同时担任高管，形成了国资委与国企高管之间的二元结构。国资委与国企高管二者实际上是处于信息非对称状况，这种非对称状况必然影响激励机制设计的质量。国资委并不能及时、准确且完全地了解国企高管的行为，又由于国资委没有法定剩余索取权，其个人收益与股东收益不完全一致，国资委在设计委托代理合同和监督国企高管的行为时，有可能偏离股东利益。另外，在当前的治理模式下，相关利益者之间的权、责、利不对等。真正的股东只有税收的微利，对企业无权无责。国资委人员是股东代表，权力很大，可以任免企业高管，但企业盈亏不影响自己的固定薪酬，无责无利。董事会中的内部高管，一般为董事长、总经理、书记和监事会主席，薪酬也是固定的，几乎与盈亏无关，无责有利，工资收益远远大于国资委的官员，且权力很大，可以建立自己的商业帝国，任用自己的人担任要职，进行利益输送。董事会成员之外的其他高管，一般为公司副总人员，对企业的盈亏没有直接关系，不完全承担相应的责任，对分管的工作权力很大，收益也很高。部门管理层为企业的中层，责任大，权力小。具体经办人员为基层人员，责任大，具体业务的操作完不成业务指标最先受惩罚，没有权力，收益一般。责权利体系是激励机制的重要基础，但国有企业的责权利难以对等，这就导致在目前这种治理结构下对高管进行激励设计非常复杂，很多情况下会导致无效。关于治理结构复杂性的研究在文献中已经论述，这里不做重点研究。

（二）国企高管价值评价的复杂性

对高管的价值缺乏分析，甚至不清楚如何评价高管的价值，仅仅从激励与约束的角度进行研究，就无法设计出有效的激励制度。国企高管在企业中的影响作用是全面的，影响着企业的一切部门和员工。但是，如何准确地评价这些国企高管的价值将是一件非常困难的工作。这里将重点研究高管价值评价的复杂性，有助于分析国企高管激励与约束机制的复杂性，并完善国企改革中高管激励与约束机制理论。

四、国企高管价值评价的复杂性

一些国企高管年薪几十万元，而大型跨国民营企业高管年薪几百万元，人的价值如何判断？人才价值评价是一个需要大量信息的复杂系统，而信息的获取需要高昂的成本。信息不完全会导致评价人根据自己的主观需求来决定人才价值评价结果，有失公正性、公平性。信息不完全会导致人才评价结果难以精确反映人才的努力程度、绩效水平和真正价值。为全面分析国企高管的价值，需要分析影响国企高管价值评价的因素，这里将从两方面进行分析：国企高管价值的多样性和价值的不可分割性。价值的不可分割性又分为原来投入要素价值的不可分割性、共同投入要素价值的不可分割性、后续投入要素价值的不可分割性、被屏蔽价值的不可分割性和评价时间的不可分割等五个部分。因此，影响国企高管价值评价的因素共六个方面。

国企高管在企业作各种决策时，其决策结果不断融入各种业务中，与企业的其他要素共同发挥作用，产生各种价值。为了分析问题的方便，暂时把价值的产生过程分为五个阶段，时间的不可分割性将从整体上分析，形成国企高管价值产生过程的分析模型。

A、B、C、D和E五处的价值是假设的五个阶段，实际上是很难分离的。以下根据图3中的内容对影响国企高管价值评价的六个方面进行分析。

（一）国企高管价值的多样性

国企高管价值的多样性（A处价值分析）。国企高管在企业中的作用并不是单一的，他影响了企业的各个方面。由于人们对价值的研究角度不同，存在多种不同的分类方法：按时间划分为短期经济效益与长期经济效益；按影响面划分为直接经济效益和间接经济效益；按测量方式划分为有形价值和无形价值。为了研究和分析的需要，将国企高管价值分成三个方面，包括有形价值、无形价值和中性价值。

1. 有形价值

有形价值主要是指国企高管的财务指标，包括企业收入、利润、净资产收益率和投资回报率等。能够量化的考核指标是评价高管价值最常用的指标，往往导致短期行为的发生，不利于企业的长远发展。这些可量化的财务指标归为有形价值，但有形价值又受无形价值和中性价值的影响，因为在一定的条件下或经过一段时间后，无形价值和中性价值通过组织的作用也会转换为有形价值，其转化的大小取决于具体条件和时间。

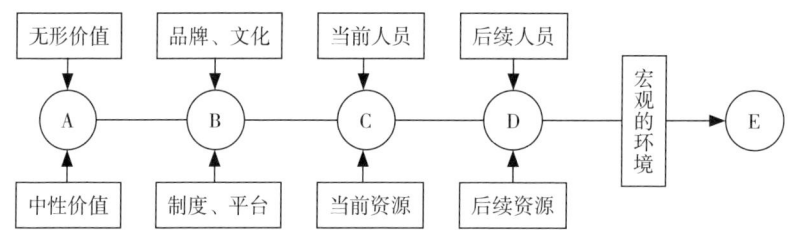

图3 国企高管价值产生过程的分析模型

2. 无形价值

国企高管的领导力或人格魅力，在企业经营过程中形成了优秀的企业文化，为企业的长期发展奠定基础。一些高管的企业家精神也将对企业的发展产生巨大的影响，但是无法测量其价值。另外，有些高管们为企业培养了一些优秀的人才，其价值也是难以测量的。这些不可测量的价值是无形的，因此归为无形价值。

3. 中性价值

国企高管的决策会导致或影响企业某些方面发生变化，但是这些变化对企业的发展是否有利无法在短期内判断，也就是说这些变化所带来的价值在短时间内无法获知，需要经历一段时间才能显现，且产生价值的大小无法预测，因此归为中性价值。

（二）不可分割原来投入要素的价值（B处价值分析）

国企高管绩效需要通过内部的组织结构、权责体系、制度与流程来加以有效协同，另外，也需要注意组织内部与外部客观环境的有效协同。B处的价值是国企高管在其他因素协同产生的结果。另外，价值的产生还与企业性质、企业体制与文化、企业业务类型和企业规模等内部条件有关。例如，一个财务总监在原大型国有单位工作，可以轻易融资10亿元，到了一家民营企业，半年时间融资不到2亿元。这说明，一个人的价值与企业平台关联性很大。企业的文化有千差万别，但是整体上表现为没有活力的僵硬文化、公平竞争的活力文化和少数人独裁的专制文化，这些文化背后与企业性质是息息相关的，有一定的对应性；企业管理方式无论是精细的还是粗犷的，是专制的还是民主的，这些与企业体制也是一致的。例如，在有些企业，特别是大型的制造类企业，制度不完善，产权不明晰。在差的企业体制和文化下，推行业务决策受到的阻力是很难消除的；在好的企业体制和文化下，推行业务决策受到的阻力是容易消除的。这些问题都将影响国企高管价值的发挥。

（三）不可分割共同投入要素的价值（C处价值分析）

C处的价值是在现有的平台下，国企高管和下属工作人员共同作用的结果。1972年，阿尔奇安和德姆塞茨在研究团队生产的企业变迁时发现，团队生产的生产关系是各种要素所有者之间的合作关系，他们是作为一个群体出现在生产过程中的，这是难以观察和计量每个要素贡献大小的技术性原因。另外，C处的价值也是国企高管与当前设备、原料、资金和土地等共同作用的结果，企业整体的表现都离不开这些要素的作用，这将难以计算单个要素的作用。

（四）不可分割后续投入要素的价值（D处价值分析）

国企高管发挥作用需要一定的人力物力外，在工作过程中还要继续投入新的设备、资金、原材料和土地等要素，在具体的评价过程中，已经很难把国企高管的活动与其他资产剥离，国企高管不具有自身独立的价值，它必须通过业务活动,在业务活动的过程中体现出其价值,因此评价高管的价值是非常复杂的。

(五)不可分割被屏蔽的价值(E处价值分析)

国企高管的最终价值将受宏观环境的影响,这些因素的存在会导致国企高管的真实价值无法分离,导致评价的结果产生偏差。E处的价值主要是指国企高管对企业收入和利润的价值,这些作用将被企业周围的宏观市场环境所屏蔽,由于市场环境的变化性和复杂性,无法分离出国企高管对这两个方面的价值。

收入和利润受外界市场环境因素影响比较大,而且外部市场环境对企业收入和利润的影响非常复杂,特别是市场的变动、客户的需求、竞争对手的行为和国家宏观政策等因素的影响,这些因素使E处的国企高管价值偏离了原有的真值,被放大或被缩小,即国企高管价值被屏蔽了,无法真正识别和分离。

下面用收入和利润的公式来分析这些要素之间的影响关系。

影响企业收入的因素可以总结为国有企业产品或服务的销售额同产品或服务的价格决定的,如公式(1)、公式(2)和公式(3)所示。

$$R = Q \times P + \xi \quad (1)$$

$$Q = f(N) + f(P^r) + f(C^s) + \theta \quad (2)$$

$$P = f(C^u) + f(G^p) + \omega \quad (3)$$

其中,R代表企业年度总收入;Q代表企业产品或服务的销量;P代表企业单位产品的价格;ξ代表由于产品质量等原因导致的收入变化量;P^r代表竞争企业单位产品价格;N代表产品或服务的市场需求;C^s代表客户满意度;θ代表特殊原因造成的销量变量;C^u代表单位产品成本;G^p代表单位产品预期利润;ω代表根据实际情况进行的价格调整量。

企业收入是由(1)、(2)和(3)三个公式决定。R由Q和P两者共同决定的,Q受N、P^r和C^s等因素影响,P受C^u和G^p因素影响。国企高管无法控制$f(N)$、$f(P^r)$、ξ、θ和ω等因素,但这些因素在很大程度上影响了营业收入和利润。如果国企高管进行扩大规模,降低了固定成本的分摊费用,一定程度上降低生产成本和销售成本,从而降低了C^u,另外,P^r取决于国企高管的预期和决策,因此价格P的变化与国企高管的决策有很大的关系。但Q受N、P^r和C^s等因素影响,国企高管无法对N、P^r和C^s产生直接影响,导致国企高管对Q的贡献无法确定,故无法真正评价国企高管对收入的影响,主要原因是无法把影响收入的其他因素分离开。

国有企业利润由收入减去成本所得，如公式（4）所示。

$$G^t = R - C \tag{4}$$

$$C = f(C_u) + f(C_o) + f(C_m) + \Phi \tag{5}$$

其中，G^t代表国有企业年度总利润；C代表国有企业年度总费用；C_u代表产品的单位变动成本；C_o代表产品固定成本的单位分摊成本；C_m代表产品管理成本的单位分摊成本；Φ代表因实际过程造成的成本变动量。

国有企业年度总利润是由（3）、（4）和（5）三个公式决定的。国企高管影响R的情况如以上关于企业收入部分分析所述，是无法确定的。国企高管可以激励员工提高工作效率，降低C_u，但不能准确测出降低量。因为降低变动成本的其他因素还包括原材料价格、员工素质和机器更新程度等，单独分离出国企高管价值非常困难。国企高管进行企业规模的扩大，同时提高管理水平，分摊到单个产品上的C_o和C_m就会降低，单独分离出国企高管这方面的价值同样也很难。另外，由于非生产成本和销售成本大量存在，腐败问题、国有企业历史遗留问题和上一届国企高管决策问题等因素影响企业总利润，国企高管对企业总利润的影响程度就难以准确测量。同样，国企高管对N、P^r、C^v、C^u、G^p、C_u、C_o和C_m等的影响更难测量。

（六）价值评价时间的不可分割性（F处价值分析）

价值产生的连续性将使得评价的时间无法确定，从而影响国企高管价值的评价。不仅难以分离A、B、C、D和E五处国企高管的价值，就是评价的时间也很难确定，在A、B、C、D和E五处的价值中，评价者无法知道哪一处的价值更接近真实。另外，价值产生过程中不断地有新的人员、设备、资金投入，不仅存在上面五处假设的价值点，还存在无数的价值点，所有的价值都是连续的，评价者都将无法断定何处的价值最接近真实。

国企高管价值具有连续性的特点，无法确定评价的准确时间，如图3中所示，评价的时间选在A和B处，很多价值还没有发挥出来；评价的时间选在C和D处，加入了很多其他的成本和因素，价值中包含的成分就越复杂。

另外，往届国企高管的价值已经转化为企业的组织资本，这些组织资本又影响了本届国企高管产生的价值，导致本届国企高管价值也包含了往届国企高管价值，总之，无法真正分离出本届国企高管的价值。1927年，德国科学家海森堡根据微观粒子具有波粒二重性的特点，提出了著名的"测不准原理"，即微观粒子的成对物理量不可能同时具有确定的数值。微观粒子如此，国企改革进程中的高管价值也是测不准的，无法找到合适的时间去评价。如果国企高管工作一段时间后再评价其价值，进行长期激励，虽然一些潜在价值已较全面发挥出来，但在这个过程中一定再次投入了其他相关的成本，这些后期投入资源的收益无法计算到本届国企高管的收益中。具体逻辑推理过程如下。

假设 $P(t)$ 为 t 时刻国企高管 A 的价值，在 t 时刻的价值为如下公式（6）所示：

$$P(t) = R(t+\Delta t) - C(t) - \mu \tag{6}$$

高管 t 时刻的价值就等于未来的收益 $R(t+\Delta t)$ 减去现在投入的成本 $C(t)$（年薪和福利等人力成本）和可能的变动成本 μ（在职消费和额外付出等），Δt 为 $P(t)$ 的时间序列的时间间隔，很短的一段时间，在此时间段内，可以忽视用于国企高管的变动成本，保持成本的不变性，即 μ 可以忽略不计。Δt 越小，投入的成本变化越小，$C(t)$ 越准确；但是，Δt 越小，$R(t)$ 越没有意义，收益的增加不可能在很短时间内表现出来，所以价值也是不能准确计算的；若 Δt 足够长，μ 不能忽略，计算过程变成公式（7）。

$$P(t) = R(t) - C(t-\Delta t) - \mu \tag{7}$$

Δt 为 $P(t)$ 的时间序列的时间间隔，较长的一段时间，国企高管的价值能较全面地发挥出来，即高管 t 时刻的价值就等于当前收益 $R(t)$ 减去过去的成本 $C(t)$ 和 Δt 时间内的变动成本 μ。因为 Δt 越大，价值就更能充分发挥，$R(t)$ 越接近准确值；但是，Δt 越大，μ 就越难以评价，国企高管的变动成本 μ 不可能不变，总体算来，国企高管的价值来源于更多的投入，更进一步地说，新投入的要素，不可能马上转化为收益，这样计算过程又变成公式（6）。从上面的分析可以发现：要使收益测算越准确，成本测算就越不准确；要使成本测算越准确，收益测算就越不准确。收益和成本必然有一个测不准，无法计算高管的投入产出价值，因此也无法根据价值贡献设计有效的激励与约束机制。国企高管价值属于微观层面，投入的激励成本是相对于被激励者个人的，价值体现在决策上，决策的价值又与企业本身密切相关的，而企业相对于决策而言又是宏观系统，这两个系统结合在一起就表现出纠缠态。在这种情况下，评价国企高管价值的最佳时间是不确定的，国企高管的价值不是一种独立于观察者的主体的客观存在，而是依赖于国企本身的综合因素、评价者的评价维度和评价方法，进一步说，准确评价国企高管价值是不可能的，也就无法实现基于业绩的激励兑现。

五、结论与建议

  根据上面的研究，先分析一家国有房地产公司在设计激励与约束机制时遇到的问题。某国有房地产企业，多年没有拓展新的土地，利用原来的土地储备维持近几年的业绩增长。在这种背景下，如何设计高管的激励与约束机制？如果仅仅以收入和利润为考核指标，高管的价值很大，应该发很多奖金，但董事会认为，高管是新任期的，收入和利润来源于原来的土地红利，体现不出高管的价值，必须在任期内获得土地并开发销售获得收益才能归为高管的贡献。事实上，高管们几乎都是三年任期的，即使本届高管获到土地，由于本国有企业体制问题，开发效率非常低，等到新项目有收益时已经换成另一届高管，如此这样，新任高管无论怎么做都难以证明自己的价值。从另一个层面讲，如果高管在当期作了很大贡献，董事会也会认为，企业多年积累的品牌加上众多员工的努力实现了当前的业绩，不能归于高管个人的价值，也就是说，换成另外几个不同的高管，一样会产生当前的业绩，甚至换成水平一般的人也会产生相同的业绩。这家公司的情况充分体现了价值评价时间的不可分割性和投入要素的不可分割性。在很多情况下，国企高管的主要工作就是开开会、作考察、批文件和作决策，层层审批，流程完备，"位子决定一切"，换成普通人也能做，价值难以体现出来。而当红歌星、影星的费用是演出公司给的，歌星和影星给演出公司带来的利润是丰厚的，由于名人效应，对演出公司的价值是巨大的。

  国企高管的工资报酬体现在人才价格上，人才价格围绕着人才价值上下波动。人才价格不仅由人才价值决定，还与市场的供求有关系，也就是说人才价值是决定人才价格的内在因素，市场供求关系是影响人才价格的外在因素。歌星、影星、外企高管、优秀民企高管的高收入主要由其存在价值和市场供求关系共同决定的。国企高管的供给是充足的，供给远远大于需求，人才价格不可能高，不给工资，很多普通人才也愿意干，而且也能干成现在的样子。限制薪酬是正确的，垄断行业的某些国企老总天价年薪，不一定经营有方，若企业平台好，普通人才都能作出同样的业绩，只有少数具有企业家精神的高管对国有企业的发展才具有重要价值，值得敬佩。按照高薪养廉来说，有钱后就不再贪污，事实上，在众多的高管腐败案例中，贪了100万元又到1000万元再到1亿元，已经贪到高薪水平了，但不被举报就一直贪污腐败下去，而且金额越来越大。退一步说，即便是高薪养廉，也要权责利对称，高管的薪酬应与责任挂钩，造成的不良资产和亏损应该由高管负责，而不能由企业负责。在当前这种体制下，利用薪酬来激励高管努力工作是没有意义的。而歌星和影星则不同，普通人上台就没有轰动效应，卖不出门票。总之，歌星和影星的影响力是观众给的，高管的影响力是"位置"给的，观众的认同需要实力，"位置"的认同只需要一纸任命，尽管得到一纸任命的过程也可能很艰辛，但只需要满足少数上级的要求即可。

通过研究和分析发现，国企治理结构复杂性和高管价值评价复杂性是造成国企高管激励与约束机制复杂性的根本原因，也导致了国有企业组织本身难以设计出有效的激励与约束机制。国企治理结构复杂性的主要原因是：第一，出资人、国资委、内部董事、外部董事、经营班子成员和国企员工等之间的复杂关系；第二，在国有企业中，存在多级委托代理关系，权责体系不完善，责权利难以对等。高管价值评价复杂性的主要原因是：第一，国企高管价值存在有形价值、无形价值和中性价值等多种形态；第二，高管价值具有不可分割性。

基于以上结论，具体建议如下。

（一）选拔具有企业家精神的国企高管

只要具有了企业家精神，才存在高成就感，即使没有好的激励，在同样的体制环境下，也一样努力工作。那些没有企业家精神的人，在任何激励机制下也干不出好的业绩，即使把企业给他了，也一样干不出一流的企业，在众多的民营企业中，能够做大做强的民企也不多，这也说明对高管的激励机制不是最重要的，国企高管的企业家精神才是最重要的，所以选拔具有企业家精神的国企高管是最佳途径，可以有效解决激励与约束机制的复杂性。

（二）逐步推进资本运作

落实党的十八届三中全会精神，由国有资产运营到国有资本运作的转变。在国资委下面设立国有资本运作机构，负责整个国有资本的运作管理工作。同时，成立行业投资管理机构直接管理企业，通过在国有企业之间进行股权置换和交叉持股。还可以通过国有资本、集体资本、非国有资本等交叉持股的混合所有制，提高监督能力和竞争力。由于国有资产体量非常大，所以不宜全面同时铺开，应该先在一部分符合条件的市属企业开展试点，在试点的基础上，总结经验，再逐步上升到更高级别的企业。对优质的资产可以进行资本化运作，条件成熟时可以证券化；对一般经营性资产可以在国企之间进行股权置换，相互监督，共同发展；对不涉及国家安全的不良资产进行剥离，股份化改制，引入民营资本，激活存量资产。

（三）实施分类考核

实施分类考核区分企业不同的业务性质，进一步完善分类考核制度。房地产行业仅仅靠土地的红利，以董事长为首的高管们坐享其成，"前人栽树，后人乘凉"，这种完全靠宏观环境赢利的国企应该与其他行业区别对待；具有高度竞争的纺织行业不能与垄断行业的能源电力等企业统一考核标准；公司存在关联交易的部分也要分类考核，不能用"左手倒右手"的方法增加非市场化的利润；针对不同类型的企业以及企业不同发展阶段，设定不同的发展目标，制定不同的考核方案。

（原载：《改革》，2014年第2期；合作者：齐瑞福）

水样组织：动态环境下保持领先的组织形态研究

21世纪是受到全球化与网络技术深刻影响的时代，企业面临更为动荡与复杂的竞争环境。资本、技术、智力的全球化流动使得企业趋向于无界。企业竞争愈加激烈，传统模式面临危机，互联网与移动技术的提升解决了地理位置与组织上的分散，市场需求变得更为多样化与个性化，持续的变化正在成为一种常态。在充斥着变化与挑战的时代背景下，企业如何有效地应对快速的变化并获得持续成长和领先？本研究从组织形态的角度来探索问题的答案。

一、适应动态环境的柔性管理

在高度动态的竞争环境中，企业超额利润不再是来源于专门化的惯例，而是来自企业的柔性化能力。拥有高绩效表现的企业必须具备极强的柔性化管理能力。

（一）组织柔性管理的思想与概念

如果说，1897年诞生于美国的"泰罗制"开启了企业现代管理之门，那么，柔性管理则是继科学管理之后的又一次革命。关于组织柔性管理的研究最早可以追溯到1937年哈特等人有关经济周期对企业影响的研究，随后，霍普夫在《管理论文集》中从优化学角度对组织柔性化问题进行了阐述。他指出，最优化状态是各个相关因素之间的综合平衡，这其中可能需要牺牲部分团体利益。而动态最优化状态的实现则要求组织具有较高的灵活性（也就是柔性），从而使企业绩效实现动态最优。20世纪50年代开始，由于西方大公司普遍出现官僚制度与集中化体系失效的趋势，组织柔性化问题受到了广泛关注。自20世纪70年代开始，学者们开始致力于研究增加组织柔性的方法。而20世纪80、90年代出现的包括企业流程再造、全面质量管理等在内的系列组织柔性管理主要集中在企业生产制造过程中。

柔性指主体能够通过自身的变化从而适应新的环境与情况，并兼有易曲性、不折断的意思。柔性管理是现代组织管理领域的研究热点之一，企业柔性越来越成为企业的一种核心能力，这种核心能力是企业面对环境的变化所应具备的有效的反应能力。柔性管理是与刚性管理相对而言的。刚性管理是"以物为本"的管理方式，管理者依靠等级森严的组织结构、严明的规章体系以及赏罚分明的绩效考核制度来对员工进行管理，以生产为导向。这种管理方式在传统的农业经济及工业经济中被普遍采用，曾极大地促进了生产效率的提高。然而，刚性管理已经逐渐无法适应新时代发展的要求。与刚性管理相反，柔性管理的本质是"以人为本"的管理方式，是能够随着时间与环境等变化而变化的，能够迅速反应的新的管理模式。它体现出和谐、融合、协作、灵敏等特征，强调跳跃与变化，速度与反应，灵活与弹性。柔性管理是一种倡导企业主动适应变化、制造变化、利用变化从而提高自身在动态环境中的竞争性的管理模式。

（二）组织柔性管理的构成要素

1. 技术柔性

过去，企业可以凭借成本优势与销售优势成为行业中的佼佼者。然而，技术能否发挥优势已经代替成本优势成为最关键的因素之一。信息时代的许多重要商机包含各种技术和资源，而现在，很少有企业能够独家拥有所有的技术和资源。那些具有前瞻性的、战略性的及关键性的技术将为企业带来竞争优势。技术柔性主要包括两方面：首先，企业必须保持技术上的领先，具备及时更新技术的能力，这样才能迅速推出符合消费者需求的产品与服务。其次，企业的生产制造过程和设备需具备技术柔性。生产制造过程可以在一定范围内实现从一个产品到另一个产品的自动转换，企业可以通过引进柔性制造系统得以实现。而设备的柔性则强调其可重复利用性及可系列化。技术柔性能够有效适应消费者分散化的需求，为企业迅速应对外界环境的变化提供物质基础。

2. 员工柔性

员工是企业所有有形的资源中最具有柔性的，原因就在于员工具有学习、感知与适应的能力。建立灵敏反应的员工队伍是企业实施柔性管理模式的关键。员工柔性主要体现在其学习与创造能力上。现代企业的许多工作都是建立在知识之上，有效率的经济组织必然是那些具有快速传递和有效利用信息能力的企业。因此，员工的学习与创新能力就变得至关重要。首先，企业的工作由于突发情况而出现瓶颈时，只要拥有那些善于学习并掌握多重技能的员工，便能够使企业得以正常运行，而这对于处于动态竞争中的企业而言非常重要。环境的不确定性越大，组织的学习需求也就越大。组织学习的目的就是为了提高组织的适应性与效率。其次，员工的创新能力是现代企业持续发展的必要条件，是实现人员柔性的关键。企业员工，包括管理者，必须不断打破旧有的思想与观念，将创新意识渗入到每个人的基因之中，才有可能有效地利用开放的信息环境，保持组织的革新能力，成为企业实现快速转型的根本动力。

3. 组织结构柔性

传统的组织结构是建立在科学管理的基础之上的，是按照专业化劳动分工来组织企业生产经营的，依靠专业化与职能化提高效率。然而，这种传统的金字塔型的组织结构由于组织层次多，关系复杂，强调行政命令，信息流通受阻，对市场反应迟钝，无法适应经营环境的复杂变化。因此，采用柔性管理的企业的组织结构逐渐趋向扁平化、网络化与虚拟化，表现出极强的应变能力。柔性组织结构具有一定的动态性，能够通过自我调整来适应外界环境的改变，同时，还为组织内部成员提高了自我完善的发展条件。在柔性化的组织结构中，由于授权、放权等措施提高了员工的自主性与积极性，使员工的学习与创造能力得到充分发挥，扩大了知识信息的传播及企业信息能力的转换，有利于企业创新性研究活动的开展。

4. 企业文化柔性

企业文化是企业在实践中创建和发展的用以解决企业外部适应性和内部整合问题的一套共同价值观，与价值观一致的行为方式，以及由此所产生的一系列结果及表现形态。企业文化是增强员工凝聚力和向心力的重要手段，同时也是企业实现柔性管理的重要部分。现有的大部分企业的企业文化是一种硬性的文化，这种文化的特点就在于具有一定的牢固性、一致性，但其缺点也非常明显——缺乏开放度和包容度。柔性的企业文化是能够与现有系统相匹配，又具有一定开放度和包容度，鼓励员工创新与组织学习，为随时而至的变化创造条件。企业文化柔性的核心是企业价值观念及经营理念在动态环境中的持续更新，以形成相应的有利于柔性管理的组织氛围。

二、保持持续领先的组织活力

一个企业要几十年持续领先,重要特点之一就是组织非常有活力。在实践当中,只有那些不断自我改变、具有组织活力的企业才可能持续领先。

(一)激发组织活力带来的实践成效

2004年出版的《领先之道》一书,总结了1992—2002年间领先的中国企业,分析它们为什么能够领先。2002—2012年的又一个10年里,作者持续观察中国领先企业:一些领先企业没有了,像波导;一些领先企业持续领先。持续的跟踪发现,一个企业要保持领先,核心条件之一就是企业的组织活力要够。华为、海尔、联想、宝钢、TCL这些持续领先的企业,都是组织激活做得特别好,这些企业不断进行组织变革,并且成功了。

组织激活的效果有时候立竿见影。新希望六和着力的重要一方面就是组织激活。新希望六和2013年7月份进行了组织变革,接着三季度盈利就开始大幅反弹,这和组织变革是有直接的关系。

组织激活对于国家的改变也是一样重要的。邓小平改革开放的目的是为了推动经济发展,他动作最大的就是组织变革——先设4个经济特区,再开放沿海14个城市,然后向中西部推进,最后全面变革。

为什么组织激活的力量如此强大?因为不管处于什么样的环境,在组织维度,一个企业始终会面临两大挑战:一个挑战是组织能不能适应外部的变化;另一个挑战是组织能不能让内部的人保持激情。很多企业能够判断变化,但是组织能力跟不上。外部变化常常会迫使企业进行战略调整,但是如果组织能力和战略不匹配,战略就不能实现。

(二)保持组织活力的核心要素

1. 保有危机感

有很强的危机感,这常常是领先或优秀的企业所共有的特点。能不能让组织一直有危机感?好的组织是可以做到的。任正非总是说他没有成功过,说华为一直都在成长的路上,《下一个倒下的会不会是华为》的书名也是任正非给出的建议。比尔·盖茨经常说微软离破产永远只有180天。张瑞敏说他总是战战兢兢,如履薄冰。最近,俞敏洪提出了一个危机论,说新东方走到现在再不变就得死。一个组织如果想活下来,想变好,就要有足够的危机意识。

危机意识的关键是高管团队。从老板到高管，都必须要有危机意识。有危机意识不是一件难事，不骄傲就可以。持续领先企业为什么强大？因为他们永远战战兢兢，没一天安稳日子过。基层则需要有安全感，因为基层没有能力对企业成长负责，如果让基层一直有危机意识，那基层可能就做不好本职工作，从而影响产品的品质和成本。如果反过来，基层有危机感，而高层没有，后果将更可怕。

2. 主动打破平衡

组织打破平衡有两种方式：一种是已经到了不得不打破的时候，一种是组织自己去打破，即弹性组织。好的企业，自己打破自己的平衡；不好的企业等外力逼迫，被逼转型。事实上，柯达转向数字技术，比其他企业都有条件，诺基亚引领智能手机也是如此，但是它们都固守自己，不愿意打破自身的组织平衡，等到外力逼迫的时候，就破产了。

体育精神很好的展现了这一点。人类精神当中至高之一的是体育精神。体育精神就是永远不满足现状，突破极限，承受失败。体育比赛可以说是伟大的"发明"，因为每个记录必将被打破，每个成功的人终将以承受失败、超越自我告终。就像刘翔，他不可能永远保持百米跨栏纪录。我们现在更应该热捧他，因为他坦然地接受失败，不断战胜自己。其实人类的进步就是打破平衡，探索未知的世界，所以平衡一定要靠自己打破。

3. 包容变革

变革必然涉及失败，或者一定出现很多问题，组织文化能不能包容变革很重要。从操作层面讲，推进变革是比较容易的。只要不断表扬变革就行了，至于有没有完美的结果，不要过度追求。就像改革开放，4个特区只有深圳实现了完整可持续的成功。但是我们包容了另外3个特区，因为我们并不在意珠海、厦门、汕头的变革当下是否取得最好的成效。当时这4个特区确实变了，就应该被肯定。所以包容变革的文化很简单，就是不断奖励和肯定那个变化的；如果要等到做出结果才肯定，就没有包容了。

4. 坚持与韧性

有变革就会有阻力，因为变革都会涉及利益调整。触碰到别人的利益，阻力就会产生，有一些是消除不了的，只要不让变革阻力变成主流就可以。要进行变革，还会有当期利益损失。所以，坚持、韧性就很重要。至于如何坚持，依各人性格而异。有的老板个性武断，做出变革就一定要执行。有些人有很强的说服力，一直说到令人信服为止。我更多是用沟通的方式，借助成功样板的力量。

三、理论总结与实践展望

（一）具备柔性与活力的水样组织

如果企业要基业长青，在不确定的动态环境中保持不断成长和持续领先，就需要在组织形态上表现出组织的柔性和活力。组织的柔性体现在技术柔性、员工柔性、组织结构柔性以及企业文化柔性四个方面。组织的活力体现在保有危机感、主动打破平衡、包容变革以及坚持与韧性四个方面。

在未来，一个拥有柔性和活力的组织的理想状态，本文将之概括为"水样组织"——像水一样的组织。水很纯净，不管有什么污染，都可以滤掉，很柔，具有无限多的可能，放在圆的器皿里就是圆的，放在方的器皿里就是方的，没有结构，怎样变化都可以；但是它又能够克服所有困难，滴穿顽石，磨圆棱角，包容一切。这种特征表现在一个组织里，就是每个人习惯协同，像水一样变换——在这件事情中，你可能是最普通的人，绝对服从另外一个人；在另一件事情中，你最重要，别人要服从你。如图1所示，具备柔性与活力的水样组织将驱动企业在动态环境下保持不断的成长和领先。

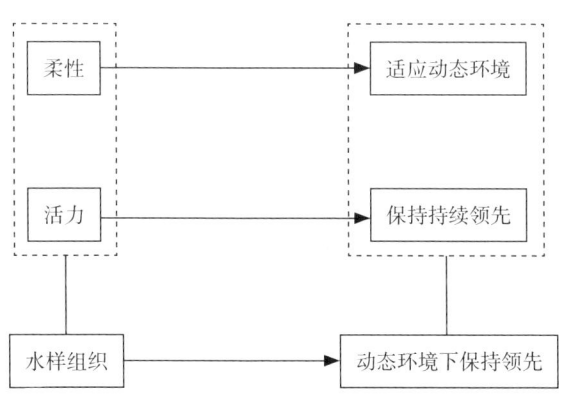

图1 水样组织驱动持续成长

（二）实践展望

尽管这样理想的大型水样组织还没有出现，但这个方向很清晰。这样的方向要求企业在未来关注水样组织的相关实践问题。

1. 未来企业有组织无结构

现在的企业组织都有层级有结构。这样的好处是易于分配资源、分配权力、分配利益。比如企业有10亿元资金，用10亿元资金来推动公司开拓10个产业，把组织设计成10个产业部门，1个部门1亿元，则完成了分配。通过结构来分配，好处是有分工和效率；坏处是一旦有了结构，就会有路径依赖，有既得利益群体，甚至有腐败。结构经常被打破的话，腐败就可能减少。当组织要进行变革的时候，因为要保护既得利益，既得利益者就会变成阻力。

但是，当下的关键问题不在于结构优缺点的衡量，而在于技术的瞬息万变。以前，一个新技术转化为新产品要几年，现在的转化可以以秒为单位，昨天可能还在思考的问题，今天就产品化了。企业原来是有结构的，结构都是相对稳定的，稳定的结构无法匹配上快速的变化，无法匹配上极不稳定的外部变化。所以结构就会伤害新的决定，伤害面对变化的能力。结构和变化就形成悖论，稳定和不稳定形成矛盾。

适者生存，为了适应快速变化的环境，未来的组织一定是没有结构的。

没有结构的组织，现在被理论描述出来的是"团队"。团队没有结构，典型的就是体育运动队。例如足球队，队长是领导人，还是教练是领导人，还是守门员是领导人，还是前卫是领导人？谁都是，又谁都不是。在球往前攻的时候，前半场的前锋就是领导人，他决定怎么踢；球到了球门，守门员就是领导者，所有人都得服从他，尤其是罚球时，守门员告诉队员站哪儿，就得站哪儿；一旦进入比赛场地，就是队长在组织全场，中场协调；一旦离开球场，就是教练说了算。这就是标准的团队，没有结构。

从目前来看，最接近这种组织理想状态的国内企业是华为。其实华为最成功的就是组织能力。华为一直在打破组织惯性，现在连一个固定的总裁都没有，只有轮值CEO，华为怕大家固化僵化，所以把传统管理岗位都打破了。

2. 相信组织的力量

标准团队通常12人左右，规模很小。大规模组织要像团队一样灵活多变很难，但相信也可以做到没有结构。

组织不是用来掌控或者管理人的。一个好的组织提供人发展和创造价值的可能，让不能胜任的人胜任，组织本身是一个平台。组织可以集几万人、几十万人、几百万人的力量于一体，也可以带动几万人、几十万人、几百万人如一人。所以组织的力量可以非常强大。

中国企业比较相信领导人，不太相信组织。优秀的企业都是不再相信领导，转而相信组织，所以企业能量无限大。因为领导人成功20年之后会有很大局限性。这是为什么华为在组织结构设计中一定要有轮岗。任正非真正做到他本人不重要，只是承担一个角色，组织绝对最重要。在华为高管团队开会的时候，任何人都可以向任正非提出建议，他很谦虚地接受。新希望六和也在往这个方向努力：谁负责，谁权大，而不是因为职位是总裁或者副总裁；然后协同最重要，不是命令最重要。

3. 难点在于人性

水样组织的成熟形态还没有真正产生。主要的原因在于人性，人要完全把"自己"打掉，才能有一个像水一样的组织，开放合作的组织，所以很难。

比较贴近水样组织形态的是3M。3M开发了60000多种高品质产品，员工可以用15%的上班时间做任何与工作无关但可以激发创意的事情，一旦有了创意，其产品创意小组有非常大的自主权，由各种专门人才专职共同参与，任务无限期，自愿加入。如果失败，没有任何惩罚，如果成功，会立即获得很大奖励。

在华为，员工的级别序列从0级到26级划分，入职就是0级，再往上升。华为人骄傲的不是当总裁或副总裁，骄傲的是自己是19级员工，或者是20级员工，甚至以上。华为人可以轮岗，他的收入跟他的岗位不相关，只跟他的责任相关。华为巧妙地用职级替代了结构，已经有些像水样组织了。

GE的杰克·韦尔奇推出无边界管理，就是想完全打破结构。只要这一件事你能干，就交给你，即使在管理权限上本来不管这事。韦尔奇的想法是将各个职能部门之间的障碍全部消除，工程、生产、营销以及其他部门之间能够自由流通、完全透明。他希望以此解决生产的柔性化和机械化之间的矛盾。

4. 改变从高管团队开始

要往水样组织的方向走，要从管理团队开始。核心管理团队首先变成真正的团队，有角色不要有结构，高管团队先实现决策多元，在A的问题上你得听我的，在B的问题上我听你的。把高管团队往水样组织方向推进了，才有机会往下推，达到组织整体的理想状态。

华为高管团队成员为责任而组成，因需要变动，对自己的责任负责。高管团队成员责任感越强，向更有柔性和活力的水样组织变化的可能性就更大。因为有足够的责任感，一个普通人都能够超越自己、创造奇迹。更重要的是，责任感存在于人类天性之中，甚至连动物都有责任感，这是生命的内在要素，只要把责任感激发出来，水样组织的到来就在不远处。

（原载：《华南理工大学学报（社会科学版）》，2014年第5期）

第二部分

创造顾客价值

基于消费者行为的品牌战略

一、品牌的内涵

传统上认为品牌是一个名称、标记、象征或设计，用以确定一个消费者或一群消费者的产品或服务，并将企业与竞争对手的产品或服务区分开来。例如耐克的勾！麦当劳的金色拱门等，这些品牌通过它们独特的标识被迅速识别出来。广告大师大卫·奥格威（Davil Ogilvy）从形象的角度提出，属于某种商品概念的品牌之间，没有品质上的差异时，决定竞争的胜负关键，集中在消费者对于商标乃至企业本身特殊性质的印象之上。因此，描绘品牌的形象比强调产品的具体功能性特征更为重要，广告的主要目的就是树立并维持一个品牌的良好形象。

菲利普·科特勒在其《营销管理》第十版一书中提出"实现组织诸目标的关键在于正确确定目标市场的需要和欲望，并且比竞争对手更有效、更有利地传送目标市场所期望满足的东西。"根据科特勒的观点，我们知道企业的营销活动是以目标市场为出发点，紧紧围绕顾客需求，通过最大限度地使顾客满意，从而实现企业的目标。所谓营销就是为满足顾客需要，创造顾客价值，实现组织既定目标，对所有促进交易的活动进行决策的过程。因此，品牌作为营销范畴，它是一个消费者概念，企业通过各种方式保证产品的品质与功能，营销人员负责赋予产品某种人格化的内涵，如个性、情感、形象、生活方式、身份、荣誉、价值、地位等附加信息，并将此附加信息通过整合的传播方式，有效地传递给消费群体，目的是创建企业强势品牌。对企业而言，通过创建企业强势品牌可以维系与消费者的联系，传达企业的经营理念，加深消费者对企业的认识和了解，同时，通过向消费者提供超出产品实体功能的价值，有利于培养消费者的品牌忠诚，增加购买的可能性，为企业提供稳定的未来收益的来源。然而，产品成为一个品牌，进而给企业带来高额的回报和稳定的收益，关键在于消费者对品牌的认可。消费者经过一定时间的认识、感觉、使用体验后,形成对产品的感受与印象,对围绕产品的附加信息产生认知。所以,品牌实质上是一个消费者概念,反映了消费者在其生活中对产品与服务的感受,这种感受涵盖了消费者使用或享受某一特定的产品或服务时形成的对品牌的理解,这种理解进而影响其对品牌所持有的态度。

二、消费者行为分析

何为消费者行为?美国营销协会(AMA)把消费者行为定义为:感知、认知、行为以及环境因素的动态过程。从这一定义,我们知道消费者行为包含了感知、认知、行为以及环境因素的互动作用,即消费者想些什么、感觉如何、要做什么,以及与消费者想法、感觉和行为相互影响的事情和环境。感知与认知是消费者的心理反应,这种反应是基于周围环境的信息刺激而产生的,这种刺激对消费者行为有着重要的影响作用。我们知道,消费购买决策的制定受消费者的认知活动的影响。当消费者接触到各种市场信息时,消费者的认知活动就开始了。消费者通过自身的感知和认知系统对周围的市场信息进行处理,这种处理过程涉及三个方面:信息解释、信息激活、信息整合。

(1)信息解释。消费者通过对周围信息的解释,形成对这些信息主观含义的理解并产生个性化的知识和信念。

(2)信息激活。有时有关产品或品牌的知识和信念存在于消费者的记忆中,消费者从记忆中恢复这些信息用于信息的整合过程。而这些被激活的具体信息又影响消费者对周围信息的理解水平和产生的理解意义。

(3)信息整合。消费者通过合并和整合这些信息以形成特定的知识结构来评价产品。这种知识结构依消费者认知过程中对信息的理解水平和精细程度不同而异。知识结构可以停留在浅层的、有关产品具体属性的意义上,也可以包括深层次更抽象的意义、代表更多的主观性、更少的可见性以及更多的符号概念。

通过这种认知活动,消费者形成了对产品或品牌的评价,这种评价构成了消费者对品牌所持有的态度。所谓态度就是通过认知产生的概念评价。消费者在一定的购买目的导向下,结合其所形成的对产品或品牌的态度在可选择的行为中进行选择,对该产品或品牌做出的具体购买行为。当然,消费者的认知反应和行为也受其所处外部环境的影响,包括社会环境(文化、亚文化、社会阶层、相关群体、家庭、物质环境、物体、国家、城市、商场、温度、光线、声音、时间等）。因此，消费者购买决策实际上是一种环境因素、感知与认知过程、行为活动之间紧密衔接的、连续的相互作用过程。

三、品牌战略选择

依据以上消费者行为分析，本文提出以下品牌战略系统，即品牌战略系统包括品牌感知和认知、品牌行为、品牌环境三个方面，它们共同构成企业的品牌战略系统。

（1）品牌感知和认知。品牌的感知和认知实际上反映了消费者在不同条件下鉴别品牌的能力，消费者通常也倾向于购买他所熟悉的品牌，如果一个品牌在市场上的认知度较高，则该品牌往往更容易为消费者所接受，相反，一个不知名的品牌则往往难以引起消费者的注意。因此，制定品牌战略首先要让消费者认识和了解品牌的内涵，尤其是对于一个刚刚进入市场的新品牌，消费者的认知比较薄弱，对品牌的特色也不甚了解，消费者对该品牌与自己需求间的关系也甚感模糊。所以，如何在消费者头脑中植入一种独特的品牌概念，构造一种有利的品牌形象十分重要。通过差异化的品牌定位，在消费者心中确立与众不同的有价值的品牌地位，并且通过品牌推广，整合运用广告、公关等营销传播手段将品牌信息传递给消费者，在消费者心目中树立预定的品牌认知进而建立品牌关系。传播不仅仅是信息沟通，而且也是价值传达，让消费者认知到价值的存在，从而形成良好的品牌整体形象。

（2）品牌行为。品牌战略的最终目标是培养消费者对品牌的忠诚。品牌忠诚是消费者在长期的品牌经历中表现的重复购买行为，这种重复购买行为源于消费者对这种品牌内在的好感，实际上体现了消费者的品牌情结。在消费者品牌认知过程中，消费者的期望、价值观等会很自然地投射到该品牌上，通常会形成对该品牌的感知效果。当消费者对品牌的可感知效果与他的期望相匹配或者超过他所期望的，消费者就会产生品牌满意感，这种品牌满意感的大小取决于其品牌经历的感知价值。随着品牌感知价值的增加，消费者的品牌满意感不断提升，消费者与品牌之间的关系也不断得到强化，消费者对品牌产生感情，形成偏好并在强烈的内在情感倾向驱动下产生持续性重复购买行为。因此，尽可能地增加消费者和品牌接触的可能性和频率，同时，最大化创造消费者品牌经历的感知价值。这可以由增加消费者品牌感知利得（包括物态利得、服务利得及情感利得）或减少消费者品牌感知利失（包括消费者在购买时所付出的所有成本，如购买价格、获取成本、交通、安装、订单处理、维修以及失灵或表现不佳的风险等）来实现。通过不断地迎合或超越消费者对品牌的预期利益，强化消费者与品牌之间的关系，最终形成消费者对品牌的忠诚。

（3）品牌环境。品牌环境是被消费者理解和关注的与品牌相关的刺激物，这些刺激物能影响消费者的感知、认知和行为，诸如品牌名称、品牌标识、品牌特征、品牌理念、品牌文化等。因此，通过将品牌元素与产品总体质量、类别、联想的购买和消费、使用状态等相连，从而得到一个品牌识别体系，并在所出售的产品和服务与品牌之间建立明确的联系。所谓品牌识别体系，实际上是一套反映品牌在市场中独特主张的品牌架构，这种品牌架构提供了消费者供考虑购买的刺激，简化了消费者的购买过程，并使品牌忠诚成为可能。

四、结束语

品牌已经成为企业竞争的主要手段之一，并且越来越受到重视，品牌战略也已成为企业战略的重要组成部分。品牌是一个消费者概念，是存在于消费者头脑中关于品牌的知识，因而消费者分析是制定和实施品牌战略的基础。因此，企业应分析消费者的感知、认知、行为以及环境因素之间的互动活动，并制定相应的品牌战略系统，增强企业的竞争优势。

（原载：《江苏商论》，2006年第4期；合作者：黄嘉涛）

品牌信任、品牌可信度与品牌忠诚关系的实证研究

一、品牌信任

品牌信任的概念是从人际信任发展而来的。霍映宝等（2004）借鉴人际信任的概念，定义品牌信任为消费者在与品牌交互作用时所持有的一种安全感，并认为这种安全感是基于对品牌的可信赖性和友善性的感觉。本文认为，这种安全感不仅是基于对品牌的可信赖性和友善性的感觉，同人际信任的形成一样，品牌信任的安全感的形成同样有赖于消费者、品牌的可信特征、双方的交互作用以及特定品牌的其他一些特征。品牌表现出来的值得信任的特征称为品牌的可信度。目前可见的品牌信任研究实质上都是品牌的可信度研究。只有在其他方面因素一定的情况下，品牌可信度越高，则品牌信任的程度越高，或者说更易于形成品牌信任，从而才能近似地将对品牌信任的考察转化为对品牌可信度的考察。

二、品牌信任、品牌可信度与品牌忠诚的关系及相关假设

消费者的品牌信任倾向、消费者的经济状况、品牌消费体验、品牌的类型、品牌的可信度等是影响品牌信任的主要方面。这几个方面因素共同发挥作用，如消费者信任倾向较高时，其对品牌的可信度要求则较低；消费体验较好时，其对可信度的考察则会放松；而针对不同品牌类型，其可信度的构成维度也会有所变化。据此，提出如下假设：

假设1：品牌可信度是一个多维度的概念；

假设2：消费者的人际信任倾向越强，则其感知的品牌可信度越高；

假设3：消费者的可支配的生活费用越高，则其感知的品牌可信度越高；

假设4：品牌的可信度越高，则品牌忠诚的程度越高。

三、研究过程设计与数据采集

（一）调查问卷的编制

品牌可信度的调查项目主要参考了金玉芳等（2004）和于春玲等（2004）的有关测量项目，并在此基础上进行了合并修改；信任倾向的调查项目采用了山岸俊男的问卷，该问卷经由王飞雪和山岸俊男（1999）翻译成中文并回译检验；品牌忠诚的调查项目参考了罗子明（1999）和霍映宝等（2004）的问卷。另外，问卷还收集了样本的年龄、性别、可支配生活费用、学校、专业等数据。

（二）样本与数据采集

被试者为180名广州三所高校的本科学生，回收有效问卷166份。

四、数据处理与分析

（一）品牌可信度结构

借鉴以往研究成果，本问卷采用了15个项目来测量品牌可信度。采用主成分法并进行正交旋转的因子分析（缺失值采用列删法）发现，可以提取四个主成分，其累积贡献率为60.93%，结果如表1所示。

表1 品牌可信度因子分析结果

Component 项目	1	2	3	4
质量稳定	831			
品质满意	778			
品质保证	756			
经常获奖		766		
专家推荐		751		
声誉很好		671		
外观包装		534		
权威认证		489		
企业历史			753	
知名度			708	
产品系列			699	
企业规模			526	
运作规范				862
欣赏企业				733
信任企业				579

第一个主成分包括产品的质量稳定、品质满意、品质保证三个项目,考察的是产品质量情况,可以命名为品质认知;第二个主成分包括经常获奖、专家推荐、声誉很好、外观包装、权威认证五个项目,测量的是品牌的外部认可情况,可以命名为外部认可;第三个主成分包括企业历史、知名度、产品系列、企业规模四个项目,反映了企业的成熟程度,可以命名为企业实力;第四个主成分包括运作规范、欣赏企业、信任企业三个项目,考察的是消费者对企业亲和力的感知,可以命名为企业情感。

分析结果显示,品牌可信度是一个多维度的概念,假设1得以证实。

按照因子分析每个主成分的贡献率,可以计算出品牌信任的综合得分,记为品信综值。针对不同的可支配收入,采用方差分析的方法检验不同收入组别之间的品信综值的差异,F值为1.540,显著性系数为0.181,说明这种差异不具有统计上的显著性,各收入组别间不存在具有统计显著性的差异,从而证伪了假设3。假设3没有得到支持的原因可能与本次调查的商品是牙膏有关。牙膏的低值易耗以及档次区别不大的特点,可能使得消费者的经济状况的影响变得很小。具体原因有待于以后研究中采用不同类型的品牌进行对比研究

(二)考察信任倾向结构

对信任倾向测全的八个项目进行因子分析(主成分法,正交旋转),可以提取两个主成分,其累积贡献率为62.01%,结果如表2所示。

表2 信任倾向因子分析结果

项目	Component 1	2
大多数人基本上是诚实的	844	
大多数人是值得信任的	771	
大多数人基本上是好的、善良的	717	
我相信他人	592	
完全信任别人常常带来欢喜的而不是悲惨的结局		801
大多数人受人信任时将做出相应回报		788
大多数人受人信任时也将信任对方		646
大多数人都相信他人		581

第一个主成分包括诚实、值得信任、善良、我相信他人四个项目,反映的是对人性的看法,可以命名为人性。第二个主成分包括信任结局、回报对方、回信

对方、相信他人四个项目，反映的是信任双方的交换情况，可以命名为人情。这个结果与王飞雪和山岸俊男的研究结论是一致的。

按照各个主成分的贡献率占累积贡献率的比例，可以得到信任倾向的综合得分，记为信倾综值。利用因子分析得到的品信综值和信倾综值，拟合线性回归方程，回归分析采用强制进入法，缺失值采用列删方法处理。显著性系数为0.01，说明信任倾向对品牌可信度有显著性影响，但回归系数为0.197，说明影响程度较小。

进一步采用信任倾向的两个主成分（人性和人情）对品牌可信度进行回归分析，结果如表3所示。

表3 品牌可信度回归分析结果

Model		Unstandardixed Coefficients		Standardized Coefficients		
		B	Std. Error	Beta	t	Sig.
1	（Constant）	−0.008	0.049		−0.161	0.872
	人性主成分	0.135	0.049	0.213	2.751	0.007
	人情主成分	0.106	0.049	0.168	2.172	0.031

分析显示，信任倾向的人性和人情两个主成分都影响到消费者对品牌可信度的感知。这个结果表明，信任倾向的差异影响消费者对品牌可信度的感知，从而可能影响到品牌信任的形成，从而支持了假设2。

（三）品牌可信度及信任倾向对品牌忠诚的影响

本文采用Logistic回归方法检验品牌信任和信任倾向对品牌忠诚各项目的影响，结果如表4所示。

表4 品牌忠诚Logistic回归分析结果

	第一提名	满意	性价比	价格弹性	转换	使用时间	独特优点	推荐
品牌可信度	0.604 （0.024）	1.804 （0.001）	1.195 （0.001）	0.561 （0.038）	0.931 （0.002）	0.884 （0.001）	1.834 （0.001）	0.694 （0.005）
信任倾向	−0.173 （0.422）	−0.211 （0.339）	−0.041 （0.837）	−0.498 （0.021）	−0.446 （0.051）	−0.665 （0.001）	−0.375 （0.083）	0.062 （0.741）

表4中，第一提名为二分类变量，故采用Binary Logistic回归分析，其他变量均为有序多分类，采用Ordinal Logistic回归分析。

从数据可以看出，品牌可信度对品牌忠诚的各个指标的偏回归系数都较大，并且均具有显著性，也就是说，品牌可信度对品牌忠诚具有显著性的影响，从而支持了假设4。与此同时，信任倾向除了对价格弹性和使用时间具有显著性影响之外，对其他指标都不具有显著性影响。由此可见，信任倾向对品牌忠诚的直接影响并不明显，结合前面的分析，可以判断，信任倾向更多的是通过影响品牌信任，从而间接地影响到品牌忠诚。

仍然采用Logistic回归分析，进一步检查品牌信任各维度对品牌忠诚的影响（为清晰起见，只列出具有统计显著性的回归值），结果如表5所示：

表5 品牌忠诚Logistic回归分析结果（分维度检验）

项目	第一提名	满意	性价比	价格弹性	转换	使用时间	独特优点	推荐
品质认知		0.989（0.001）	0.727（0.001）		0.360（0.050）		0.984（0.001）	0.419（0.007）
外部认可	12.953（0.001）					0.305（0.046）		
企业认知								
企业情感			0.459（0.005）					0.408（0.008）

由上表数据可知，品质认知对品牌忠诚各项目影响较大，而外部认可和企业情感的影响相对较小，企业认知对品牌忠诚各项目没有显著的影响。分析结果显示，消费者对品牌品质的认知是影响品牌忠诚的最主要因素。

（原载：《经济管理》，2006年第11期；合作者：马明峰）

品牌权益的内涵及模型构建

品牌早期是牲畜所有者用来标识他们的动物的工具。美国营销协会（AMA）给品牌的定义是：一个名称、标记、象征、设计或它们的联合体，目的在于确定一个销售者或一群销售者的产品或服务，并将其与竞争者的产品或服务区分开来。然而，品牌的意义并不仅仅在于作为产品或服务标志的作用。产品只是提供某种功能利益的东西，而品牌能够增加产品超越其功能作用的价值。对大多数公司而言，品牌名称及其所代表的涵义是一项最重要的资产，是获取竞争优势和实现未来赢利的基础。由此，品牌战略研究者们开始重新审视和研究品牌的价值性和资产性。

品牌所带来的价值通常被称为"品牌权益"。美国营销科学研究院（MSI）在1988年首次就品牌权益论题召开学术会议，倡导对这一问题进行研究，并将品牌权益列为优先研究的主题之一，从而引发了学术界对这一研究领域的极大兴趣和关注。大量有关品牌权益的研究相继出版或发表在相关杂志上，品牌权益也成为营销领域研究最为热门的问题。Keller（2001）在评述品牌学术研究的前景时认为，值得强调的五大研究领域之一是"发展内容更丰富、更全面、更具指导作用的品牌权益模型"。本文试图对以往有关品牌权益的概念和模型做简要分析，并提出关于品牌权益模型构建的一些思考。

一、品牌权益的内涵

品牌权益（brand equity）是20世纪80年代提出的最流行、最重要的概念之一。当时，由于整个西方经济处于一种不景气的状态，为了刺激销售的增长，许多企业频繁地进行降价和促销，结果对品牌造成了极大的损害。在这种背景下，西方广告界从品牌管理角度上提出了品牌权益概念，强调品牌对企业长期发展的重要性，企业应该将重点放在品牌的创建和管理上。20世纪90年代初这个概念引入我国，学者们给出了不同的翻译，有人翻译为品牌资产，也有人翻译为商标资产，这实际上反映了学者们对这一概念的不同理解。

品牌权益概念自出现以来，学者们都对其提出了不同的观点。有的侧重于财务层面，将品牌权益作为品牌绩效评估的依据，或从会计角度把品牌价值表现在资产负债表上，作为品牌购并的参考依据。如Aaker（1991）认为，品牌权益可视为商品或服务冠上品牌后所产生的额外现金流；Simon & Sullivarf（1993）则把因为品牌而产生的未来现金流折现值的增量定义为品牌权益。有的从顾客角度分析，强调品牌权益源自于顾客基础的重要性，认为应从消费者的认知、态度或行为层面定义品牌权益的差异化与附加价值。如Aaker（1991）将品牌权益定义为与品牌的名称及标识相联系的一系列资产和负债的组合，它能够增加或减少一项产品或服务为企业及其顾客带来的价值。Keller（1998）提出，品牌权益是由于顾客的品牌知识引起的顾客对该品牌营销活动的不同反应。此外，也有学者综合财务和顾客的观点，认为品牌权益既包含了财务上的价值，也表现为顾客的品牌感知与行为。如Farquhar（1990）认为品牌权益是品牌赋予产品的附加价值，而附加价值的表现形式可以从生产商、分销商及消费者三个层面来探讨。MSI对品牌权益的定义是：品牌顾客、渠道成员和母公司对品牌的一系列联想和行为，这些联想和行为使该品牌产品比未取得品牌名称的产品获得更大的销量和更多的利润，并赋予该品牌相对于竞争品牌更强、更持续、更特殊的竞争优势。Alin A.Achenbaum（1993）认为，品牌权益是使一个品牌与无品牌的同种产品相区别，并使该品牌具有价值的是消费者对产品特征、产品功能、品牌名称以及名称所代表的意义和使用这一品牌的公司的总体感觉和知觉。

关于品牌权益的定义和描述还有很多，从这些讨论可以看出品牌权益的复杂性和丰富的内涵。回顾以往学者对品牌权益的讨论，可以发现这些品牌权益概念涉及三个方面的内容，一是品牌权益是一种价值增值，二是品牌权益由品牌名称引起，三是品牌权益源于顾客的品牌感知和行为。结合上述学者对品牌权益的理解，笔者认为品牌权益是由品牌名称引起的价值增值，这种价值增值来源于顾客的品牌感知和对品牌产品的偏好行为。

二、品牌权益的模型构建

（一）现有品牌权益模型及评价

品牌权益模型的建立源于对品牌权益概念的理解。由于品牌权益具有极其复杂和丰富的内涵，不同学者对品牌权益概念有不同的理解，并从各自的研究角度建立了不同的品牌权益模型。

Keller（1998）从认知心理学的角度出发，提出基于顾客观点的CBBE（customer-based brand equity）模型。Keller认为，品牌权益来源于顾客所具有的品牌知识，这种品牌知识包括品牌认知和品牌联想两个部分。品牌认知与顾客记忆中的品牌节点强度有关，反映了顾客在不同情况下识别品牌的能力。品牌联想是记忆中与品牌节点相关联的其他信息节点，包括顾客心目中的品牌含义。当顾客对品牌有高度的认识和熟悉度，并在记忆里形成了强有力的偏好和独特的品牌联想时，企业的品牌权益也即将产生。Keller的CBBE模型强调的是顾客的知觉面，认为品牌权益来源于顾客对品牌具有的知识，品牌知识取决于品牌认知和品牌形象所构成的联想网络记忆模式。品牌联想是顾客与品牌的长期接触形成的，反映了顾客对品牌的认知、态度和情感。

Aaker（1991）提出，品牌权益包含品牌认知、品牌忠诚、感知质量、品牌联想和品牌所有权资产（如专利、商标等）五个方面，并以此构建品牌权益模型。Aaker强调，这五个方面都以非常不同形式创造价值，对于有效地管理品牌权益和制定品牌决策非常重要。Aaker同时还从顾客的知觉面和顾客的行为面研究品牌权益，顾客知觉包括品牌认知、品牌联想和感知质量，顾客行为表现为品牌忠诚，而品牌认知、品牌联想和感知质量有助于品牌忠诚的建立。

英国Interbrand公司认为品牌权益是品牌未来收益的贴现，取决于品牌收益和贴现率两个因素。其中，品牌收益反映品牌近几年的获利能力，体现了品牌未来的现金流入能力，用品牌强度表示，品牌强度由领导地位、稳定性、市场特性、国际化程度、发展趋势、品牌支持、法律保障七个维度共同决定。相对于以顾客为导向的Keller和Interbrand而言，Interbrand的模型以商业为导向，更多地侧重于品牌的财务价值，而没有考虑品牌与顾客联系方面的优势。

其他的品牌权益模型还有Y&R公司的品牌资产评估者、Total Research公司的权益趋势、DDB模型等品牌权益模型，它们与Aaker的模型或Keller的模型有着或多或少的相似之处。

（二）品牌权益模型的构建思考

作为近年来营销领域研究的热点问题，品牌权益的研究仍处于探索阶段。尽管学者们提出了许多的研究模型，但这些模型都无法全面地反映品牌权益的全貌。模型是对概念的简化描述，一个有效的模型应该能够清晰地说明概念中的各构成要素及其相互关系。品牌是一个包括企业、消费者和时间三个维度的多维动态概念，品牌权益作为因品牌名称而产生的附加价值，必须体现品牌概念的多维性。因此，本文在回顾以往有关研究文献的基础上，提出了品牌权益模型的构建，应该从以下三个层面考虑：

（1）顾客层面。品牌权益本质上是产品因品牌名称而产生的附加价值，虽然品牌权益可以表现为财务价值，但是，这种财务价值是建立在顾客基础上的，也就是说，品牌之所以能给企业带来稳定的增量收益，是源于顾客对品牌的认知和反应。顾客对品牌具有良好的认知和积极反应是品牌权益形成的关键。Aaker指出，品牌权益模型的一个基本要求是充分反映品牌权益的价值源泉，为企业改善经营提供必要的依据。品牌权益归根结底是企业在顾客心目中建立起的差异化品牌优势，进而创造出的财务性品牌价值。因此，品牌权益模型必须建立在消费者或顾客的基础上，才能将品牌权益效果显现在财务性价值上。品牌权益需要有顾客基础作支持，才能创造财务性的品牌价值，这种顾客基础体现在顾客对品牌的认知、态度或行为上，这也正是Keller强调品牌权益的顾客基础优先于财务基础的理由。

（2）市场层面。创建品牌是为了获取价值，从企业的角度来说，品牌权益意味着更多的利润、更多的资金流动和更高的市场份额。如：Marriott估计将其名字加入Fairfield Inn会增加15%的市场占有率；英国Hitachi和GE曾共同拥有一家工厂，为两家公司生产类似的彩电，但Hitachi电视的价格比GE高75美元，这表明品牌权益价值最终反应在品牌所代表的产品或服务的市场表现上。因此，品牌权益模型必须能够很好地体现品牌权益的市场绩效，即企业从品牌权益中所获得的市场产出效果和利益。其一，是产品市场所带来的效果。最常提及的是品牌所带来的价格优势，即相对于无品牌产品和私有品牌产品和服务而言，品牌产品和服务获取更高价格的能力。品牌所能带来的还有市场份额、相对价格和利润优势等。其二，是财务市场所带来的效果。这实际上是基于会计学的观点，会计学把企业的资产分为无形资产和有形资产，品牌作为企业一种最重要的无形资产已经成为一种共识。作为一种无形资产，品牌也能够给企业带来财务价值。通常的做法是，从企业市场总值中剔除有形资产和其他非品牌无形资产的价值，即为品牌权益的财务市场价值。

（3）拓展层面。品牌是一个动态提供品，需要不断演进，以取得更多经验，满足顾客不断变化的需求。作为品牌价值体现的品牌权益必须体现动态性，在不断变化的竞争环境中保持品牌的有利地位。品牌权益的动态性表现为品牌自身的发展潜力和品牌价值的拓展能力，如品牌的迁移性、渗透性以及授权性等。因此，品牌权益模型必须体现品牌权益的动态特征。

品牌权益的创建本身是一个长期的过程，尤其是在不断演进和变化的市场环境中，消费者行为、竞争策略、政府政策等方面的变化，甚至企业本身战略重点和行动方式的改变，都会深刻地影响到品牌的命运，企业必须站在长远的角度动态地分析品牌权益。品牌权益不仅要体现在顾客层面、市场层面和拓展层面，而且还必须具备持续性和拓展性，才能比较全面地反映品牌权益的特点。

品牌权益模型的三个层面相互联系、相互作用，共同构成品牌权益模型体系。品牌权益是品牌所带来的价值增加，品牌之所以能给企业带来稳定的增量收益，源于顾客对品牌反应。品牌对消费者如果没有意义，就不可能在消费者头脑中保持其品牌印象和图景，不可能给企业带来任何价值。如果品牌无法为企业创造可观的价值，也就失去了存在和增长的动力。品牌需要保持持续发展潜力，这种潜力依赖于顾客对品牌的良好印象和态度。同时，品牌所创造的丰厚利润也为品牌的可持续发展提供了支持。创建品牌的最终目的是形成品牌权益以获取价值，而构建完善的品牌权益模型，有助于企业识别品牌的强势和劣势，从而有效地实施营销策略，以提高品牌的市场地位和发展潜力。

（原载：《财会通讯（理财版）》，2006年第8期；合作者：黄嘉涛、陈永清）

免费服务是否赶跑了你的顾客

这是一家普普通通的机械制造公司，下面有两个事业部，产品分别是小型包装机和小型食品机。和其他珠三角无数民营企业的成功经验一样，他们的产品以低价和快速的模仿创新占据了低端市场。他们的客户一方面极为欢迎这些物美价廉的产品，一方面又对不稳定的质量怨声载道。为了安抚这些受伤的客户，他们建立了庞大的售后服务网络，每年的利润都会有好大一部分重新回到客户那里。于是销售额保持两位数的增长，利润率却直线下滑，更要命的是，客户并不买账，他们依然怨声载道，依然一有机会就选择更优质的进口产品。

痛苦的老板开始寻求咨询顾问的帮助。

顾问问了一个问题："你的服务收费吗？"

老板瞪大了眼睛说："当然不收！"

顾问告诉他："那就开始收费吧！"

老板的眼睛瞪得有刚才的两个大，寻思要不要把这个顾问赶出去。不过最后他决定试一试。

当售后服务部门被迫要向顾客收钱时，他们发现仅凭维修机器根本不可能。同时他们也发现自己还可以为客户做更多的事情：帮助客户培训维护人员从而减少生产停机时间；帮助客户改善工艺从而挖掘设备潜能；帮助客户设计配套方案从而实现总成本最低。直到有一天，售后服务部门突然发现，两个事业部的两类产品竟分别销售给同一个客户，而售后部门完全有能力把这两类产品与一些外部产品加以组合，从而提供给客户一套完整的产品线解决方案。而客户愿意为这样的方案支付的价钱几乎是设备款的25%。

一年后，这家企业又一次实现了销售额和利润率的同步增长，同时客户满意度也大幅提升，新利润来源于他们的售后服务部门，这个部门不但实现了服务收费，而且当年这个部门实现的设备销售额占到了整个公司的15%。对了，这个部门已经不再叫售后服务部了，而改名为客户增值服务部。

这是一个真实的故事。表面看起来匪夷所思，里边的道理却出奇的简单：客户愿意付钱的服务才是他们真正需要的。换言之，凡是无法为企业带来利润的服务，就无法保证为客户创造价值，当然，也就不能指望客户会真正满意。

简单的道理，一些企业却屡屡犯错。

一、错把服务当作弥补产品不足的手段

有些企业在意识到客户不满的同时，会高举起服务的大旗，却忽略了产品才是战略的中心，错把服务当作弥补产品不足的手段，错把顾客服务等同于顾客满意。殊不知服务与产品之间不是一个相互提升价值的关系，而是为顾客创造价值的同等重要的两个方面，两者不是互补关系，而是平行关系。产品的价值须由产品自己来决定，服务的价值须由服务自己来决定。因此，服务带来的应该是一个增值的部分，如果没有增值，服务就没有意义。

我最喜欢的一个广告是瑞士手表的，其广告词是："瑞士手表的世界各地维修站的人员正闲得无聊。"但我们在国内经常看到的广告是："我们的维修人员一周7天，每天24小时为您服务。"瑞士手表的价值由产品自身的品质来提供，我们的厂商却错把服务当作弥补产品不足的手段。

二、服务应创造独立的价值

我的一个同事买了一部手机，半年修了四次。每次维修中心的人态度都极好，派人上门取、维修期间给代用机、修好了专人送回来，全是免费的。但我的同事发誓说她再也不用这个牌子的手机了。这家公司投入了大量的资源作服务，但他们是试图用服务来弥补产品的不足，他们失败了。20多年这家公司的业绩表现证明我的同事绝不是唯一一个逃离者。

戴尔电脑在中国也经常被人骂，他们的服务也是上门取、给代用机，但戴尔的中国业绩仍旧连年增长，尤其是全国性的企业用户增长最快、忠诚度最高。为什么？因为戴尔准确定义了自己的服务价值："只要当地有维修中心，戴尔都会在第二天上门服务。"这就是那些大企业用户真正需要的价值：全国统一的计算

机维护服务外包。没有任何证据表明戴尔的产品质量更出色,但他们凭借独立而有价值的服务赢得了市场。戴尔对他们提供的服务收了钱,3年全保900多元,电脑掉水里,戴尔照换不误——要记住戴尔此时的服务已经不再局限于传统的维修服务了。

三、有价值的服务来源于对客户价值的深刻认知

上汽通用汽车金融公司2005年8月成立,贷款利息比银行高出了1.1~1.5个百分点。总经理魏德明说:"我们相信这样的利率真实地反映了我们提供的服务的价值。我们的目标是把世界一流的服务带到中国来,并成为市场中最优秀的公司,我们不期望通过低价竞争达到这个目标。"

魏德明说得没错,低价竞争不但无法使企业达到优秀的目标,相反会使得企业远离这一目标。但战略理论从来没说过不能低价,只是说低价不能成为优势。

我的一个客户是深圳的一个房地产集团,集团下属有一家物业管理公司。他们的物业收费水平在所属区域不高也不低,客户的评价也是不好也不坏。集团老总希望提高住户的客户满意度,同时也明白价格战是条死路,行不通。于是他要求物业公司提供更全面、更丰富的服务内容,这个战略叫做"用价值竞争,而不用价格竞争"。结果怎样呢?在资源的不断投入下,客户满意度有了小幅提升,但物业公司的盈利水平却一落千丈。

我告诉他:降价吧,一直降到物业公司铁定亏本的水平,然后要求物业公司必须盈利,不盈利,整个管理团队走人。

一年后,这家物业公司被评选为深圳最佳物业公司之一,无论是经济指标还是客户满意指标都名列前茅。

秘密很简单,当物业公司的管理团队发现原来的物业服务肯定无法盈利时,他们便去开发了一系列的有偿服务,这些有偿服务帮他们赚了钱。更重要的是,这些服务恰好是住户需要的,而客户支付的价钱却比原来要低。从理论上来说,在集团投入没有改变的前提下,其物业公司优化了自身的资源配置和投放,物业公司和住户都从资源使用效率的改善中获得了利益。

到底哪个是价格竞争?哪个是价值竞争?看样子,这个问题不是字面上看起来那么简单。

这里的关键是要对客户价值有深刻的认知,找出那些客户真正需要的服务,

然后把所有资源都投入进去。在客户不需要的地方花的每一分钱最后仍要客户买单，忽视了这一点的企业要警惕：你的客户已经在准备离你而去。你浪费的资源使得他们支付了本不用支付的高价。

让顾客来决定什么是有价值的服务。

竞争获胜的本质在于找到恰当的细分市场，然后投入企业的所有资源用以满足这一细分市场的客户需求。成功地执行服务战略需要五个步骤。

（1）了解并明确你的顾客。

（2）确保你的顾客认识你。

（3）随时知道你做得好不好。

（4）要知道究竟哪里需要改进。

（5）改进你自己要使这个战略有效，你必须专注于盈利。顾客愿意付钱是最可靠的信号，专注盈利可以使你随时知道自己有没有偏离航道。

（原载：《出版参考》，2006年第35期）

西方顾客价值概念评述与思考

一、问题的提出

竞争优势思想自20世纪70年代出现以来，如何建立和维持竞争优势成为每个企业所关注的问题，学术界也开始对这一问题进行积极的理论探讨。Porter在《竞争优势》一书中提到，竞争优势归根结底来源于企业为顾客创造的超过其成本的价值，价值是顾客愿意为企业提供给他们的产品所支付的价格。这里Porter提到的价值是以企业总收入的形式衡量的，总收入是企业产品得到的价格与所销售的数量的反映。Porter（1988）进一步提出价值链理论，把企业看作一系列价值创造活动的组合，这一组合包括五项基础活动和四项支持性活动。这些价值活动是企业创造对顾客有价值的产品的基石，企业可以通过有效管理价值链的九项活动创造竞争优势。在Porter思想的影响下，许多学者着眼于企业的内部活动与结构的研究，以寻求可持续的竞争优势，如质量管理、核心能力、业务流程再造等。

然而这些管理工具并未起到预期效用。随着信息技术发展，全球竞争愈加激烈和深层化，顾客对产品和服务的期望也越来越高。在这种背景下，越来越多企业开始采用顾客中心的思考模式，将战略目光转向提供卓越的顾客价值。Bower & Garda（1985）认为，应该以顾客视角把企业看作价值传递的载体，而非传统视角的一组功能活动的组合。Slater（1997）认为企业卓越的绩效来自于提供卓越的顾客价值。Gale（1994）主张只有将顾客价值纳入竞争策略核心之中，才能使企业保持竞争优势。Woodruff（1997）则把顾客价值看作是竞争优势的下一个源泉。顾客价值已成为企业创造获取竞争优势的重要因素。然而，什么是顾客价值，它由什么构成，顾客怎样理解企业提供的价值，不同学者存在不同的观点。本文就顾客价值的内涵、构成及其启示做一探讨。

二、顾客价值的内涵

价值一词被广泛运用于社会学、心理学、经济学、营销学与哲学研究中。在营销领域中,价值问题常常与顾客联系在一起。早在1960年,Levitt在提出"顾客导向"的观点时,认为产品取悦了顾客,产品才会有"价值"。从广义的角度来看,顾客价值包含各种形式的观点。组织观点的价值,包括组织对其拥有者的价值和高价值的顾客所带给组织的价值。而顾客观点的价值是顾客考虑他们从销售者所得到和所想要得到的产品价值。组织观点的价值把顾客看作一种组织的资产,研究侧重于顾客营利性分析和顾客资产的管理,这种顾客价值的含义通常称为顾客终生价值。顾客观点的价值是顾客对消费过程中所感知到的产品和服务所带来价值的评价。这是传统意义上的顾客价值,也是目前研究成果最为丰富和深入的顾客价值领域。本文所探讨的顾客价值概念也是基于顾客视角的价值观点。

Zeithaml(1988)被视为顾客价值理论研究的奠基者之一,她在对消费者进行的一项探索性研究中,发现消费者所定义的感知价值有四种不同的观念:

(1)价值是低价格。一些顾客将价值等同于低价格,表明在其价值感受中所要付出的货币是最重要的。

(2)价值是我想从产品中获得的利益。一些顾客把从产品中所得到的利益看作最重要的价值因素。这个价值定义实际上与经济学关于效用的定义一样,是对消费过程所带来的有用或需求满足的主观衡量。

(3)价值是我付出的价格所获得的质量。一些顾客将价值看作是付出的货币与获得的质量间的权衡。

(4)价值是我付出的全部所能得到的全部。一些顾客在衡量价值时会考虑所有付出和获得的因素。Zeithaml(1988)将这四种价值表达概括为一个整体的定义:感知价值是顾客基于其所得到和所付出的认知对产品整体效用的评价。这一概念包含两层含义:首先,价值是个人化的,不同的顾客对于产品或服务所感知到的价值是不相同的,即对所获得的和所付出的感知因顾客而异;其次,价值代表着获得和付出两者的权衡,顾客会依据自己感受到的价值做出购买决策,而并不仅仅取决于单一因素。

与Zeithaml的观点相似,Monroe & Chapman(1987)认为感知价值是感知利益与感知牺牲的比例,三者之间的关系表现为:感知价值=感知利益/感知牺牲。Gale(1994)则认为顾客价值是相对于产品价格的市场感知质量。Anderson &

Narus（1998）提出，顾客价值是顾客从购买的产品中所获得的价值与所要付出的所有成本的"净利益"。这种价值观点实际上借用了经济学的效用价值论思想，认为顾客价值是一种在特定情境中所得与所失的比较和评价。顾客所得就是效用，它既可以简单地指产品质量，也可以包括其他属性利益，而顾客所失也就是指价格或者更为广义的成本概念。这也是较早的比较流行的顾客价值概念界定，而且表现形式也因学者不同而说法不一。除了上述所提到的，还有顾客总利益与顾客总成本之差，总利益与总损失的权衡，感知利益与价格的比率，感知利益与生命周期成本的权衡，感知质量与感知损失的认知均衡等。

Butz & Goodstein（1996）强调顾客价值是一种情感联系，是在顾客使用产品或服务，并获得价值增值之后而产生的一种顾客与生产商之间的情感联系。这种情感联系促使顾客持续地购买和推荐企业的产品，因此，顾客价值也反映了顾客的实际购买行为。实际上，Butz & Goodstein的顾客价值概念体现了一种顾客与企业之间的关系含义。Gronroons（1997）进一步明确地将顾客价值定义为顾客与企业的互动关系中，顾客对产品、服务、信息、互动、体验、关系和其他要素的整体自我感知。这里价值被看作是顾客在与企业保持互动关系的过程中创造出来的，顾客也是价值的积极创造者。这与传统交易理论所认为的顾客价值有着很大的区别。Holbrook（1996）更是扩大了顾客价值的内涵，把顾客价值定义为一种互动、相对且具偏好性的体验。从这个概念可以看出，顾客价值实际上是顾客对产品价值的判断偏好，这种偏好是个人化的，不同的人有不同的价值偏好。而且，这个概念也体现了一种关系，认为顾客价值是在顾客与产品互动关系中而形成的，如果没有顾客的参与，产品也就无法产生价值。

关于顾客价值的定义和描述还有很多，对此，Woodruff认为这些顾客价值概念的理解相当零碎，而且需要依赖诸如效用、利益、质量等本身尚无很好定义的术语。他提出，顾客价值是顾客对特定使用情景下，有助于（有碍于）实现自己目标的产品属性以及属性绩效与使用结果的感知偏好与评价。这个定义综合考虑了顾客的期望价值和得到价值，而且强调价值来源于顾客通过学习形成的感知、偏好和评价，同时也把产品使用情景和相应的顾客体验效果紧密地联系在一起。

综合以上研究观点，可以看出，顾客价值具有一种主观认知性，顾客是基于自身的判断标准对价值进行评价。同一产品或服务，不同的顾客对价值的感知也是千差万别。结合上述学者顾客价值的理解，笔者认为顾客价值是顾客对消费过程中所感知到的提供物带来的价值的评价，其包含三个方面内容：首先，顾客价值与提供物有关，它与顾客的消费体验相联系，顾客对价值的认识是在消费体验中逐渐形成的；其次，顾客价值是顾客的一种感知，基于顾客的主观判断而非由销售商等客观决定的，强调的是价值感知的主观性，从这层意义上讲，顾客价值实际上是顾客感知价值；最后，顾客价值的感知是顾客对所获得的感知利益与因获得和享用该提供物而付出的感知代价的评价，即顾客对消费过程的感知利益和感知成本的权衡比较的结果。

三、顾客价值的构成

顾客价值的研究日益成为营销领域的重要问题，而顾客价值构成模式及其操作化是顾客价值研究的重大挑战。特别是近年来，顾客价值结构的研究再次引起了学术界的兴趣。在现有文献中，许多学者对顾客价值构成模式的探讨做了大量贡献，形成了不同的顾客价值构成模式。

Zeithaml根据以往学者的看法，针对价格、质量与感知价值关系，运用"方法—目标"理论提出其概念框架，认为价值的利益要素包括产品内部属性、外部属性、感知质量以及其他相关的高层次的抽象概念，价值的牺牲要素包括货币价格与非货币价格（如时间、精力、努力等）。其中，内部属性、外部属性等构成了不同的属性层次。Zeithaml（1987）强调的价值是由内部属性、外部属性和高层属性构成，但是，这三种属性各自包含什么内容，她并没有明确说明。Zeithaml把感知质量看作是一种高层属性，然而，高层属性也可能包括一些非产品本身的因素，如企业形象、声誉等概念。

Woodruff在Zeithaml的基础上进一步深化了"方法—目标"理论在顾客价值构成领域的应用，提出一个多因素多层次的顾客价值层级模式。他认为顾客价值是一个层级结构，它包括产品属性、属性结果和最终目的三个层次。在Woodruff（1997）看来，顾客对价值的关注存在于属性、结果和目的三个层次，最终获得的价值满意也是基于三个层次满意的考虑。产品属性是有关产品的基本特征与主要组成部分或活动，顾客也通常习惯于用属性来描述产品，这实际上与Zeithaml提到的内部属性含义相同。属性结果是顾客对产品表现或使用结果（正向的和负向的）较为主观的评价，它取决于顾客对产品属性的具体效果的综合判断。最终目的则是顾客的核心价值、意图与目标，它是以产品或服务为手段所达到的最终目标，也包含了促使顾客消费的目的与意图。Woodruff的顾客价值模式实际上反映了顾客的一种认知逻辑，顾客首先考虑的是产品的具体属性，其次是属性的绩效表现，最后才是这些结果对自己所要达到的终极目标的实现能力的评价。这种层级式的构成模式说明了顾客是如何感知企业所提供的价值。

Zeithaml和Woodruff都是从一个比较抽象的角度分析顾客价值的构成，因此，其价值模式也只能作为探测顾客价值的指导依据。Holbrook在整合多位学者关于顾客消费及其行为的理解和研究后，提出其顾客价值构成表。Holbrook把顾客价值分为三个维度：①外在的／内在的。外在价值强调从消费中，透过产品的功能性和效用性，以达成所要的目的和目标；内在价值则重视消费体验本身所获得的价值。②自我导向的／他人导向的。自我导向价值产生于顾客对产品和体验发出自我的评价和赞赏；他人导向价值则是基于外在因素而产生的价值。③主动的／被动的。主动的价值与顾客所做的事情相关；被动的价值起因于对产品的被动反应上。并且，进一步依照三个维度将顾客价值分为八类，分别是效率、卓越、地位、尊敬、娱乐、美感、伦理与心灵。显然，Holbrook（1996）将顾客价值做了一个很详细的划分。然而，按如此多的价值类目对顾客消费行为进行归类似乎比较困难，有时其中某些价值类目在实证研究上也往往难以区分，这就使得Holbrook的顾客价值分类应用起来显得有所局限，而且这八类价值与消费行为之间关系为何，作者也没有进一步分析。

虽然Holbrook提出了一个多维的价值构成，相对而言，Sheth等（1991）的价值构成似乎更完整清晰地说明了顾客价值的多维观点。Sheth等认为顾客价值由五个相互独立的维度组成：功能性价值、社会性价值、情感性价值、认识性价值以及情境性价值。这五种价值任何一种或者全部都会影响顾客的选择行为，每种价值在不同情景下对选择行为的影响各不相同。这里Sheth等把不同的价值与消费行为联系起来，强调这五个价值维度都关系到顾客最终所获得的效用，可以用来预测、描述并解释顾客的选择，而顾客的行为则是多元价值的功能体现，这弥补了Holbrook的不足，而且Sheth等的观点也常常为后续学者研究所借鉴。

此外，也有不少学者从实证的角度去分析和探索顾客价值的构成。Sweeney & Soutar（2001）在Sheth等的基础上，根据对总体顾客价值感知的不同贡献，又进一步把功能性价值分解成质量因素和价格因素，开发出PERVAL模型。Petrick（2002）则以服务业为背景，开发出SERV-PERVAL模型。Ulaga & Chacour（2001）利用顾客价值审计（customer value audit，CVA）程序通过对德国便利食品企业原料供应商的调查分析，得出其顾客感知价值组成模式。

四、顾客价值的思考与启示

学者对于顾客价值的定义和构成理解不一。对企业而言,价值通常是进行市场细分和产品定位的基础,如何理解顾客价值对于营销战略的制定和实施无疑具有重要作用。

(一)顾客价值是理性观点和感性观点的统一

顾客价值不仅是一种理性观点,也是一种感性观点。理性观点把顾客看作理性的决策者,价值的分析着眼于效用和成本的比较。这种观点指导下,产品是作为工具性和效用性的利益存在,顾客对于价值的界定在于效用的最大化,强调产品具体属性的表现。感性观点强调顾客在消费过程中所获得的美感享受、象征意义和情感反应。顾客在消费过程中不只是获得产品,也不只是考虑产品的属性和效用,同时,更是包含了顾客和环境互动所产生的复杂结果。著名营销学者菲利普·科特勒曾提出营销的核心是不同人们或组织之间的价值交换,这里交换的价值不仅仅是产品、服务和价格,也包括与此相关的时间、精力以及情感等因素。因此,顾客价值不仅包括产品属性层次,而且还包括超越属性层次的顾客情感体验,是一种更个人主义、更自我、更高一层的意涵。

(二)顾客价值是企业与顾客互动关系的产物

管理大师德鲁克认为,企业存在的首要任务就是创造顾客,只有满足消费者的种种欲望和需求,社会才会把创造财富的资源交给企业。企业存在的基本使命是有效地组合资源、创造价值以满足社会需求,整个企业就是一个价值创造、传递的系统,而企业战略则是一门价值创造的艺术。如何为顾客提供卓越的价值,如何将资源最大程度地、有效地转化为顾客价值,是企业获取竞争优势的基点。因此,整个企业的策略、流程、组织和技术结构都应该围绕顾客价值进行设计和管理,使企业的每一环节都能做到以顾客为导向,从顾客的需求出发,决定工作的目标和内容,真正将企业塑造成一个价值的创造和传递系统。在创造和传递价值时,企业与顾客的互动始终贯穿于整个活动之中。顾客不仅是价值的接受者和体验者,而且是价值的创造者和传递者。企业关注的重点不再是产品本身,而是顾客的价值生成过程,在这个过程中,顾客创造并感知价值。现代营销的核心目标是在与顾客保持互动关系的过程中创造并支持顾客消费和使用产品的过程,即顾客创造出可感知的价值的过程。这个过程涉及企业所有的业务职能，因此，企业与顾客均是在保持与建立关系的过程中创造和创新顾客价值。

（三）顾客价值是一个宽广的动态概念

价值是顾客在其消费体验过程中的主观感知评价，企业在为顾客设计、创造、提供价值时，应该把顾客对价值的感知作为决定因素，也就是说，企业在定义其价值提供时，应当考虑顾客对于所创造的和传递的价值的感知，用顾客理解的方式展示其价值。而且，这种感知的价值是多方面的。顾客购买产品的目的不是为了占有，而是用它去满足自己的需求。顾客的需求往往不是单一的，通常是一系列的，这一系列需求形成了顾客在产品消费中的总体经验，也可以用价值束来表现，既包括传统的功能价值，还包括如享乐、情感、象征等一些非功能价值。而这些非功能性的价值是产品的必要成分，是发展与顾客长期关系的重要基础。因此，企业应该从一个更宽广的视角理解顾客价值的概念，为顾客提供的产品覆盖顾客价值束的范围越大，满足顾客的需求也就越多越全面。而且随着时间的推移，顾客的期望会发生变化，其对价值的感知也会改变，只有不断地了解顾客感性认知的发展，企业才能使其所传递的价值与顾客的感知期望相融合。

（四）顾客价值是各种利益和成本因素的综合体现

顾客价值是一个基于感知利益和感知代价之间权衡比较的概念。在这个概念背后体现了这样一种认识，即顾客是价值最大化的追求者，他们喜欢能带来最大价值的产品。顾客的任何购买决策都是基于利益和成本的考虑，既要评价产品所带来的利益满足，又要衡量为获得产品而付出的成本，这种成本既包括货币因素，也包括其他非货币因素。顾客会根据所有金钱成本和其他成本，以及所有相关和可见的利益，来判断这个价值。作为顾客价值的付出项，成本对顾客价值起着负面作用，而顾客价值的提高则源于感知利益的增加和感知成本的减少。因此，企业在其价值创造活动中，不能仅仅考虑所提供顾客的利益方面，还必须考虑顾客为此所付出的成本，将二者和谐地统一起来，这样才能增加产品所带给顾客的价值。

顾客价值是营销学四十多年来倡导顾客导向的发展，它为企业竞争战略的制定提供了新的认识途径和管理基础。顾客价值的创新之处就在于企业从顾客的视角来看待产品和服务的价值，企业对顾客价值最大化的深刻理解，并作为其发展战略的导向，是企业生存和发展的重要基础，企业战略的特色。对此，笔者提出以下几点思考。

第一，摸索培养实用型人才的新措施。对于某些专业，毕业生的服务对象是企业、工厂，可考虑"厂—校"挂钩，使学生"毕业—就业"的环节连接得更紧密。例如，在毕业前半年，把毕业设计搬到工厂来做，以企业、工厂急需解决的项目作为毕业设计的题目，从而把"题目—项目"合并，在有实践经验的教师指导下，设计工作得以有效进展。这样做的好处是，一方面学生在实践中学到了真本领，有效地提高了自身的技术技能，并能提前适应工作环境；另一方面也为企业、工厂解决了实际问题，从而为学生将来的就业打下良好的基础。

第二，适应新形势的需要，改革某些专业课、基础课的陈旧内容，为课程注入更多现代新技术、新知识和新信息。例如，电子行业的技术发展和更新非常迅速，电子类课程的内容相对滞后。针对这种情况，就需要对课程内容不断做出修订和完善，这就要求教师自身要紧跟技术发展的步伐，不断掌握新技术，提高自身的教学水平。

第三，成人高等教育的师资可考虑多元化。在招聘师资的过程中，不必片面追求高学历、高文凭，而应适当聘请一些曾经在企业、工厂有过成功工作经验的人来担任教师。这些人一方面有实践工作经验，对学生的教育和培养具有"现身说法"的示范作用，另一方面他们与技术领域的接触非常紧密，有助于教学内容的创新和完善，对培养具有创新能力的高素质学生有很大的作用。

第四，加强对成人教育改革新路子的探索和理论研究。做好毕业生就业信息反馈工作，收集、整理、分析各种成功的范例，从中总结出经验。加强与社会、企业、工厂、其他学校、部门、单位的联系，多渠道寻找教育改革的思路并进一步提升成为指导实践工作的理论。

（原载：《华南理工大学学报（社会科学版）》，2006年第6期；合作者：黄嘉涛、陈永清）

数字化时代的战略逻辑

今天有一个流行的英文缩写词来刻画这个风云变幻的时代：VUCA。四个英文字母分别来自动荡性（volatility）、不确定性（uncertainty）、复杂性（complexity）和模糊性（ambiguity）的首字母。几个数字能说明一切：

1970年以前美国上市的公司中，92%能撑过上市后的5年；而2000年到2009年上市的公司中，这一比例仅为63%（剔除网络泡沫和2008年衰退影响）。

电话的普及率从10%上升到40%花费了39年，而移动电话达到同样的普及率则只花费了6年，智能电话更是仅仅花了3年。

QQ聚拢5亿用户用了十几年时间，而微信只用了3.5年时间；携程、淘宝、京东用了十几年才形成对传统零售业的优势，而滴滴打车、Uber、Airbnb则只用3年就形成了对传统行业的颠覆性优势。

企业的寿命、产品的生命周期、争夺用户的时间窗口都在以前所未有的速度缩短。今天的商业系统就像是一个极速奔跑中的运动员，每一段位移都伴随着心率的加快、呼吸的增速和越来越难以挣脱的窒息感。

驱动整个系统加速运转的"强心针"无疑是技术——技术带来的数字化商业模式周期更短，这一点很多人都看到了。而容易被忽略的一点是：数字化时代不仅仅是加速度的"量变"，更是底层商业和战略逻辑的"质变"。

我们观察到一个非常危险的现象：今天几乎所有的生态企业都还在沿袭工业时代的逻辑——连续、可预测、线性思维。它们用整合、多元化方式进行有计划的布局，然而战略的本质并没有改变。

数字化时代的未来是复杂的。数据、协同、智能等要素碰撞在一起，将重构商业系统的结构，带来非连续、不可预测和非线性思维。如果仍然沿袭工业时代的逻辑，企业不具备应对复杂性所需要的"大规模作战能力"。那么，其实企业的规模越大，崩盘的速度也就越快。

在数字化时代，我们需要更新底层的战略逻辑。

一、不仅仅是加速度

有两种看待未来的方式："站在现在看未来"和"站在未来看现在"。这两种方式出发点不同，得到的结论也大相径庭。

（一）站在现在看未来

"站在现在看未来"的立场，是根据今天行业发展的瓶颈和趋势预测未来的走向，大致可以分为两种情况：第一种是假定产业的发展速度基本保持匀速，将未来看作对今天趋势的线性延伸；第二种则更为激进一些，看到技术带来的指数级增长效应，将未来视为对今天趋势的指数型延伸。

在相当长的一段时间内，大多数产业的环境相对稳定，用线性的思维预测未来大体是准确的。但是最近几年，我们普遍感觉到这样的思维模式受到了全面挑战。例如：2002年起，手机行业的增长是年年翻番，而不是专家所预测的12%～16%。在各行各业，行业发展和竞争格局切换的速度都远超人们预期，令人猝不及防。

比尔·盖茨说："我们总是高估在一年或者两年中能够做到的，而低估五年或十年中能够做到的。这是因为技术的力量也正呈指数级增长，而不是线性增长。所以它始于极微小的增长，随后又以不可思议的速度爆炸式地增长。"显然，线性增长的思维已经不适用于今天的技术环境了，取而代之的是指数型增长的思维。

指数型增长的思维可以对信息技术的发展速度进行准确的阐释。最著名的例子是"摩尔定律"。1975年，戈登·摩尔（Gordon Moore）提出：当价格不变时，集成电路上可容纳的元器件的数目，约每隔18～24个月便会增加一倍，性能也会提升一倍。这条经验法则直到现在仍然基本正确。摩尔发现的成倍增长模式不仅适用于集成电路，还适用于任何信息技术，包括信息技术所驱动的互联网商业模式。许多诞生于互联网时代的平台型企业就验证了"指数型成长"的曲线。

但无论是"线性思维"还是"指数思维"，都还是在一个"连续性"的框架内讨论未来的变化：增长曲线是平滑的、优美的、有规律可循的，区别仅仅在于它是平缓地匀速上升，还是急剧地加速上扬。

指数型曲线带来的挑战已经让很多传统企业足够头疼了。不幸（或者说幸运）的是，这还不是全部。未来随着数据、协同、智能技术的深入发展和彼此碰撞，诞生出全新的商业范式，会进一步动摇今天的许多商业信仰。

而这种影响不仅仅是加速度。

（二）站在未来看现在

"站在未来看现在"的立场，是首先判断行业发展的根本驱动力和终极的状态，再反过来倒推今天所面临的机遇和挑战。

为什么要"站在未来看现在"？我们观察到今天的许多现象级商业模式，其实本质并没有改变。例如：知识付费的崛起，其实是将已有的产业搬到线上，借助互联网的传播速度和影响范围迅速聚拢大量用户，在短时间内达成指数级增长的效应。但是商业范式的本质——包括向用户提供的价值、关键成功因素、成本结构与盈利模式等，都没有产生实质性的改变。

但是数据、协同、智能所驱动的数字化商业范式与今天各行各业所奉行的惯例却有天壤之别。数字化时代与工业化时代的底层逻辑是完全不同的，如果仍然"站在现在看未来"，沿着旧地图，一定找不到新大陆。在数据和算法的驱动下，数字化时代的商业逻辑会发生彻底改变。

也就是说，现在和未来之间可能存在巨大的鸿沟。不同的商业范式之间存在断点、突变和不连续性（图1工业时代与数字时代的非连续性跨越）。在这种情况下，过去的经验曲线可能就不适用了。

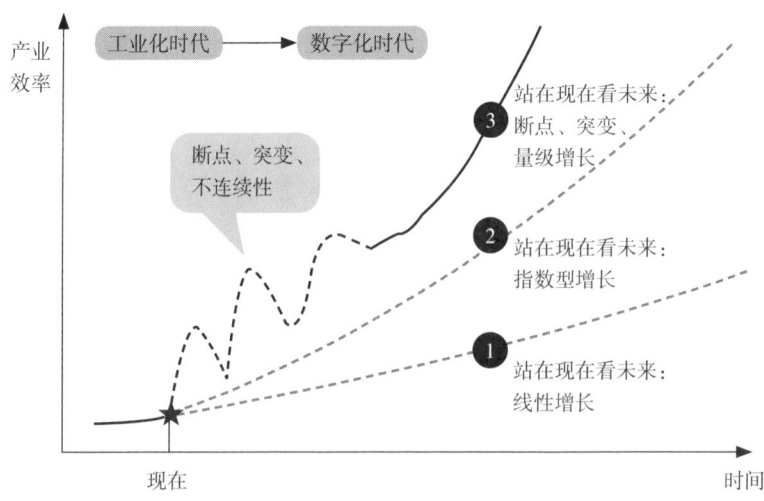

图1　工业时代与数字时代的非连续性跨越

二、不一样的数字化时代

数字化时代不是简单的自动化、虚拟化、信息化,不是单纯地将线下商业模式转移到线上,而是整个商业逻辑的改变。这意味着:价值创造与获取的方式都发生了本质的变化。

表1 数字化时代与工业化时代的对比

	工业化时代	数字化时代
变化规律	连续	非连续
环境认知	可预测	不可预测
商业范式—产品	交易价值	使用价值
市场	大众市场	人人市场
客户	个体价值	群体价值
行业	边界约束	跨界协同
对应的思维	线性思维	非线性思维

产品层面,会从"交易价值"走到"使用价值"。工业化时代的产品大多追求交易价值,企业最关心的是如何把产品卖出去,之后的维护客服等被视作成本。但是在未来的数字化时代,智能产品本身会变为服务,产品的使用才是价值创造和获取的开始。客户的持续使用意味着数据的持续输出,也意味着针对每个客户需求算法的迭代,这种参与使价值成为企业与客户共同创造的过程。

市场层面,会从"大众市场"走到"人人市场"。工业化时代的市场营销是通过市场细分,针对同质化人群的需求,提供标准化的产品和服务,最终满足"千人一面"的需求。在数字化时代,数据和算法驱动使得我们能够实现产品标准化和体验个性化的完美组合,实现"千人千面"的客户化服务。

客户层面,会从"个体价值"走到"群体价值"。智能商业提供了许多将客户个体价值转变为群体价值的可能性。例如:通过智能设备的联网,将某个区域内车主的位置和行车速度数据聚合在一起,能够对交通实况的动态了如指掌,从而建立交通优化方案。通过叠加客户关系,企业得以实现客户集合的新价值创造。

行业层面,会从"边界约束"走到"跨界协同"。工业化时代,企业对行业边界的理解固化,关注相同的竞争要素,因此往往会走向竞争的趋同。而数字化时代打开了一个"以用户为中心"的模式，通过对用户动态数据的积累和计算，企业可以更容易地整合其他产品与服务，精准地满足每一个客户多样化、便利性、及时性的需求。因此，资源约束被打破，企业会走向跨界、协同。

事实上，很多行业正在经历这些变化：从传统汽车到无人车，从功能手机到智能机，从PC电脑到云端服务，新旧时代的领头羊代表了截然不同的商业模式——价值的创造、竞争的要素、行业的边界都在被重新定义。

我们判断：这还仅仅是开始。未来，数字化的浪潮会进一步侵袭到各行各业：精准农业、精准医疗、精准教育、精准制造……资源聚合的范围可能比你想象得更广，资源聚合的速度可能比你想象得更快。

这是因为：①数字化让资源聚合变得更加容易。数字化时代的数据和智能技术就像"粘合剂"，通过场景的触点、数字网络的协同、智能算法的调度，将散落在商业系统不同位置的资源串联起来，共同发挥作用。②数字化使资源聚合的成本变得越来越低，通过成本的重构，更容易实现经济可行性。③人们对数字化商业模式的理解程度在不断提高，通过积极地共享、平台化、跨界，不断追寻增长的新模式。

未来已来。我们很快就要进入一个"不一样的数字化时代"。

三、断—聚—合：跨越非连续性的三部曲

数字化时代带来了许多激动人心的机会。但是对于在位企业而言，却并不是什么好消息。

今天各行各业的在位企业，往往是将工业化时代的商业逻辑演绎得淋漓尽致的佼佼者，在原有的轨道上走得顺风顺水，并建立起了牢不可破的护城河。但是突然间它们发现：游戏规则就要改变了——原来的经验曲线不适用了，要重新来过；原来的资产没有价值了，甚至变成了负担。

如果要在数字化时代继续领跑，必须回答一个问题：如何才能跨越工业化时代与数字化时代之间的非连续性？

我们给在位企业提出的建议是"跨越非连续性的三部曲"：断—聚—合。

断（abandon）

断，即"断、舍、离"，代表的是"有组织地放弃"。

在企业长期的活动中，会逐渐形成相对固定的流程、惯例、知识资产和集体心智，并且沉淀下来成为"组织记忆"。"组织记忆"有助于企业内的信息共享、控制和政策宣传，但是当面临外部环境的变化时，会对战略转型和组织变革形成阻碍。就像一辆高速行驶中的列车，惯性越大，掉头就越困难。

在工业化时代适用的许多"组织记忆"会成为企业跨入数字化时代的桎梏。例如：科层式的组织管理强调层级、分工、集权、标准化作业和中层监督，无法支撑组织敏捷应对外部变化、鼓励创新和多元化；规模经济的战略出发点强调占有和整合资源，对于数字化时代出现的分布式大规模协同模式则无能为力。

有组织地放弃，意味着在多个层面放弃组织的过去——行业、资产、客户、模式。这往往是非常困难的，因为正是过去的行业、资产、客户、模式定义了这个企业是谁、为什么（在过去）那么成功。但是如果这些"过去"与未来数字化时代的范式相冲突，则必须"断、舍、离"，吹响呼吸，吐故纳新。否则的话，昔日的明星很可能在时代交替之际骤然黯淡。

联想集团在今天的处境就很值得我们深思。联想毫无疑问是工业化时代一颗明亮的星：在"贸—工—技"的模式下，联想多年来深耕渠道、拓展市场，在PC和手机市场积累了巨大的渠道和影响力，获得了行业领导者的地位。但是在今天数字化时代的背景下，联想的PC业务受到云服务模式的挑战，市场逐渐萎缩，手机业务也进入"用户为王、体验至上"的阶段，对企业的研发和设计能力提出了更高要求。而联想始终没有走出"贸—工—技"的业务模式，市场地位受到前所未有的挑战。要发力数字化时代，联想首先要做的是"有组织地放弃"，忘记过去的模式和经营方式。

聚（aggregate）

聚，是聚集资源，回答的问题是"未来组织的增长来源于哪里？"

工业化时代，聚集资源对企业而言就有重要的意义。管理学领域有一个著名的理论视角叫"资源基础观"，认为企业可持续的竞争力来源于其所占有的有价值、稀缺、不可替代、难以复制的资源。这些资源可以是研发专利、渠道、人力资源、品牌等有形或无形资产。因此，企业必须要占据和发展这些资源，以获取竞争优势。

但是这里的"聚集资源"指的不是同一件事情。从出发点来看，它回答的问题是"未来组织的增长来源于哪里？"在"以客户为中心"的数字化时代，越来越多的组织将不断涌现的客户需求视为组织增长的根本来源。而客户的需求很少会正好全部落在企业的资源能力边界内。所以，企业必须要聚集外部的资源，为自身的成长提供燃料。

从这个角度看，"资源"不仅仅是内聚，更是外聚，不局限于行业，而是跨界的资源。同时，"聚集"不仅仅是整合与吸收（内力），还有连接与合作（借力）。重要的不是"为我所有"，而是"为我所用"。这在工业化时代还比较困难，但是数字技术的"粘合剂"作用能够帮助企业更有效率地聚集资源。

聚集资源不仅仅是一个技术问题，要让资源"聚"起来，企业的价值观很重要。企业崇尚的是唯我独尊，还是开放分享？企业是否愿意在自己有绝对话语权时仍与合作伙伴共享利益？这些价值取向决定了企业能够聚集起来的资源的数量与质量。

腾讯是一个很好的例子。在很长一段时间里，腾讯是一家令无数创业公司胆战心惊的企业——无论它们开发出什么样的产品（游戏、应用等），腾讯都会凭借其强大的产品能力迅速复制，并且做得比原创产品更出色。这令腾讯周边的生态寸草不生，成为互联网产品创业公司的梦魇。2010年的3Q大战，舆论纷纷将矛头指向腾讯。反思之后，腾讯的价值观出现了明显转变：2011年起腾讯推出开放平台战略。对于合作，腾讯拿出了"半条命"。正是基于这样的价值观，腾讯与合作伙伴共建的新生态从"一棵大树"成长为"一片森林"。

合（assemble）

合，指的是"整合"与"组合"，是对所聚资源的配置与再生。

彼得·德鲁克晚年时，有记者访问这位管理学之父，请教他终其一生研究管理，对管理有什么看法？德鲁克回答说：管理就像玩乐高积木，企业必须要与其他企业组合出最终的产品。

资源的聚集只是手段，最终还要依靠"整合"与"组合"，完成对所聚集资源的配置与再生。其中，"整合"是以企业为主导的，根据未来产业创新的趋势，自主、高效地整合出一体化的解决方案，直接提供给客户，助能（enable）客户；而"组合"则是以业务为主导的：未来的产品会怎样、产业会怎样，往往不是由企业决定的。过去的创意大多在企业内部发展，而数字化时代的创意，往往来自于开放式创新，或来自于执行行动中所发现的创新机会。因此企业要学习与竞争者一起拼图，与互补者一起拼图，与客户及供应商一同拼图。这样，竞争者、互补者、客户及供应商可以被平台所赋能（empower）。

"合"，反映了共同演化的概念。企业不仅仅要考虑自己的产品规格，也要考虑到别人的连接规格；不只要考虑到自己的利益，也要考虑别人的获利。演化，不只发生在单一的物种，而是在长期的共存中相互适应和改变，一起协同演化。

"合"，也反映了涌现、再生的概念。"一生二，二生三，三生万物"，通过对聚集资源的整合与组合，元素之间的互动、重构、生变，会产生出全新的、令人意想不到的新物种。这通常不是规划出来的，而是在不断变化更新的环境中顺应时势，自然"生长"出来的业务。

以电子商务业务起家的亚马逊（Amazon）就是这样一个例子。立志于成为"全球最以客户为中心"的公司，亚马逊从来不被行业边界所束缚，画地为牢。在投资了大量科技类（如Kiva Systems、Elemental等）、内容类（如Twitch、ComiXology等）、零售类（如Zappos、HomeGrocer等）企业，聚集足够的资源后，亚马逊开始释放出"合"的势能——Echo智能音箱、Amazon Go无人店，甚至进军电影界的自制作品《海边的曼彻斯特》斩获2017年的奥斯卡奖。这背后无不充满了对各种技术、场景、数据等资源的组合与再生。

四、结语

数字化时代的逻辑与今天的工业化时代截然不同。而大多数企业还不具备应对未来的"大规模作战的能力"。这是今天横亘于在位企业面前的巨大鸿沟。

要跨越数字化时代的不连续性，必须经历"断—聚—合"这三个步骤。

断，即"忘记过去"。那些曾经成就自己的，很可能成为未来的牵绊。

聚，即"得道多助"。以开放、谦卑的姿态，连接和迎接业内外资源。

合，即"三生万物"。通过整合与组合，顺应环境的变化，生生不息。

未来已来。你准备好了吗？

（原载：《哈佛商业评论》（中文版），2017年第11期；合作者：廖建文）

第三部分

科研创新

科研组织管理的新模式
——团队运作

一、科研组织中团队运作模式的基本特性

团队运作模式的实践由来已久,从只是负责提出和讨论问题并建议解决问题的方案,即建议或磋商团队(problem-solving team),到任务定为更广泛的"特殊目标小组"(special purpose team),再到20世纪90年代出现的"自我管理小组"(self-managing team),他们把以往各层次和职能的责任,转化为小组所需负责的任务。

所谓团队,就是由少数有互补技能,愿意为了共同的目的、业绩目标和方法而相互承担责任的人组成的群体。团队运作的理念在于培育对人的尊重与共同的信念。而科研团队,是以科学技术研究与开发为内容,由为数不多的技能互补、愿意为共同的科研目的、科研目标和工作方法而相互承担责任的科研人员组成的群体。科研团队的基本特征为:

(1)科研团队里的科研人员应该能自我管理并且愿意为共同的目标而相互承担责任;

(2)科研团队里的权力亦即影响力主要来源于专业的影响力,决策力掌握在拥有专门知识的成员里;

(3)科研团队的结构是扁平式的,强调人人平等。

科研团队与非团队运作的科研群体的区别在于相互依赖的程度和有多少共性。相互依赖程度不高,个人目标与组织目标不一致或者组织目标不能凌驾于个人目标之上的科研群体不是科研团队,只有具有相当的依赖程度并且群体目标凌驾于个人目标之上而达成共识的才称得上科研团队。

二、科研团队运作的内部层次结构

科研团队本质是实现科研目标的手段,其本身不是目的。组建科研团队并使其成为优秀团队必须关注的六个关键因素:人数不多、互补技能、有意义的目的、有吸引力的目标、达成共识的共同方法、相互承担责任。这六个关键因素中,第一层次是目标导向,包括形成有意义的目的和有吸引力的目标;第二层次是科研团队组建的内在要求,包括人数不多和拥有互补技能;第三层次是运作层次,包括拥有共同方法和相互间承担责任。如图1所示:

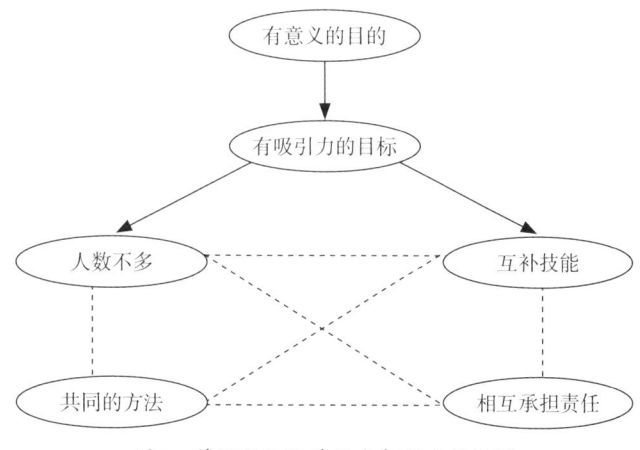

图1 科研团队运作的内部层次结构图

(一)第一层次:目标导向

(1)有意义的目的。科研团队的目的和目标不同于课题的目的和成果。共同的有意义的目的能确定群体的基调和方向。团队都是用在工作中形成的一个有意义的目的来确定方向、干劲和决心的。优秀的团队都要花大量的时间去努力探索,在形成一个目的上取得一致意见,这个目的既属于他们这个群众的,也属于每个个人的。这样的目的既可激发自豪感也能激发责任心。优秀的科研团队应该把他们的目的当作需要不断培养和关爱的产物。即使科研团队已经组建运行,科研团队的成员也应该定期的重新探讨这个目的,以澄清团队行动的意义。

(2)有吸引力的目标。具体的目标是科研团队目的整体的一部分。把广泛的方向性原则转化为可以衡量的具体目标,是科研团队使共同目的对于其成员产生意义的最为必要的第一步。具体目标规定了科研团队的工作成果,这和整个科研单位内的任务以及每个人工作目标的总和是不一样的。具体的目标有助于团队内明确的交流和建设性的冲突，并把团队的精力持续集中在可实现的成果上。

（二）第二层次：组建科研团队的内在要求

（1）人数不多。这是一个比较实用的原则。数量比较多的人群尽管在规模上有好处，但作为一个组却很难相互配合，难于采取有益的行动，对具体可行的事情常常不易达成共识。10人可能比50人更能成功地处理好成员各自在共同计划等方面的不同看法，并更愿意共同为结果负责。人数多会有些后勤方面的问题，如找不到足够大的空间和足够长的时间聚到一起。甚至人数多会遇到更为复杂的限制，如"随大流""扎堆"行为，这些行为会妨碍为建立团队所必需的观点上的激烈交锋。一般情况下，多于20~25人的团队很难成为真正的团队。

（2）互补技能。科研团队所需的技能包括三个层次：专业知识的技能、解决问题和决策的技能以及人际关系的技能。没有具有专业知识的科研人员，科研团队就不能起步。解决问题和决策的技能也是同等重要的，科研团队必须能看到他们面对的问题和机会，对他们必须采取的后续步骤进行价值评估，然后对如何发展做出必要的权衡取舍和决定。尽管许多人都是在工作中日臻完善的，但是大多数情况下需要有些人员一开始就具有这些技能。人际关系的技能是容易被忽视的。没有有效的交流和建设性的冲突，就不可能产生共同的理解和目的；而有效的交流和建设性的冲突又要依靠人际关系的技能，这些技能包括：承担风险、善意批评、客观公正、积极倾听等。

（三）第三层次：运作的层面

（1）使用共同的方法。科研团队的工作方法不仅仅局限在研究方法上，作为团队模式的科研群体的工作方法还包括经济的方法、管理的方法和社会的方法等等。实际上科研团队应该投入和他们形成目的时一样多的时间去学习、磨合他们的工作方法。团队成员必须在谁做哪几项具体工作、时间表该如何安排是如何做到、需要发展哪些技能等一系列问题上达成一致意见。形成共同方法的核心就在于在工作的各个具体方面以及如何能把个人的技能与提高团队的水平联系起来的问题上取得一致共识。

（2）相互承担责任。科研团队的相互承担责任不仅仅是成员个人责任感的问题，而且是成员互相之间的互动问题，是成员对自己和他人做出的严肃承诺，是从两个方面支持科研团队的保证：责任和信任。通过保证要为团队的目标负起责任,并得到对团队各方面工作表达自己意见的权利,也得到自己的观点得到公平对待和有益倾听的权利。相互承担责任可以成为一种有用的试剂,可以用来检测团队的目的和方法的质量。

三、科研团队的运作管理

科研科研团队运作需要从整体上进行系统的管理。系统管理包括宏观层面上的管理和微观层面上的管理:团队资源管理是从宏观层面上观察和把握科研团队是否有效运作;团队行为管理是从微观层面上观察和管理科研团队共同工作的有效性,如图2所示。

(一)科研团队资源管理控制

团队资源管理是从整体把握科研团队运作状况的管理。一个科研团队要想有效运作就必须具备四种资源:活力、控制、专业知识和影响力。科研团队必须了解自己有什么可用资源,有多少。

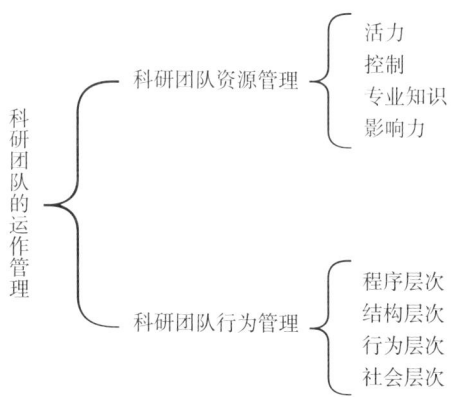

图2 科研团队运作管理图

(1)活力。观察和管理一个科研团队的资源,其中最重要最应仔细观察的是活力。要了解一个科研团队能支配多少活力,哪些活力,它们的来源,经过的渠道,有什么阻滞,怎样才能更有效地利用。活力是科研团队最重要的资源,有活力才干得起来,才有成果。而活力的形式多种多样的,有的明显可见,有的则不然。一般可从主动精神、热情以及关系几个方面可以判断团队的活力程度。如科研团队是否有想法、是否有创造性想法、是否积极思考、成员相处是否融洽及能否相互鼓励，等等。

（2）控制。活力必须控制。控制和发挥自己能支配的活力的能力是观察和管理一个科研团队的第二项资源。控制包括自我控制，即为了对团队和其他成员的需要保持清醒而控制自身活力和情绪的程度；对运作方法控制，即科研团队为了有效达成目标而管理其运作方法的能力水平。活力和控制是相互联系的，两者适当平稳时团队才能很好工作，团队的活力越多就越有必要加以控制。

（3）专业知识。一般来说，科研团队都拥有充足的专业知识，容易产生不足的是管理运作方法的知识，从而使与活力水平相适应的控制程度不够。

（4）影响力。在科研团队决策和贯彻执行这些决策的时候，影响力是科研团队能力的一个关键因素。内部影响力而言，哪些人是有影响力的，他们的专业知识跟他们的影响力是否相称等；外部影响力而言，他们在科研团队外部具有怎样的影响力，这些影响力是如何影响内部的成员的。

（二）科研团队行为管理控制

团队行为管理是从微观层面上管理科研团队共同工作有效性的工具。一个科研团队共同工作的有效性可以从四个层次上体现出来：程序的层次、结构的层次、行为的层次和社会的层次。

（1）程序层次。科研团队运作的程序层次涉及团队开会讨论问题或日常工作的程序。观察一个科研团队是一上来开门见山就讨论问题内容，还是先花点时间研究怎样讨论更好。比如它是否确定讨论的目的和希望的结果，对决议过程是否心中有数。

（2）结构层次。科研团队运作的结构层次涉及到团队成员职务上的和非职务上的任务分配。团队是否认为成员在会议上或其他场合上的任务已经各得其所，团队是否已经充分有效地使成员最大限度地做出贡献等。

（3）行为层次。这一层次涉及成员在会议上的相互作用方式。特别是团队里不同的成员的发言时间分配是否得当，是否有效地利用。如开会时大家是否注意听，对别人的观念是否感兴趣，探讨问题是否深入，是否真正了解讨论的内容等。

（4）社会层次。科研团队运作的社会层次涉及团队成员之间关系的动态。成员对权力和任务的分配是否满意，成员的向心力和离心力有多大，气氛是相互尊重还是轻视等。

可以说，会议是人类社会的缩影，以上讨论的四个层次都可以在科研团队会议上体现出来。

四、小结

科研体系的创新管理是管理上的一个难题，而其中关键的部分是管理模式。如果能充分运用团队运作模式，组织好科研团队的关键因素，注重科研团队的系统管理工具和方法的运用，一定可以创建优秀的科研团队。

（原载：《科学管理研究》，2002年第1期；合作者：杨映珊）

基于团队运作模式的
科研管理研究

管理创新、制度创新、技术创新是创新体系的三大层面，而管理创新又是创新体系中首要的一环。科研管理着重于课题的管理、经费的管理和科研人员的管理：课题的管理致力于课题的鉴别和有效的执行与监督，经费的管理致力于既定资金的有效利用，科研人员的管理致力于激励和潜能的开发，其中科研人员的管理是科研管理三方面中最具潜力的一面。目前，我国科研管理的理论和实践都比较注重于课题的管理和经费的管理，并且在这两方面上业已形成了比较完整的体系和成熟的方法，而科研人员的管理却局限于职称生涯和心理特性的研究与实践。本文在群体功效的层面上，从组织行为的角度，引入了团队运作模式，对科研管理进行了探讨。团队运作模式在企业界可谓方兴未艾，而对于在组织目标和价值观方面有别于追求利益最大化的企业的科研组织来说，如何导入团队运作模式，笔者还未检索到这方面的文献，因此，本文在这方面也是创新的研究。

一、科研团队的界定

团队运作模式的实践由来已久，但是团队运作模式的理论直到20世纪70年代日本的"质量管理小组"管理风行后才逐步建立起来。早期的团队模式只是负责提出和讨论问题并建议解决问题的方案，即建议或磋商团队（problem-solving team）；后来出现任务定位更广泛的"特殊目标小组"（special purpose team），工作包括改善和重新设计工作流程，与上级、同级或下级的内部沟通，还负责与外部的顾客或供应商联系，因此包括了执行方案的工作领域。到了20世纪90年代，出现了所谓"自我管理小组"（self-managing team），他们把以往各层次的职能和责任，转化为小组所需负责的任务。团队工作运作模式从过去较简单演变到了较复杂的技术并成为一种被广泛应用的管理技巧，并且它所带来的优势有助于提高组织的生产率、生产质量以及团队成员的精神意志，并直接改进了组织的业绩。

团队，就是由少数有互补技能，愿意为了共同的目的、业绩目标和方法而相互承担责任的人组成的群体。团队运作的理念在于培育对人的尊重与共同的信念。

我国的科研环境已经发生了重大变化，科研单位逐步成为市场竞争的主体之一。而科研管理的一系列决策：研究什么、为谁研究、如何研究，也发生了重大变化。在市场经济激烈竞争的今天，独行侠力挽狂澜的历史已经过去，团队组建的理念和实践显得更为宝贵。

科研团队，是以科学技术研究与开发为内容，由为数不多的技能互补、愿意为共同的科研目的、科研目标和工作方法而相互承担责任的科研人员组成的群体。科研团队里的科研人员应该能自我管理并且愿意为共同的目标而相互承担责任；科研团队里的权力亦即影响力主要来源于专业的影响力，决策力掌握在拥有专门知识的成员手里；科研团队的结构是扁平式的，强调人人平等。科研团队与非团队运作的科研群体的区别在于相互依赖的程度和有多少共性。相互依赖程度不高，个人目标与组织目标不一致或者组织目标不能凌驾于个人目标之上的科研群体不是科研团队；只有具有相当的依赖程度并且群体目标凌驾于个人目标之上而达成共识的才称得上是科研团队。

二、科研团队运作模式的六个关键因素

科研团队本质上是实现科研目标的手段，其本身不是目的。组建科研团队并使其成为优秀团队必须关注的六个关键因素：人数不多、互补的技能、有意义的目的、有吸引力的目标、达成共识的共同方法、相互承担责任。这六个关键因素中，第一层次是目标导向，包括形成有意义的目的和有吸引力的目标；第二层次是科研团队组建的内在要求，包括人数不多和拥有互补技能；第三层次是运作层次，包括拥有共同方法和相互间承担责任。如图1所示。

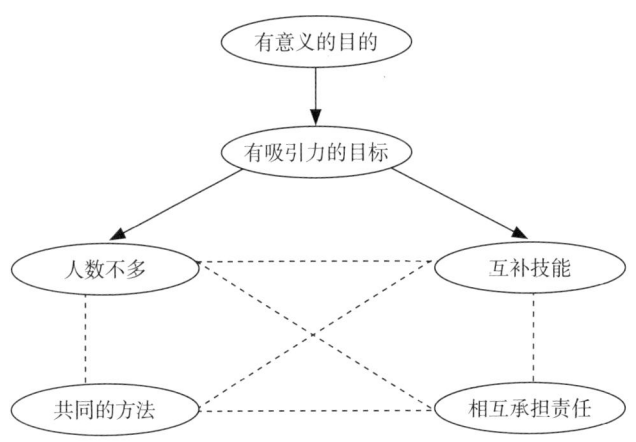

图1 科研团队运作模式六个关键因素的层次关系示意图

（1）人数不多。这是一个比较实用的原则。数量比较多的人群尽管在规模上有好处，但作为一个组织却很难相互配合，难于采取有益的行动，对具体可行的事情常常不易达成共识。10人可能比50人更能成功地处理好成员各自在共同计划等方面的不同看法，并更愿意共同为结果负责。人数多会有些后勤方面的问题，如找不到足够大的空间和足够长的时间聚到一起。甚至人数多会遇到更为复杂的限制，如"随大流""扎堆"行为，这些行为会妨碍为建立团队所必需的观点上的激烈交锋。一般情况下，多于20～25人的团队很难成为真正的团队。

（2）互补技能。科研团队所需的技能包括三个层次：专业知识的技能、解决问题和决策的技能以及人际关系的技能。没有具有专业知识的科研人员，科研团队就不能起步。解决问题和决策的技能也是同等重要的，科研团队必须能看到他们面对的问题和机会，对他们必须采取的后续步骤进行价值评估，然后对如何发展作出必要的权衡取舍和决定。尽管许多人都是在工作中日臻完善的，但是大多数情况下需要有些人员一开始就具有这些技能。人际关系的技能是容易被忽视的。没有有效的交流和建设性的冲突，就不可能产生共同的理解和目的；而有效的交流和建设性的冲突又要依靠人际关系的技能，这些技能包括：承担风险、善意批评、客观公正、积极倾听等。

（3）有意义的目的。科研团队的目的和目标不同于课题的目的和成果。共同的有意义的目的能确定群体的基调和方向。团队都是用在工作中形成的一个有意义的目的来确定方向、干劲和决心的。优秀的团队都要花大量的时间努力探索，在形成一个目的上取得一致意见，这个目的既属于群体，也属于群体中的每个个人。这样的目的既可激发自豪感也能激发责任心。优秀的科研团队应该把他们的目的当作需要不断培养和关爱的产物。即使科研团队已经组建运行，科研团队的成员也应该定期地重新探讨这个目的，以澄清团队行动的意义。

（4）有吸引力的目标。具体的目标是科研团队目的整体的一部分。把广泛的方向性原则转化为可以衡量的具体目标，是科研团队使共同目的对于其成员产生意义的最为必要的第一步。具体目标规定了科研团队的工作成果，这和整个科研单位内的任务以及每个人工作目标的总和是不一样的。具体的目标有助于团队内明确的交流和建设性的冲突，并把团队的精力持续集中在可实现的成果上。

（5）使用共同的方法。科研团队的工作方法不仅仅局限在研究方法上，作为团队模式的科研群体的工作方法还包括经济的方法、管理的方法和社会的方法等等。实际上科研团队应该投入和他们形成目的时一样多的时间来学习、磨合他们的工作方法。团队成员必须在谁做哪几项具体工作、时间表该如何安排并如何做到、需要发展哪些技能等一系列问题上达成一致意见。形成共同方法的核心就在于在工作的各个具体方面以及如何能把个人的技能与提高团队的水平联系起来的问题上取得一致共识。

（6）相互承担责任。科研团队的相互承担责任不仅仅是成员个人责任感的问题，而且是成员互相之间的互动问题，是成员对自己和他人做出的严肃承诺，是从两个方面支持科研团队的保证：责任和信任。通过保证要为团队的目标负起责任，并得到对团队各方面工作表达自己意见的权利，也得到自己的观点得到公平对待和有益倾听的权利。相互承担责任可以成为一种有用的试剂，可以用来检测团队的目的和方法的质量。

三、科研团队运作的系统管理

科研团队运作需要从整体上进行系统的管理。系统管理包括宏观层面上的管理和微观层面上的管理：从宏观层面上观察和把握科研团队是否有效运作——四资源模型，从微观层面上观察和管理科研团队共同工作的有效性——四层次模型，如图2所示。

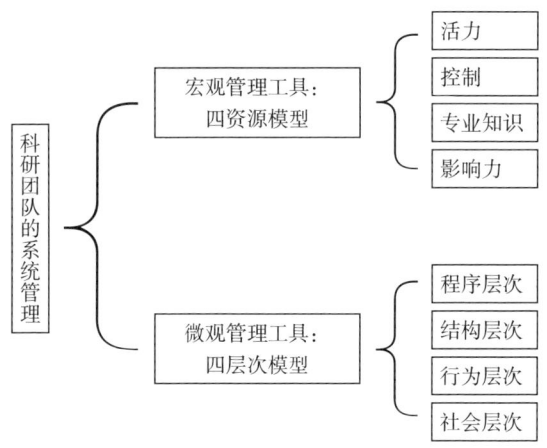

图2 科研团队系统管理的层次结构图

（一）宏观层面：四资源模型

四资源模型是从整体把握科研团队运作状况的管理工具。一个科研团队要想有效运作就必须具备四种资源：活力、控制、专业知识和影响力。科研团队必须了解自己有什么可用资源，有多少。

（1）活力。观察和管理一个科研团队的资源，其中最重要最应仔细观察的是活力。要了解一个科研团队能支配多少活力，哪些活力，它们的来源，经过的渠道，有什么阻滞，怎样才能更有效地利用。活力是科研团队最重要的资源，有活力才干得起来，才有成果。而活力的形式是多种多样的，有的明显可见，有的则不然。一般可从主动精神、热情以及关系几个方面判断团队的活力程度，如科研团队是否有想法、是否有创造性想法、是否积极思考、成员相处是否融洽及能否相互鼓励等等。

（2）控制。活力必须控制。控制和发挥自己能支配的活力的能力是观察和管理一个科研团队的第二项资源。控制包括自我控制，即为了对团队和其他成员的需要保持清醒而控制自身活力和情绪的程度；对运作方法控制，即科研团队为了有效达成目标而管理其运作方法的能力水平。活力和控制是相互联系的，两者适当平衡时团队才能很好工作，团队的活力越多就越有必要加以控制。

（3）专业知识。一般来说，科研团队都拥有充足的专业知识，所欠缺的是管理运作方法的知识，使得与活力水平相适应的控制程度不够。

（4）影响力。在科研团队决策和贯彻执行这些决策的时候，影响力是科研团队能力的一个关键因素。就内部影响力而言,哪些人是有影响力的,他们的专业知识跟他们的影响力是否相称等;就外部影响力而言,他们在科研团队外部具有怎样的影响力,这些影响力是如何影响内部的成员的。

(二)微观层面:四层次模型

四层次模型是从微观层面上管理科研团队共同工作有效性的工具。一个科研团队共同工作的有效性可以从四个层次上体现出来:程序的层次、结构的层次、行为的层次和社会的层次。

(1)程序层次。科研团队运作的程序层次涉及团队开会讨论问题或日常工作的程序。观察一个科研团队是一上来开门见山就讨论问题内容,还是先花点时间研究怎样讨论更好。比如它是否确定讨论的目的和希望的结果,对决议过程是否心中有数。

(2)结构层次。科研团队运作的结构层次涉及团队成员职务上的和非职务上的任务分配。团队是否认为成员在会议上或其他场合上的任务已经各得其所,团队是否已经充分有效地使成员最大限度地做出贡献等。

(3)行为层次。这一层次涉及到成员在会议上的相互作用方式。特别是团队里不同的成员的发言时间分配是否得当,是否能有效利用。如开会时大家是否注意听,对别人的观点是否感兴趣,探讨问题是否深入,是否真正了解讨论的内容等。

(4)社会层次。科研团队运作的社会层次涉及到团队成员之间关系状态。包括成员对权力和任务的分配是否满意,成员的向心力和离心力有多大,气氛是相互尊重还是轻视等。

四、结束语

科研体系的创新管理是管理上的一个难题,而其中关键的部分是管理模式。如果能充分运用团队运作模式,组织好科研团队的关键因素,注重科研团队的系统管理工具和方法的运用,一定可以创建优秀的科研团队。

(原载:《科技进步与对策》,2002年第4期;合作者:杨映珊)

分布式科研团队的动态协调沟通策略研究

一、分布式科研团队（DSRT）的概念

团队（team）一般是指由一群相互依赖的个体为实现共同目标而临时组建的正式群体，当共同目标实现后，此群体即将解体。而科研团队（SRT）的概念，顾名思义是因要完成科研项目而组成的临时性的团队。分布式科研团队应该说是现代信息技术高速发展的产物。20世纪90年代以来，以Internet为首要特征的信息得到了快速发展，Internet的发展打破了人们沟通上的时间和空间障碍，使得远距离、快速的交流成为现实（颜士梅，2001），这样科研团队的成员不再只局限某个区域，其团队成员可以分布在全国各地，甚至全世界，即形成了一种分布式科研团队（distribution scientific research team，简称DSRT）。DSRT具有自身的一些显著特征。DSRT是信息时代科研管理的一种重要的组织形式，与虚拟企业（virtual enterprise，简称VE）概念相类似的一种组织形式，因此它首先在地理位置上具有分布性，团队成员分布于不同的大陆，甚至国家；其次，DSRT具有一个核心小组（core group，简称CG），此核心小组（CG）负责DSRT的全面管理，如科研项目的申请，外围团队成员的选择，团队激励与监督，团队协调等工作；第三，DSRT具有明显的动态性，核心小组一般不会有太大的变动，而外围成员一般根据科研项目的需要而在动态地变动，当一个科研项目结束之后，面向此科研项目的团队即将解体，外围成员也将离开此团队，而核心小组还依然存在，并且开始寻找其他科研项目和组建新的科研团队；第四，核心小组所选择的外围成员一般都具有某方面的核心专长；第五，根据DSRT的以上特点，我们认为DSRT是一种分层网络结构，如图1所示。以上一些特性可以讲是区别实体科研团队的要

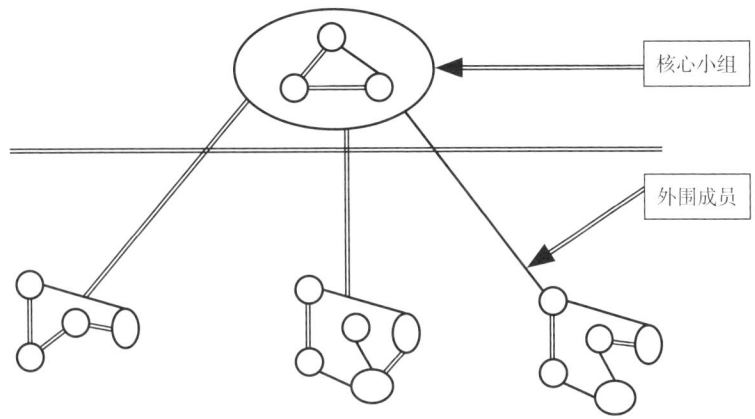

图1 DSRT的层次网络结构组织形式示意图

点。同时,我们看到由于DSRT不同于传统科研团队,其运作和管理也将面临新的问题与挑战。

二、分布式科研团队(DSRT)成功运作的关键措施

图2为DSRT生命周期的概念模型。从图2可知,要成功运作DSRT,须做好以下几方面的关键工作:

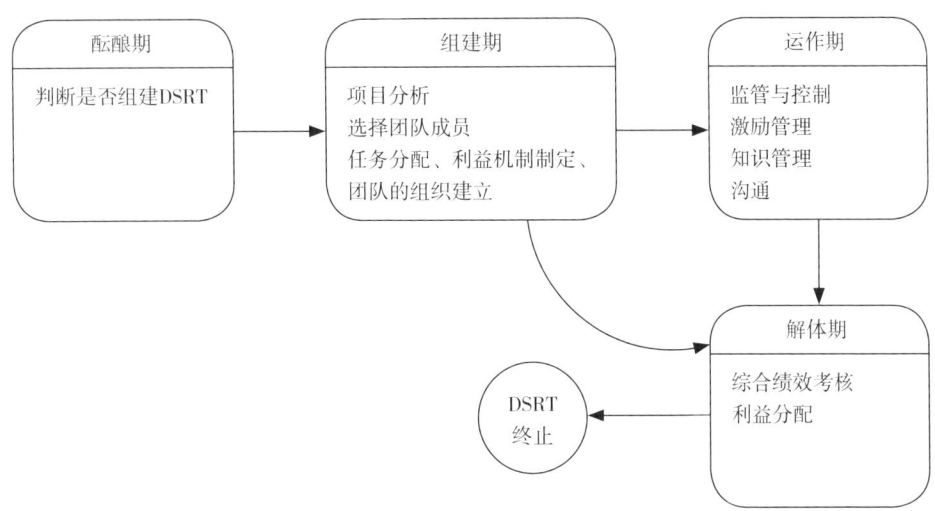

图2 DSRT的生命周期概念模型

（1）酝酿期是组建分布式科研团队（DSRT）的前期，主要考虑此科研项目是否应以团队的形式进行运作，主要根据科研项目的具体情况进行甄别。

（2）组建期是当决定以分布式科研团队（DSRT）的形式运作科研项目时，科研团的核心层将要着手于组建分布式科研团队（DSRT），此阶段的主要任务包括科研项目的能力需求分析、团队成员的选择、制定合理的利益分配机制、任务分配及团队的组织形式的建立。

（3）运作期是分布式科研团队（DSRT）正式运作的阶段，此阶段的主要任务有监督与控制团队成员的任务完成情况，激励队员更好地完成自身的科研任务，管理好团队的知识。

（4）解体期是分布式科研团队（DSRT）将要解体的阶段。此阶段的主要任务包括根据先前制定的利益机制来分配成员应得利益及综合绩效的考核。

DSRT的生命周期概念模型中所描述的内部均为DSRT成功运作的关键，由于篇幅原因，本文重点研究区别于实体科研团队的关键措施之一：动态协调沟通策略。

三、基于分布式科研团队（DSRT）的动态协调沟通策略

协调沟通不仅在实体科研团队成功运作中发挥重要作用，而且在DSRT中发挥着重要作用，只是由于实体科研团队与DSRT在运作模式的微小差别，使得协调沟通的模式稍有不同，为此本文根据DSRT的动态性的特性提出动态协调沟通的概念。

基于分布式DSRT的动态协调沟通策略由三个层面构成：核心小组与外围工作小组之间；外围工作小组与外围成员之间；核心小组与外围成员之间。图3显示了三个层面协调沟通策略之间的关系。

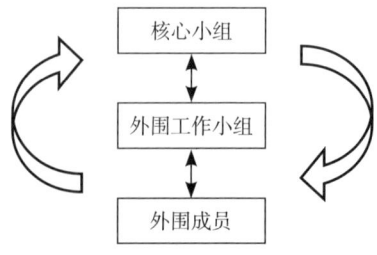

图3 三个层面协调沟通示意图

（一）核心小组与外围工作小组之间的动态协调沟通策略

核心小组与外围工作小组之间的动态协调沟通的主要内容有：项目任务的分配、项目进度管理、外围工作小组的绩效考核及利益分配等四个方面的内容。

（1）项目任务的分配。核心小组（CG）根据各外围工作小组的核心能力或者说专业将科研项目分成若干子项目；再将初步分解的子项目反馈给外围工作小组，外围工作小组对初步分解的子项目进行修正；外围工作小组再将修正后的子项目计划反馈给核心小组；核心小组对修正后的子项目计划进行整合，如果发现外围工作小组之间的修正子项目计划存在冲突时，核心小组需要对它们进行协调；如果不再存在冲突的子项目计划，那么项目任务的初步项目任务分配结束。图4给出了DSRT的项目分解示意图。

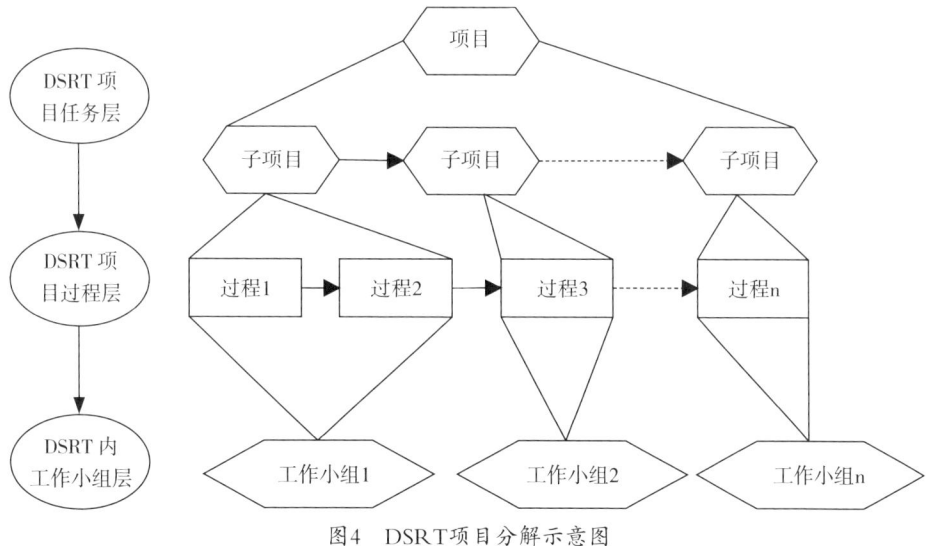

图4　DSRT项目分解示意图

（2）项目进度管理。根据制定的DSRT项目总体计划，核心小组需对外围工作小组的工作进度进行监督与管理。在分配任务时，核心小组应与处围工作小组负责人鉴定任务责任书，在责任书中明确指出子项目完成的时间及相应激励制度（包括负向激励）。我们知道在串联任务过程中，如果上游子过程没有完成，则下游子过程则无法开展工作，这也体现出项目进程管理的重要性。

（3）外围工作小组的工作绩效考核。对外围小组的工作绩效考核有利于监督外围工作小组的任务完成的情况，为最终的利益分配提供有利依据。我们认为对外围小组的工作绩效考核应该是个动态过程，即分阶段定期与不定期考核相结

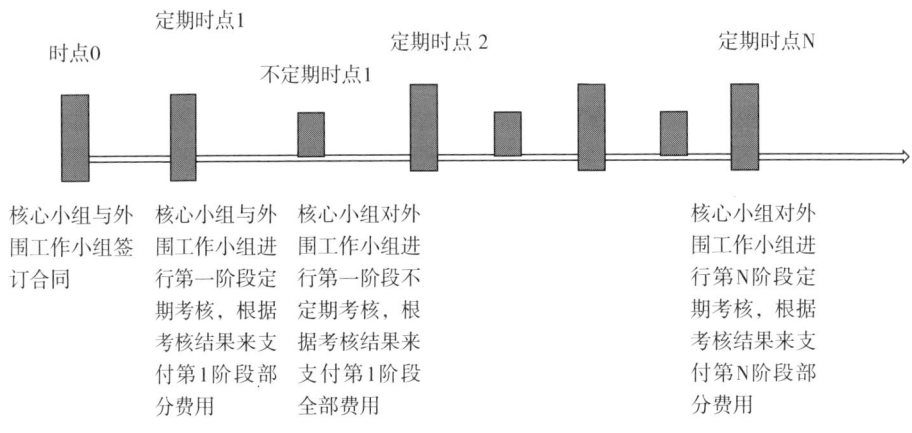

图5 外围工作小组绩效动态考核机制

合,动态工作绩效考核有利于及时纠正外围工作小组的错误,避免造成更大的损失。图5为本文设计的外围工作小组的工作绩效动态考核机制示意图。

(4)利益分配制度的制定。DSRT的利益分配内容包括每阶段考核通过应付给外围工作小组的费用和项目成功后所创造的效益。DSRT是一个群体,所以我们认为DSRT的利益分配制度的制定实际上是一个群体决策的过程。

图6为面向DSRT利益分配谈判概念模型。核心小组在整个谈判过程中起着引导、协调及最后拍板的作用,首先核心小组提出最初的分配方案与分配机制,然后引导成员企业对其分配进行评判与排序,协调工作小组间的意见分歧,并根据工作小组的意见决定最终利益分配方案。外围工作小组在谈判过程可以根据自身

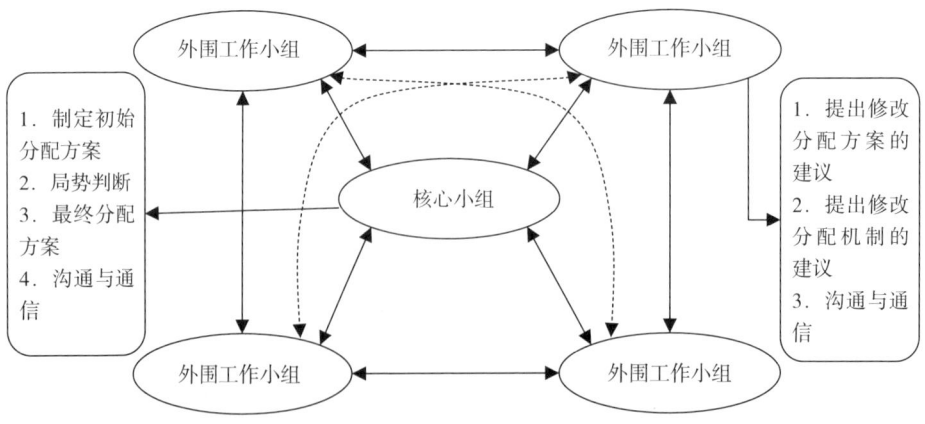

图6 面向DSRT利益分配谈判过程概念模型

的要求对最初的分配方案及分配机制提出修改建议。整个谈判过程是在Internet上进行的，而且整个谈判是一个互动的过程，外围工作小组与核心小组之间或外围工作小组之间通过网络进行交换意见。

（二）外围工作小组与外围成员之间动态协调沟通策略

外围工作小组是由外围成员组成，因此外围工作小组的组长与外围成员之间也存在许多协调沟通问题，如激励外围成员，将科研经费如何分配给成员等这些活动都需要进行沟通。外围工作小组的组长经常与外围成员沟通的手段有：

（1）加强外围工作小组成员之间的交流活动，实施信任管理，建立工作小组内部的信任机制。

（2）小组组长带头参加各种活动，把工作小组创造为一个学习型组织。

（3）运用特定的心理技术和手段，打破工作小组成员之间的隐形心态壁垒，促进相互学习。

（4）激发成员的自我学习需要，使之自觉自发地参加学习，激发成员的学习动机。

（5）在经费分配过程中，组长在同外围成员充分沟通之后制定初步分配方案，再由所有成员进行讨论来制定最终方案。

（三）核心小组与外围成员之间的动态协调沟通策略

核心小组与外围成员之间的沟通主要依赖于电话、传真及网络技术等。但此类沟通将面临许多问题（颜士梅，2001）：时区不同意味着不同的作息时间，这容易导致信息不能及时反馈，进而影响交流；面对面交流机会很少，所以沟通很困难；非面对面的沟通很容易让外围成员对核心小组产生距离感，结果导致外围成员对DSRT的共同目标缺乏认同。

四、小结

本文所做的工作有：

（1）首先提出了DSRT的概念，并分析了DSRT的一些基本特征与性质。

（2）根据DSRT的生命周期概念模型中的信息简要地分析了成功实施DSRT的一些关键措施。

（3）重点研究了基于DSRT的动态协调沟通策略，此策略由三个层面组成：核心小组与外围工作小组；外围工作小组与外围成员；核心小组与外围成员。然后重点研究了核心小组如何同外围工作小组进行协调沟通。

（原载：《科研管理》，2002年第4期；合作者：叶飞）

科研团队生命周期管理的理论框架研究

一、科研团队概念的界定

自20世纪90年代以来,市场环境变化日趋复杂,传统的组织模式越来越感到难以适应动荡不定的外部环境。为此,较易适应动荡不定的外环境的团队(work team or team working)组织形式成为管理理论研究的热点。一般认为团队是由一群相互依赖的个体为实现共同目标而临时组建的正式群体,当共同目标实现后,此群体即解体。而科研团队的概念,顾名思义是因完成科研项目而组成的临时性的团队。但科研团队又同一般的科研工作小组存在明显的不同之处。科研团队通常存在一个核心小组,即当科研团队因某个科研项目完成而解体后,此核心小组依旧存在,但这个核心小组本身并不是科研团队,在没有组建新的科研团队之前,科研核心小组的主要任务是寻找科研项目并申请科研项目立项,当申请科研项目立项成功之后,核心小组将着手邀请外围人员组成科研团队。科研工作小组则不存在核心小组,当科研项目完成之后,工作小组成员彼此之间一般就不再联系了。从这里可看出科研工作小组成员之间依存度要比科研团队小,成功的不确定性也比科研团队小。虽然科研团队明显要比科研工作小组优势多些,但并不是所有的科研项目一定要组建科研团队,而要依赖于科研项目具体情况。成功地运作科研团队必须做好以下一些工作:科研团队必须具有明确的目标,团队成员清楚地知道整个团队的总目标及其所必须完成的分目标,以及这些目标所包含的重大意义;科研团队是一个开放的系统,不断地同外界保持联系,吸收外界最新的知识;科研团队并不要求所有成员的意见都完全一致,允许存在差异,这样不同观点之间碰撞容易产生创新的火花;必须经常进行沟通,成员之间经常交换信息、经验；科研团队内部也允许存在竞争，但不允许抵毁他人；虽然科研团队是一种松散的组织形式，但仍需要存在监控系统；科研团队的核心小组还必须具备高超的冲突管理与协调能力；利益合理分配也是科研团队成功运作的关键之一。

科研团队是以科研项目为驱动的，当科研项目完成之后，科研团队即将解体，即科研团队的生命周期性非常明显，为此本文提出科研团队的生命周期管理的理论框架。

二、科研团队的生命周期模型

科研团队是因科研项目的需求而组建的一种临时性项目小组，当科研项目中止期来临时科研团队即将面临解体，然后根据新科研项目的需求再组建新的科研团队，因此科研团队的生命周期非常明显。图1为科研团队的生命周期模型。

酝酿期是组建科研团队的前期，主要考虑此科研项目是否应以团队的形式进行运作，主要根据科研项目的具体情况进行甄别。组建期是当决定以科研团队的形式运作科研项目时，科研团队的核心层将要着手组建科研团队，此阶段的主要任务包括科研项目的能力需求分析、团队成员的选择、制定合理的利益分配机制、任务分配及团队的组织形式的建立。运作期是科研团队正式运作的阶段，此阶段的主要任务有监督与控制团队成员的任务完成情况，激励队员更好地完成自身的科研任务，管理好团队的知识。解体期是科研团队将要解体的阶段，此阶段的主

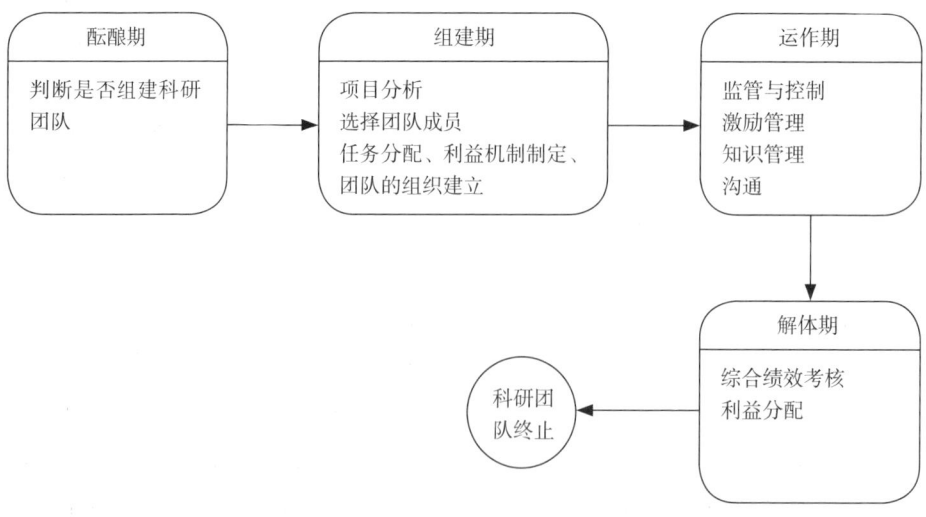

图1 科研团队生命周期模型

要任务包括根据先前制定的利益机制来分配成员应得利益及综合绩效的考核。

三、科研团队的生命周期管理理论与方法框架

根据图1科研团队的生命周期模型，我们设置了基于生命周期的科研团队管理流程，如图2所示。

（一）酝酿期

由图2可以看出，酝酿期的主要活动是判断科研项目以什么形式进行运作。

一般来讲，科研项目运作模式有：团队形式与项目小组形式。但具体采用哪种模式还得依赖于项目本身。图3是一个以科研项目出现频率及资源获取难易程度为纵横坐标的科研运作模式选择模型。

从图3可看出，当科研项目研究所需资源比较难寻找及此类科研项目经常出现时，此科研运作模式选择组建科研团队形式；而当科研项目所需资源比较容易获取及此类科研团队出现频率不高时，此科研运作模式可以选择项目小组的形式。当科研项目所需资源比较容易获取，但出现频率高时，或者科研项目资源比较难获取而出现次数不多时，两种运作模式一般均可选择。

（二）组建期

组建期包括项目的分析、团队队员选择、任务分配、利益分配机制制定及科研团队的组织形式确定。

（1）科研项目的分析。科研项目分析的目的是为了更好地选择团队成员，确定团队成员的能力的要求及成员的数量。

（2）科研团队的队员的选择。根据科研项目的对成员能力的要求，向具备这方面能力的潜在成员发出能力请求申请，恳求他们提供自身的个人资料。然后团队的核心小组对所有的潜在的成员的资料进行评价，选择最佳组合的团队。如果选择失败，可能是由于我们对成员的能力要求过高，这时要适当地放松能力要求，再进行选择；或者放大选择范围，向更多的潜在队员发出能力请求。

（3）科研项目任务分解。根据科研项目的性质，将其分解为若干任务模块；任务模块由工作小组组成。

（4）科研团队的组织形式。科研团队的组织形式的优势：各工作小组只与

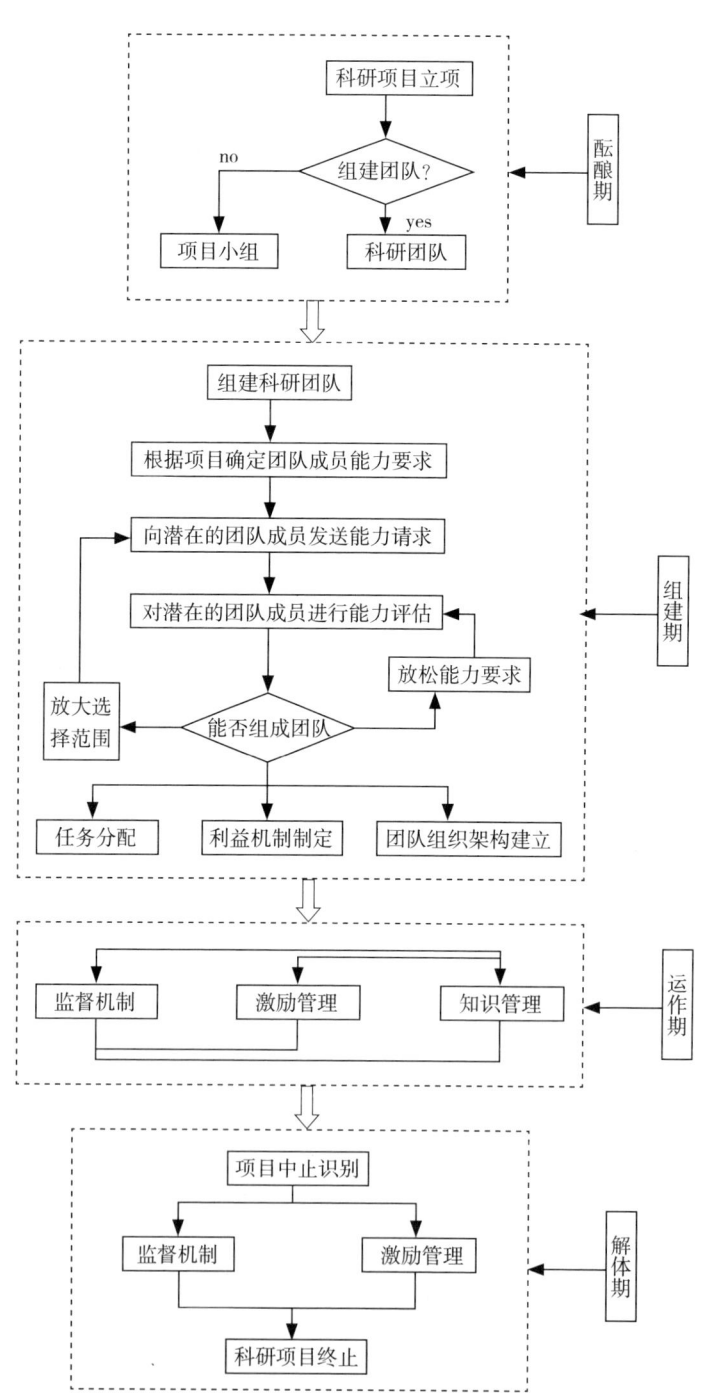

图2 基于生命周期的科研团队管理流程

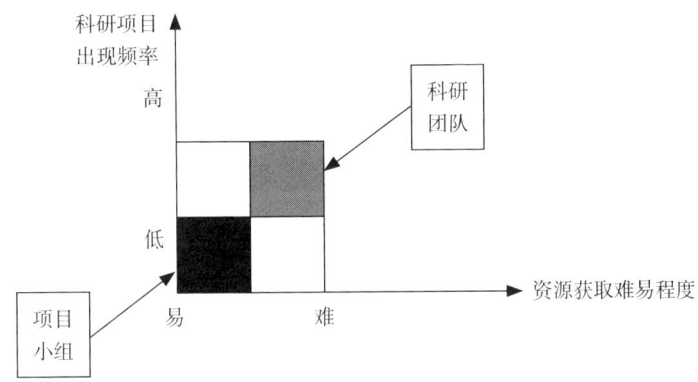

图3 科研项目运作模式选择模型

核心小组进行沟通,这样减少了团队内部沟通次数,降低了团队的复杂程度;既具有灵活性又便于控制,既具网络组织的优点,又具层级结构的特色。团队是由核心小组与工作小组组成,核心小组是团队的管理者、沟通者,工作小组主要执行科研项目的研究开发任务,即负责项目模块的开发。

(5)利益分配机制的制定。利益分配往往是最为敏感的问题,也是成员最为关注的问题。因此,在科研项目正式运作前,有必要制定利益分配的制度,为科研项目结束时分配利益提供指导与参照。在制定利益分配时应注意以下几点:①利益所得与成员贡献大小相匹配,多劳多得;②利益所得与成员所承担的风险相挂钩,有些成员也许所承担的模块风险较大,这时需给予一定的风险补偿。

(三)运作期

运作期的主要任务有:成员激励、监督管理与知识管理。

(1)成员激励。科研团队的管理模式可以看成委托——代理关系,即团队的管理者(核心工作小组)是委托者,其他队员看成是代理者。管理者希望队员能够互相合作,共同实现组织目标,但实际中队员投入到科研项目中的时间与精力会从自身的兴趣与利益出发,这会与组织的整体不一致,容易产生冲突。因此需对团队成员进行激励,或者说要设置合理的激励机制。

(2)知识管理。科研团队的知识管理目的是为了使队员之间的知识能够充分共享,能够进行深入交流,这样更有利于创造出新的科研成果。科研团队的知识管理包括显性知识管理与隐性知识管理。隐性知识一般指队员的科研经验、感悟等难于描述及以书面形式表现出来的知识,因此隐性知识管理主要通过引导队员之间沟通与座谈的形式来进行;显性知识是指可以用书面形式或语言表达出来的知识，对于这部分知识可以通过建立知识管理系统来进行有效的管理。

（3）监督管理。为了让工作小组在计划时期按质按量完成分配任务，有必要对工作小组进行监督管理。监督管理的内容包括：工作进度监督管理、工作质量监督管理、阶段绩效监督管理等。

（四）解体期

解体期主要任务有综合绩效考核与利益分配。

（1）综合绩效考核。综合绩效考核的目的有利于为利益分配提供有力的依据；有利于科研团队总结经验与教训，便于下次更好地组团。综合绩效考核的内容主要考核工作小组或团队成员完成的子项目的时间、质量及其创造成果；综合绩效考核方法有：AHP法、模糊综合评价法、TOPIS法、专家评判法、神经网络法、模糊优选法及一些改进的数理方法。在综合过程中一般采用定性与定量相结合的方法较好。

（2）利益分配。利益分配的依据有工作小组或队员的综合绩效及事先制定的利益分配机制，这样才能制定公正合理的利益分配方案。在制定利益分配方案时，我们也可以利用一些博弈模型来制定初始方案，这些利益分配的数学方法有：NASH谈判模型、夏普值、二次规划模型、一次分配方法及二次分配方法等数学模型。再根据其一些实际情况对初始方案作相应的修正，最后得出比较满意的分配方案。

四、结束语

本文的主要工作有：

（1）提出科研团队与科研工作小组的区别；

（2）提出科研团队的生命周期概念模型；

（3）提出科研团队的生命周期管理流程；

（4）初步给出科研项目的运作模式选择模型；

以上一些工作只做了初探讨，还有许多不足之处，有待以后做进一步深入研究。

（原载：《科技管理研究》，2002年第3期；合作者：叶飞）

科研院所的企业文化创新研究

一、引言

近几年，我国的科研院所已基本完成了向现代化企业的转制，使得科研机构运行机制发生了根本性转变。然而，人们还保留着原有的思维习惯和行为习惯，这对科研院所适应现代化企业经营产生巨大的阻碍作用。因此，深入研究科研院所企业文化的特征，挖掘其存在的问题，设计适应市场竞争的企业文化创新策略是关系到科研院所企业顺利在市场竞争的环境中生存发展的重要课题。

二、科研院所的文化研究回顾

自科研院所转制以来，我国学者对科研院所的人力资源、组织结构、发展战略、组织变革等问题进行了研究。其中关于科研院所的文化研究主要集中在两方面：一方面是作为解决转制问题的策略散存于各研究中；另一方面，也有少数学者对科研院所的文化建设做了专门深入的研究。

在将文化建设作为转制问题解决策略的研究中，较为一致的看法是，企业文化是科研院所在转制过程中存在的主要问题之一，重新构建企业文化也被大多数研究人员认为是科研院所实现成功转制的主要对策之一。魏宜瑞（2003）将"转变观念，建立适应转制的企业文化"列为科研机构企业化转制的主要对策之首。李朝旭（2005）主张把团队精神作为科研院所的企业文化重要内容。杜文华（2002）认为，科研院所转制面临着四个根本变化：组织性质的转变、组织职能的转变、组织权利的转变和组织理念的转变，并认为思想认识的问题、观念的转变、企业文化重塑等是影响科研院所转制的重要因素。谢引玉（2003）指出，"建设一流的企业文化，增强员工凝聚力"是创造转制科研院所核心竞争力的重要途径。

也有少数学者对科研院所的企业文化做了较为深入的研究。王铁山（2003）在《科研院所企业化转制后的文化差异、冲突与变革》中认为转制后科研院所存在三个方面的文化冲突：一是价值观体系的冲突；二是制度规范的冲突；三是行为模式的冲突。舒德骑（2003）指出，建设企业文化已成为多数科研院所领导层的共识，多数科研院所开始从企业文化建设中受益。总体看来，科研院所的文化研究还不系统，相关研究较少能够深入探讨科研院所文化建设中存在的问题，相关的文化建设的建议很难有针对性。在前人研究的理论基础上，本文从文化创新的视角，分析科研院所的文化现状及其存在的主要问题，有针对性地提出适应市场竞争需要的企业文化创新策略。

三、科研院所企业文化建设存在的问题

转制成为现代化企业后，一方面由于文化具有不易觉察性，另一方面由于企业文化管理专业人才的匮乏，科研院所企业往往忽视了企业文化的创新与建设，或在文化建设中存在许多困惑，导致企业文化不能为企业战略的实现提供支持，甚至是严重阻碍了企业的发展。

（一）文化内涵不适应竞争的需要

随着政府对于这些业务的逐渐开放，民营企业和外资企业开始加入，使得科研院所企业所在的行业竞争日益激烈。这种日趋激烈的竞争环境，要求科研院所建立一种相适应的企业文化。因为企业价值观必须与企业变革所导致的结构和战略的变化相适应，企业在战略、组织结构管理系统和文化之间必须存在一种和谐。而在转制后的科研院所企业中，其文化仍然是原来的院所文化，与新的企业文化需求不一致，在市场竞争激烈的环境中，科研院所企业必然要按照新的运行规则对组织观念进行更新，对组织行为重新规范。

（二）文化建设缺乏科学系统规划

企业文化建设是一个系统工程，优良企业文化的培育需要科学地设置企业文化理念，建设完备的推行机制，通过各种文化传播网络进行文化的传播和巩固。而科研院所在转制前作为事业单位，文化建设基本处于自发状态，没有形成具有

自身特色、支持自身发展的组织文化。而转制成为企业后，虽然有些科研院所意识到建设组织文化的重要性，但由于缺少掌握企业文化理论的相关人才，在文化的建设上并没有形成清晰的步骤，最终没有建立企业文化的日常工作机制，致使科研院所在文化建设上缺乏系统性。科研院所企业文化建设思路如图1。

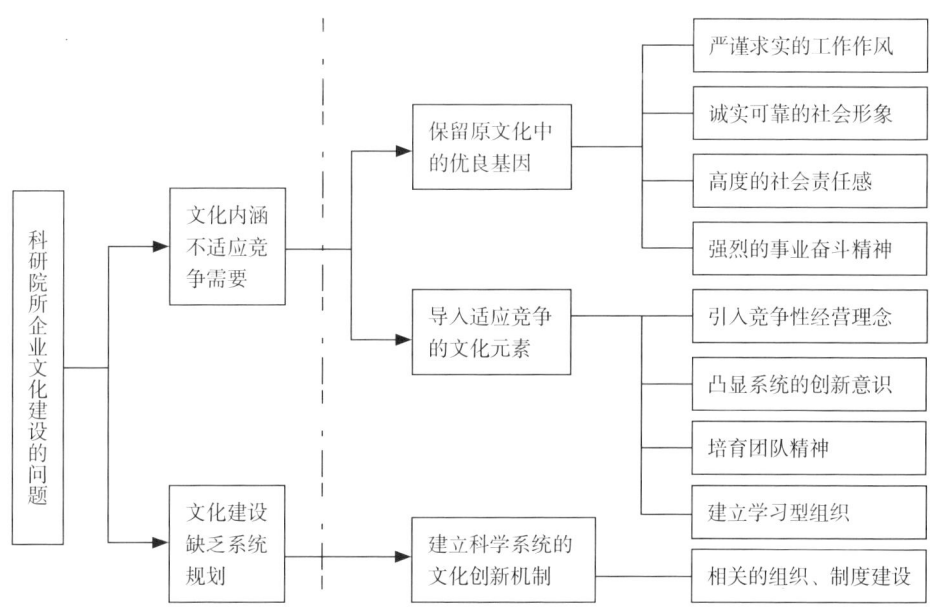

图1　科研院所的企业文化创新策略设计

四、科研院所的企业文化创新策略探讨

（一）保留原有的优良文化基因

1. 严谨求实的工作作风

高素质科技人员的思维理性、严谨，在长期的科研工作氛围中，科研院所工作人员已逐渐形成了严谨求实的工作作风。在转制后，科研院所大多转向与自己研究领域相关的行业，从事生产、技术研发和服务工作。虽然科研工作更需要走出实验室，直接面对市场，但这种严谨求实的工作作风仍然是科技型企业必备的文化特质，是科研院所长期科研工作中形成的宝贵精神财富，应当梳理出来，并加以保留的。

2. 诚信可靠的社会形象

转制前,科研院所作为国家事业单位,是相关技术领域的权威者,研发工作主要为国家和社会经济发展提供支持。因而,科研院所在公众心目中代表着政府和公众,有着诚信可靠的社会形象。在转制后,科研院所虽然改制成为企业,但国家允许其保持科研院所原有的名称不变,这种诚信可靠的社会形象仍然停留在公众心中。这也是科研院所参与竞争、赢得市场的重要优势之一。因此,转制后的科研院所在经营行业以及员工行为上,应该大力贯彻诚信的经营理念,继续保持自己的诚信可靠的社会形象。

3. 高度的社会责任感

作为一个现代的科技型企业,同样需求关注社会民生,在自己的领域为社会发展做出贡献,树立自己企业的形象。所以,转制后的科研院所应该继续培育员工高度的社会责任感,消除只把"利润最大化"作为唯一目标的思想观念。

4. 强烈的事业奋斗精神

许多科研院所都已成立了十几年甚至几十年,其发展史就是一部创业史。许多科研工作者白手起家,在基础设施条件差、环境艰苦的情况下,凭着满腔的爱国热情和对科学执着的追求精神,在基础科学及应用研究方面取得了一系列令人瞩目的成绩。这种创业历史积淀成为一种强烈的事业奋斗精神,成为科研院所文化的核心文化内涵之一。转制成为企业后,科研院所面临着新一轮的生存挑战,直接面对市场,要开始又一次的创业历程。强烈的事业奋斗精神是科研院所转制后再次创业的重要精神支柱,为企业的长远发展提供不断的原动力。

(二)导入适应转制的文化元素

1. 引入竞争性企业经营理念

(1)树立市场观念。市场是技术创新的出发点,也是归宿点。任何一种创新,其结果都必须经过市场的检验。科技企业必须树立目标市场的创新,主动选择市场,占领市场。要使研究院所逐步具备面向市场的能力,使每个转制为企业的科研院所都能在社会主义市场经济格局中找到自己的位置,在市场上求生存,在市场经济中发展壮大。

(2)树立竞争观念。竞争是市场经济最本质的要素。没有竞争,市场作用就发挥不出来,竞争是市场活力之所在。只有竞争才能使企业更具活力,只有竞争才能促进行业发展,只有竞争才能推动新产品、新市场的开发。转制科研院所必须具备竞争观念,在竞争中实现优胜劣汰,求生存,求发展。

(3)树立服务观念。要树立服务理念,把服务意识贯穿到计划、决策、科研、生产、营销、服务的全过程。科研院所是行业科技进步的主力军,特别要为行业内的中小企业提供技术服务和支撑。其服务功能主要体现在保持一支精干的、高水平的科研队伍,稳住对国家和行业技术进步有重大影响的科研领域、重点项目,在推动生产力进步有突出作用的关键性技术上有所突破和创新。

(4)树立人才理念。科研院所转制后生存方式的转变对人才提出了更高的要求,必须及时配备承担各方面工作的相应人才。不仅要进一步壮大科研队伍,同时应及时配备生产、管理、经营等多方面人才,人才配备跟不上会严重阻碍企业经营。

2. 凸显系统的创新意识

科研院所人员对科技创新的含义缺乏全面理解。许多科研管理人员,特别是科研人员,把科技创新的理解仅仅局限于技术本身,片面突出了创新的技术色彩,而在如何围绕科技创新进行的体制创新、管理创新、产品与市场创新则很少重视。因此,在创新意识的培养上,科研院所应该突破旧的认识,将体制创新、管理创新、产品与市场创新都纳入创新的范畴,建立起系统的创新观念。

3. 培育团队精神

在科研院所中,科技人员具有很强的独立性和自主性,对事物有自己独到的见解,但他们往往不擅长合作沟通。充满精英的企业团队中人员相互间如果缺乏沟通和协调,有可能使他们的工作事倍功半,此时的任何高薪报酬都无法对他们起到任何激励作用,这对企业及个人的发展都极为有害。因此,在科研院所中培育团队合作的精神就变得至关重要,以人为主体结成的团队,目的就是要最大限度地挖掘科研人员的科研潜力,为他们实现自己的社会价值创造必要的条件,从而使企业内部增加凝聚力、增强战斗力,形成团结协作的风气。

4. 建立学习型组织

在知识经济时代,企业要发展就必须打破计划经济条件下形成的自我封闭、自成体系、相互分割的局面,不断学习和接受创新知识和新观念。在技术领域中不断地开发、更新、创新知识的能力,并将知识迅速转化为现实生产力,即处理知识的能力决定了科研院所企业的竞争力。因此学习贯穿科研院所的整个生命周期,是科研院所获得生存与发展,全面提升竞争力的基本条件。

（三）建立科学系统的文化创新机制

首先，要提供文化建设的组织保障，建立常设性的组织机构，将文化建设当作一项日常性的工作来开展，文化建设的责任落实到具体部门。其次，要建立文化建设的制度保障。为了顺利保证文化建设日常工作的开展，科研院所需要建立文化建设规划制度、文化考评制度、文化宣讲推广制度（日常文化的宣讲制度、员工培训文化灌输制度、日常文化管理制度等）。竞争促进成长，在新的经营环境中，科研院所企业需要系统构建适合自身的文化建设方案，主动地进行文化创新，建设适应竞争需要的文化，以文化支撑企业变革和经营，才能在未来的发展充分发挥自身特长，获得健康、长远的发展。

（原载：《江苏商论》，2009年第1期；合作者：马胜辉、刘晓英）

第四部分

面向未来的思考

危机中依然成功的企业

我非常推崇马克思的一句名言:"哲学家们只是用不同的方式解释世界,而问题在于改变世界。"也许是深受其影响,在危机来临的时候,我开始强调人的作用,重视人的主观努力,强调企业自身的能力,而非环境的约束,虽然我和马克思一样的信奉唯物主义。

事实上,在每一个危机的时代,都会涌现出一批成功的企业。在我自己的研究和学习中,我始终为这些经历了数次变革,度过各种危机,保持旺盛生命力的企业充满敬意,亨利·福特(Henry Fort)与福特汽车、盛田昭夫(Akio Morita)与索尼、鲁伯特·默多克(Rupert Murdoch)与美国新闻集团、约翰·D. 洛克菲勒(John D. Rockefeller)与美孚石油、老托马斯·沃森(Thomas Watson Sr.)与IBM、罗伯特·伍德拉夫(Robert W. Woodruff)与可口可乐、稻盛和夫(Inamori Kazuo)与日本航空、乔布斯(Steve Jobs)与苹果、任正非与华为公司等等,我相信还有许多人和许多公司战胜了经济危机。

在这些行业背景全然不同,同时又个性迥异的公司中间,我们会注意到,首先他们都具有一个共同的重要特征:

一、坚信增长才是最重要的

增长不受环境的影响,增长是一种理念,并以这样的理念来指导他们的行动。

这些领导者和他们所领导的公司可能处在良性的环境中,也可能处在危机的环境中;可能处在一个高增长的领域,也可能处在增长已经陷入停滞的行业。但是,这些领导者领导他们的公司,经过自身的艰苦努力,取得了同行无法比拟的增长,年复一年,不管经济阶段处在一片繁荣之中,还是处在衰退时期,保持增长就是他们坚定不移的信念。

1923年罗伯特·伍德拉夫加入可口可乐公司，在随后的40年里，直到1965年正式退休，他一直统治着可口可乐帝国，他在位时经历了一段声势浩大的增长期，可口可乐公司因此成为全球性企业。随着第二次世界大战的临近，人们对企业发展感到迷茫，罗伯特·伍德拉夫承诺，"我们将确保每个士兵花5美分就可以喝上一瓶可口可乐，不论他身在何处。为此，我们公司将不惜一切代价。"反而是战争使可口可乐传遍全世界。

而中国企业的发展空间依然存在，政策面的持续向好，对市场和对顾客的认识与挖掘还有不断发展的机会。

为什么这些企业不受环境的影响，特别是能够战胜危机而没有发生轰然倒塌的情况。我反复不断地思考这个问题，也不断地在这些公司的成长历程中寻找答案，并与其他的原因做比较，结果发现，在危机时企业需要把握住这一显著的特征。

二、财务必须保守

只有资金的运用是高效能的，才真正具有安度危机的基础。

著名经济与管理学家阿里·德赫斯（Arie de Geus）总结自己在皇家荷兰壳牌集团公司38年的工作经验，以及在对世界上的长寿公司进行研究之后，得出了这样的结论，为积蓄财力而在财政上采取保守政策是长寿公司的特征之一。

长寿公司从不轻易地用自己的资本去冒险，而其良好的资金配置使其足以应付企业成长的需要。这一点虽然常常被认为是传统或保守的，尤其是在这个高速运转的变化的时代，但它却是企业持续发展的战略性因素，我们可以在经营上、技术上、产品创新上不保守，但财务上一定要保守。

不用资本去冒险，就必须了解现金在全部资产中的重要性。现实中已经有太多具有很好基础的高成长企业去做资本的对赌导致企业陷入危局。而持有现金则可以使企业在竞争对手无法办到的情况下捕捉到机会或更好地应付危机，其资金配置足以使他们支持企业增长和发展的需要。那些一直保持增长的公司都是对资金使用效率永不松懈的关注，没有这些，冒进的财务政策往往会导致灾难性的结果。

当然，只有稳健的财务和丰沛的现金流仍是不够的，因为最能创造价值的还是人。

三、释放员工能量，靠员工来取得事业的成功

在《基业长青》里讲述过惠普创始人的故事。1946年已经有10年历史的惠普公司因为第二次世界大战结束国防合约枯竭，营业收入锐减了50%，他们面临急迫的现金周转危机，在市场上又没有立刻可以解决问题的商机，就像普克描述的情形那样，"我们都在庆祝大战结束，但是同时知道我们会有很严重的问题。1946年，我们的销售额从前一年的大约150万美元降到大约只剩一半，我们很担忧，不知道能不能维持下去"。

在这种情况下，他们只能选择裁员，裁减了大约20%的员工，但是，同时他们还采取了一个行动，对于一个业务缩减40%公司来说，这种行动堪称胆大妄为。当时，所有靠国防合约生存的机构都面临艰苦的日子，他们决定利用这一事实，开始到战时政府资助的研究机构聘请杰出的科学家和工程师，同时也决定挽留公司内部最优秀的高薪人才。正是这些人才，推出了许多创新和大受欢迎的新产品，让惠普之后的20年里获得巨大的成功。

经济危机的环境中，人员的变动会直接影响公司的增长，一些无法增长的公司想到的第一个动作就是大量裁员，但是如果能够合理地借助经济环境的调整来重建人力资源的结构，释放出员工的能量则会取得意想不到的成绩，正像通用电气金融服务公司的首席执行官加里·温特（Gary Wendt）指出的，"企业的发展是每个人的责任"。每个员工承担了这个责任，就一定可以获得增长。

有了信心，有了财务保障，再有了要为企业负责的员工。

四、用低价格出售品质好的产品

在沃尔玛（Wal-Mart）的商店里，我们很少见到2.99美元或者5.95美元等接近整数的标价，更多看到的是诸如2.73美元或5.22美元的价格牌。这是为什么呢？

原来，自1950年一家名为"沃尔顿小店"在阿肯色州的本特维拉市开业的近半个世纪以来，沃尔玛的创始人山姆·沃尔顿（Sam Walton）一直把最大可能地向顾客提供最低价位的商品作为沃尔玛的经营宗旨。沃尔玛的成功也得益于这个简单而又平凡的道理。

沃尔玛是怎样实现其"天天平价"的承诺的呢？它不是通过处理积压商品或质次商品，而是通过不断降低管理成本来实现的。

正是沃尔玛奉行这个简单而又平凡的道理，使得沃尔玛在遭遇经济危机的时候，可以获得持续的增长。2001年美国由于互联网泡沫破灭，经济萎靡不振，一大批重头公司赢利减少，股价暴跌，裁员成风。与此形成鲜明对照的是，前两年并不被专家看好的"旧经济"代表沃尔玛连锁零售集团稳步发展，独占鳌头。

沃尔玛在20世纪70年代的销售收入约为4000万美元，而现在已发展成为拥有100万名员工的全球最大的企业。山姆·沃尔顿当年曾经许诺说，如果公司业绩出现飞跃，他就会在华尔街上跳夏威夷草裙舞，后来他真的履行了自己的诺言，山姆·沃尔顿的惊人之举给许多投资者留下了难忘的印象。自从1972年，沃尔玛的股票上市以来，他的股票价格年均增长率高达27%，沃尔玛股票惊人的回报率给沃尔顿家族带来了滚滚财源。直到今天，沃尔顿家族仍然持有沃尔玛公司38%的股票份额，家族中有5人包揽了全球富豪榜的第六至第十位，总资产1029亿美元，沃尔玛这5名持股人组成了名副其实的全球最富家族。

五、坚持贴近顾客，要求企业必须成就顾客而不是自己

在美国房地产遭遇危机而出现增长停滞的时候，恰恰有个叫做Build Net房地产服务商创造出了奇迹。在美国市场一般的建筑商需要盖精装修房子，还带家具电器，企业利润率为7%，经济不景气时利润不足4%。Build Net对行业分析之后得出结论：竞争激烈使购房者不停地进行价格比对；购房者一般居住15年，期间可能坏掉4万样东西，而且平均一辈子换3次房子。对此，Build Net找出了自己的策略，这就是关注服务价值：用最好的材料盖最好的房子，以成本价出售，赚取其后15年服务带来的利润，这令其他竞争对手无法应对。现在Build Net从房地产开发商成为房地产服务商，原有10万家竞争对手成为Build Net公司的开发商，拥有顾客超过千万，供货商超过1万家，公司专注于服务的提供，而对房屋价格敏感的购房者并不计较换电器零部件的价格，一举扭转了低收益的局面。Build Net所做的正是和顾客走在一起，满足了顾客的需求。

如果这样看来，企业能否在市场上成为主导者，最为关键的是找准顾客并为顾客贡献价值，只要企业的顾客还在，即使没有了厂房，没有了设备，但企业还是可以有生存下去的希望。这既适用于制造型公司也适用于服务型公司，抑或是技术型公司；也无论是快速增长的行业，还是停滞衰退的行业，这些都不重要，重要的是公司要知道所面对的顾客是谁，如何为其创造价值。所以问题的关键不

是环境和市场，而是贴近顾客的能力，换句话说：只要能够提升对于顾客价值的认识，符合顾客期望就可以超越环境。

六、以创新超越危机

危机和压力相对于一些企业来说，所带来的反而是创造力的迸发，正是因为创造性地解决问题，才使这样的企业拥有了全新的市场地位。

很简单的事实是，危机来临的时候，人们会发现"市场这张大饼"的增长的确在变慢，但是同样的情况是分饼的企业也在减少，这是否意味着你有机会拥有更多的市场份额呢？在我回顾近百年危机的历程中，都会发现有企业是在危机中获得新的市场格局的，而他们能够获得这样的地位的方法就是创新。

例如汽车行业。二战前，世界经济危机重创北美汽车业，大批中小厂倒闭，通用汽车、福特汽车、克莱斯勒公司伺机推出一批以V8发动机为主的流线型设计产品，受到市场欢迎，遂成为底特律"三巨头"，雄霸世界车市半个世纪。正是创新让这三家企业在经济危机中获得全新的市场机会。

对于那些渴望度过寒冬并有所作为的人来说，我的方案不会一蹴而就，也不主张病急乱投医，我认为上述这些特征中国企业并不难以实现，但是它需要一段时间的努力，期间领导者要承担起改变自己的责任，而一旦坚持下去度过危机，在企业环境转好时，企业的发展将走入快车道。

七、经营的意志力

这是上述度过危机环境企业特征的坚实基础，拥有在任何环境下都坚持增长的理念，以及拥有实现和顾客在一起的运营能力的领导者，便可以让企业在经济危机的环境中，超越环境获得发展，相反，如果因为环境的变化而出现企业停滞甚至消失的结局，大部分的原因也可以归结到领导者身上。

所以，树立信心，稳健财务，带领员工，为顾客提供期望的优质低价产品，让企业安然度过经济危机，是领导者的职责。

（原载：春暖花开公众号，2016年12月21日）

互联网下企业"经营之变"的本质

互联网带来信息对称、金融调整、共生经济,这么多影响要素同时集合在一个行业中,前所未有。

今天行业有两个思维最重要:一个是消费者思维;一个是共生思维。

不做农业的人现在跑来做农业,这是一个最大的变化。这意味着你将不知道你的同行和对手是谁。我不担心你们有没有农牧的经验,我最担心的是你并不知道未来的农牧长什么样。经营者要真正地判断市场的变化,第一个原则,必须从外向内看,不能从内向外看。消费者的所有问题都是机会。比如担当起食品安全的责任就是农牧行业的最大机会。企业间的最大差异是执行落地。把目标变成现实,把战略变成执行,这就是核心竞争力。未来的农牧企业谁会成功?能做到这三条的——平台开放、产品极致、专业服务,就离成功不远。不要企图学习别人的经验,而要学习对未知的判断。因为机会来源于变化,不是来源于成功的经验。我跟同事一起往前走的时候信心越来越强,为什么?因为我们已经确定了可以增长的路。

如何理解今天的农牧行业,我们每个人都有自己对这个行业的判断和对这个市场的理解。我很高兴有这样的机会跟所有与会的同行做一个交流。我认为在今天的这个市场中,我们可能都会遇到三个方面最大的挑战:

第一个挑战就是多个影响因素同时发生作用。这是我们在这个行业中从来没有遇到过的,无论从消费端、国家政策的调整、养殖环境的变化、同行之间能力的差异以及新技术对它的影响,非常多的要素同时都要做出调整,这是一个很大的难题。我虽然中间有七八年的时间没有回到行业中,但知道在这七八年的时间中的影响要素没有太大的变化,始终都有养殖端的要素、原料的要素、规模的要素、行情要素等,在影响着我们。但是到了今天,我们发现除了这些要素之外,其他的要素在同时开始起作用,比如消费端对我们的影响、国家政策对我们的影响、养殖环境的影响、食品安全的影响以及环保对这个行业的影响，你会发现影响要素变得非常多。这么多影响要素同时集合在这个行业中，这是之前从未有过的。

第二个挑战是非农行业的人进入农业。以前很多不在这个行业的人都来这个行业了。我昨天在沈阳，之前还在几个地方开过会。大家都会这样问我：你觉得农牧业的未来比较大的变化和竞争到底在哪里？我说从不做农业的人现在跑来做农业，其实这是一个最大的变化。我现在认识很多其他行业的人，今天跟我坐下来谈的都是农业，甚至谈怎么养猪、养鸡、养鸭、养鱼，甚至说：你们不要做了，让我们来做可能更好。这是非常大的改变，这个改变是什么？你的同行和对手可能不知道是谁。这个变化所带来的影响，我相信大家将来也会越来越深地感受得到。

第三个挑战是互联网或者互联网技术带来的所有改变。其中有三个方面变化最大：一是信息的对称。今天做这个行业为什么比以前难得多？很大的原因是信息完全对称。当信息完全对称的时候，有些事情比你想的要复杂得多。二是金融的改变。互联网技术改变最大的其实是金融，金融带来的改变让所有的行业被洗牌。我们今天所用的很多习惯，可能在未来都要改变，比如钱从哪里来。举个最简单的例子，我还是个作者，我去出书，出版社把书卖了即可。可是今天因为有众筹，有金融的概念。你就会发现根本不是这个卖法，书还没有印，就开始众筹了，并且就已经卖出去5万册了，这就是金融的变化。金融的变化让所有行业的逻辑被改变。三是共生经济的出现。今天不是一个简单的互联网经济或者不是一个简单的产业经济，我在内部跟同事们沟通的时候说：如果你今天用产业链的思维来做，基本上没有太大的竞争力。今天如果要做这个行业，一定是两个思维最重要：一个是消费者思维；一个是共生思维。消费思维就是你要从食品端想事情，而不是从养殖端去想事情；共生思维就是你要让相关者必须在一个生态圈里成长起来，而不能仅仅是一个产业链的概念，就是你必须是一个生态圈。我们这个生态圈如果能够建起来，大家就能够一起成长起来。

互联网对任何行业来讲有三件事情是彻底改变的，一个是信息全对称，一个是金融方式变了，一个是共生经济。我们这个行业遇到了这几个方面根本上的调整，这些调整让我们回过头来看怎么做的这样一个概念。我把最近我做的思考与大家分享，不完全指向于农牧业，更在于你经营一个企业关注的话题是什么。我关注的话题在新希望六和内部已经花了两年的时间来做这个事情，包括今天我们有机会坐下来，由我的同事跟大家做一些分享，也是我们两年来努力在做事情的一个基本落脚点，我就从这些角度跟大家做一个基本的判断。

一、一个产业演变的现实

比如手机行业，其实与农牧行业的道理是一样的。先看摩托罗拉，这曾经是一个非常强大的公司，但是这家公司没有发现技术在变或者说对于技术变化不敏感，甚至迟钝。当技术改变时，摩托罗拉还是很认真地认为自己可以提供清晰的通话。它没有理解到，关键已不在于这点，而在于你是不是能够符合人们对于产品的需求。诺基亚当时打出了一个最重要的口号，叫"科技以人为本"，并体现在产品上，就超越摩托罗拉了。当诺基亚以"科技以人为本"的力量持续发展时，另外一个趋势的改变在发生，这个改变就是手机不再是一个通讯产品，而是一个智能终端。当手机从通讯产品到智能终端的时候，苹果iPhone系列出现时，诺基亚已经在全球市场占据了整个市场地位第一的位置14年。可是居于这样的市场地位的诺基亚还是被苹果和三星这两个企业淘汰掉了。这就是转化，这个转化的根本的核心是什么？如果我们不理解变化，不认真关注这个变化的时候，哪怕你在第一的位置上，也会被淘汰。5年前我很看好一个做手机的企业，这个企业叫华为。到了2年前我们已经看到华为的手机产品变成了非常具有竞争力的产品。未来的3年，所有的人在预估谁将要统领手机的这个行业，在我看来很有可能是华为。我举这个例子是想告诉各位，农牧行业是一样的。为什么会有失败的情况出现？根本的核心就是你离开了顾客。农牧业如果两件事情不解决，这么多人想在这个行业成长是原因做不到的。第一，让农民从事农业的时候能赚到钱；第二，让消费者得到安全可靠的食品。如果农民从事农业的时候赚不到钱，这个行业一定是走不下去。就像我们一定要让养猪的人赚到钱，一定要让养鸡的人赚到钱，就是这个道理。我们这个行业的用户坦白讲有两个：消费者和养殖户。整个行业不能让农民去赚钱，不能让养殖户去赚钱，不能让消费者拿到可靠的产品，我相信这个行业链当中任何一个行业都很难持续地活下去。作为企业的领导者，最根本要做的事情就是一定要创新。新希望六和这两年来全力以赴做创新、变革。我跟我的同事们说，我不担心你们有没有农牧的经验，我最担心的是你并不知道未来的农牧长什么样。如果你不能够去创新，不能够有非常强的危机意识，你作为最高领导人不能够真正地坚持做到：了解到顾客需求才是你真正要做的事情，无论你是"摩托罗拉""诺基亚"甚至是"三星"，你都有可能被淘汰掉。如果从产品生命周期看，我们的好命就是，生产的饲料也好、食品也好，它的产品生命周期比较长，当产品的生命周期比较长的时候，就掩盖了我们在发展当中的很多问题，如果我们愿意的话，应该调整过来说，如果没有基于消费者的创新，没有真正地去理解今天养殖户的困难，没有真正理解今天消费者的困难，那你一定是没有办法真正地活下去。这就是我给各位带来的一个基本的分析和我们需要关注的部分。

二、清楚理解"增长"

所有的企业都在担心增长到哪里去。有人跟我讲"新常态"，我同意新常态确实有三个东西变了，一是产能过剩，二是增长速度下调，三是驱动增长的要素变了。我们今天谈中国经济新常态，就是因为这三个东西变了——产能过剩、增速下调、驱动增长的要素改变。但是如果我今天探讨如何清楚地思考增长？增长到底从哪里来？其实是每个经营的人都要回答的问题。如果按照增长的逻辑去看，你会发现机会是无限多的。任何一个行业、任何一个企业、任何一个市场的机会都是可以被调整的。我看新常态可能跟所有人看的不一样，经济学家讲新常态可以讲那三条，做经营的人看新常态需要换个角度看：产能过剩，淘汰落后产能就是你的机会。而如果你不是用新的方式去做，我们讲产业或者经营，你还是用原有落后的方式做，新常态对你就是一个下滑的机会。如果你知道产能过剩，你比任何人淘汰落后产能的速度都快，淘汰落后产能就变成了你的机会。这就是我们经营的人反过来看机会在哪里。如果经济的增长速度下调，真正的机会来源于什么？来源于有效的市场，因为有效的市场会集结更多的机会。驱动增长的要素变了，今天驱动增长的要素肯定是技术和创新。我这里想说的意思是，做经营的人，一定要知道增长的机会，而不是去评价其他的东西。我们做经营讨论的只问机会在哪里。从任何一个角度来讲，都可以找到机会。我说新常态是反过来说的，淘汰产能是机会，有效市场是机会，技术与创新是机会。我对我的同事说，如果你愿意做的话，食品安全是接下来最大的机会。如果你能承诺这件事情，机会全是你的。现在可以承诺这件事情的企业并不多，这不恰恰是机会吗？

我们在理解如何增长的时候，承认产能过剩之后，饲料的走量一定是往下走的，这个大家都是非常清楚。到今天为止，我们也没办法预估未来的猪价行情是什么样的。在今天之前，行情是最重要的要素，在这之后，行情不是最关键要素。做经营的人，主要是判断机会，不去判断行情，因为行情本身就是一个结果，并不是原因。今天为什么猪价是这个行情，全产业链很难做到非常好的盈利，为什么中国没有办法去解决在农牧当中的一些核心要素？这全是结果，结果不会成为你经营的关键要素。经营关键要素是找驱动要素，而不是去讲结果。在我来看，行情是结果，不会是原因，不会是影响你在这一波或下一波找到什么机会，那是之前的思考方式，今天希望调过来。所以希望大家有一个基本的思维方式要做调整，这个思维方式就是组织要有增长型思维惯性。企业的组织思维方式是要变的，要做一个增长型的思维惯性，不要做非增长型的思维惯性。互联网企业或者新兴的企业都在反复地讲要去KPI，去管理，去中心化，去中介化等等。如果一个企业的KPI就是拿来完成的，就是拿来让他们不冒险、谨慎从事的，就该去掉，因为这是一个非增长型的思维惯性。增长型的思维惯性就是要扩大你的想象力，尽可能地扩大你的视野，然后努力地去做。希望大家了解新希望六和怎么做，我们讲了整个农牧的转型，就是要不断地放开想象力去做。为什么要不断地放开这个想象力去做？很简单，因为只有这样，我们才能找到一个增长的机会，这是组织思考惯性。希望今天短短的一个小时交流，回去后你能在你的企业中讨论，你是一个增长型思维惯性的组织还是一个非增长型思维惯性的组织，只需要你来问这个问题。经营的人应该讨论的核心的原则有四个，这些原则是能让你真正地判断市场的变化。第一个原则，必须从外向内看，不能从内向外看。2013年的9月、10月、11月，我在行业陆续讲了几句话：第一句话我告诉大家我们行业的评价体系变了，行业之前的评价是农民在评价你的料好不好，但是从2013年开始，这个行业的评价是消费者评价说你的肉好不好，这是一个根本性的变化。这个变化其实是要我们行业都要调整，所以这要从外向里看，一定要调。第二句话我也讲得非常清楚，我们这个行业不再是提供产品，而是提供可靠性。你说你提供了一只猪、一只鸡、一只鸭？不是的，你提供的是可靠性，这种可靠性能被所有人感知和接受，这是这个行业的第二个变化。第三个变化一定是从规模增长改为有效增长。仅仅是大的规模意义不大，最重要的是不是一个有效的规模。我跟同事们说，你的饲料价格涨了多少，你的销售额增了多少，在这两年当中我不会给大家太多的压力，我最多的压力来自于你是不是提供真正的核心能力，这是我特别关心的。所以这就是第一个原则——必须从外部向内观看。第二个原则：想办法把服务的价值延伸更大，叫扩大鱼池。看看NIKE，我最近在跑马拉松，发现鞋子很重要，跑去NIKE的店，店员会给您很多很多推荐，最后的结果是我买了六双。我现在马拉松没跑得怎么样，鞋子却有了这么多，这就是NIKE做的事情，这个事情叫什么？扩大你的鱼池。当不断地去细分价值的时候，才可能真正创造价值，而不是你自己能做什么，而是顾客的价值到底是什么。第三个原则：能不能在细分的市场上找到你自己的价值。第四个原则：是不是可以打造新的核心能力。这是我们今天对经营的人提的要求。也正是这样的要求，我们要做的一个最重要的事情就是：要确立一条属于你的增长的路。你的增长的路是什么？一定要确立下来，而不是利润是多少，销售额是多少。我跟同事一起往前走的时候信心越来越强，为什么？因为我们已经确定了可以增长的路。清楚地思考什么是增长，这是非常关键的。如果我们要清楚地思考什么是增长的时候，一个根本的核心是要看到变化。所有的增长都是来源于变化，不是来源于你的规模，不是来源于你今天拥有的能力，不是来源于你拥有的资源。一切从外部去看，就是要看到变化。要想看到变化，就是要改变你自己。

三、转型增长的组织准备

新希望六和花了两年的时间拼命地改变自己，改变自己的这条路还要不断地走下去。做这些改变的时候，真正要做的是什么？就是组织变化，这个是最难的地方。有人问我在管理当中什么最难，战略并不是最难，我本人教战略，也是比较擅长做战略的一个人。来公司不久，我就把公司核心要素搞准，也很快地把公司三年战略确定下来，很清晰明确地去理解这个行业未来三到五年中最核心的根本要素是什么。但是有一条会发现很难，难的是战略如何落地。今天对这个行业的判断，你跟我没有太大的差异。在座的每一个人，我们在市场上发展都是很顺利的，所以对市场和战略的差异不会太大。哪些地方有差异？落地和执行，这个是最难的。企业的核心竞争力其实是在它的效率上，不是在其他的地方，而是能不能把设定目标以最高的效率把它做下来，这是最重要的。每个人都问我核心竞争力到底是什么？我回答说，把目标变成现实，把战略变成执行，这就是核心竞争力。理论上讲是非常容易的，可是当真正做的时候，难在什么地方？组织是有惯性的东西，它背后还有一个东西是文化。我来公司第一个动作是调整，不断地在调，今天也在调，调到最后发现一些比较好的东西做出来了，比如我们可以让专业职能公司化，这就是我调的最重要的一步。我会让专业职能公司化地去运作。当专业职能公司化的时候,它的效率就会显现出来。这样的一个调整,需要组织做出彻底的转型,那么需要做出哪些根本转型呢?

第一,转型的起点——理解消费者。整个组织的起点是在市场这一端、顾客这一端还是老板这一端?我们看到很多企业,最可怕的事情就是所有东西都是老板说了算或者高管说了算,或者总部说了算。如果所有的东西都是他们说了算,已经没有办法谈组织转型了。为什么?组织真正的价值是来源于对于顾客的创造。如果你不能够对顾客去做创造,你的组织不可能有价值。所以我们会看到很多优秀的组织,其实它的一线最厉害。像华为、海尔所做的倒三角,都在做这件事情,比如我要做的划分经营单元,同样也在做这件事。可是这里面有一个很大的难题,难题在什么地方?我相信你跟我都会遇到这个难题,越优秀的人职位越高,离顾客越远。我自己研究组织管理非常长时间,中国组织管理最大的浪费就是优秀的人都在高位上,不优秀的人都在为客户做服务。为客户做服务,在市场上做价值。这个怎么去调整?这也是我做公司化的一个根本原因。如果按照组织的概念来做,优秀的人肯定都是往高走。因为只有走到高位才是优秀的,证明优秀必须坐到高的位置上,实际上坐到这个位置上很浪费,因为离顾客很远。问题是,你的结构如果这么定,优秀人肯定在高位。大家记住,一个好的组织是真正地了解顾客。我每次讲都用哈佛的营销教授西奥多·来维特的一句话做说明,他说:顾客要买的实际上是一个1/4英寸的钻孔,不是想要买一个1/4英寸的钻孔机!我们是不是可以从这个角度理解客户?整个公司是不是都是这样的?大部分的公司可能还是特别在意职能、权力、指令,并没有真正去解决顾客的问题。

第二,转型的思维——寻找解决方案。组织转型的核心一定是要有解决方案,而不是仅仅谈转型。我们都知道能源危机,把这个事情解决好的是特斯拉。作为一个引领的企业,必须真正去解决方案,而不仅仅局限于理念。我实际上也是这样要求我的同事和要求我自己。比如我们很清楚地了解这个行业,可是反过来我们能不能真的解决这个行业遇到的问题,就得拿出解决方案。今天新希望六和告诉大家说,我们做的解决方案是什么。如果你不能够提供解决方案,你能做的转型只能是理念和空话。

第三,转型的本质——经营效率。这是我认为转型最难的地方。创新还可以完全在新的空白的地方去做,但是转型不行,必须从原来的地方转到新的地方去,这真的是非常困难的事情。它最大的困难是什么?其实是内耗,就是我们讲的效率。我们转型的目的并不是为了转型而转型。有人说:陈老师,转型是为了转型，这个我是反对的。我们转型的目的是以更高的效率为顾客创造价值，这是核心，不是为了转而转。转型根本性的本质，就是要得到这个效率。如果得不到这个经营的效率，实际上是不存在转型的这个价值。我们怎么看一个企业的组织转型？就是看你能不能把结构给拆了，就看你能不能以一线为中心，让它拥有决策权。我现在确实是把公司的结构彻底给拆了，在拆这个结构过程中，首先拆的是青岛中心，现在全部拆开，海外中心都拆了。在拆的过程中，我希望我的同事能理解，拆并不是我的目的，我的目的是要把企业变成从以绩效和职能为导向的结构真正转为以顾客为导向的结构，这是一个根本的改变。大部分企业的结构是以职能和绩效为结构，经营单元以绩效为主，职能单元是以分工为主，现在大部分企业基本上是这个结构。但是按照今天所要的效率和变化的速度来讲，必须以顾客为主。以顾客为主，就要把以绩效为主的结构全部拆掉。完全以顾客为满意的一个一个的团队做，这个团队是什么样子我没有办法描述给你，因为不同的企业有不同的样子。海尔的方法就是"倒三角"的人单合一的组织形态，新希望六和的概念就叫职能部门公司化、区域经营单元化。你能告诉我说它是一个什么组织结构形态？但是它一定可以操作，这个操作能贴近市场、解决问题。如果这个组织不做这个转变，前面说的都是空话。这是我最近一年来说得最多的部分，成功改变需要三个要素：①管理人员要变成变革的领导者；②公司的文化必须建立一种激活的文化和信任的文化；③要找对人。我很想告诉大家，在今天来讲一定要找对人，不要去考核人。你不一定要找能人，但要找对的人，我相信今天我找的团队就是这样的。核心是什么？就是要找到对的人重新做这个组合，但是他必须成为变革的领导者，这是根本性的对大家的要求。

第四，最后面对新挑战，一定要做好准备迎接这些新的挑战。我们看看两个成功的案例。案例一是小米公司。人们都认为小米是互联网的公司，其实它是一个硬件公司，它对公司的产品非常了解。我一直跟很多人讲，一定要认真对待雷军，因为他非常聪明地把产品和互联网做了连接。在我今天看来，传统企业的互联网机会来了，因为从2015年开始是产业互联网的时代，不再是消费互联网的时代。消费互联网的时代与我们没有关系，所以传统企业集体焦虑。但是到今天为止，我们的机会来了，因为它是一个产业互联网的时代，这也正是小米非常厉害的地方。他非常了解手机这个产业，但是他又拥有互联网的属性，这家公司实际上是软硬件结合非常好的公司。我们对产品非常了解，接下来就看怎么拥有互联网属性。如果既拥有非常好的产品，又能够拥有互联网的属性，那么在今天的机会一定是属于你的。案例二是春晚微信红包。2014年的春晚似乎已经没有生命力了，几乎所有人都觉得食之无味，弃之可惜。可是到了2015年，春晚与微信做了一个很好的组合，再加上泰康人寿拿出1亿的红包出来，由春晚往外发出，这个组合之后，2015年的春晚让所有人都记住了。我是一个非常理性的人，也会在除夕的晚上也为了一毛钱狂欢而高兴，为了一毛钱、一分钱都激动。原因是它把中国非常传统的东西加上一个互联网的属性，就释放出来一个非常巨大的价值。

结束语

最需要大家关注的是，一定要聚焦专注于顾客价值的创造。当你能够聚焦专注于顾客价值创造的时候，你可以把自己的平台打开，把产品做到极致，专业服务能够提供，这个机会一定就是你的，所以你根本不需要做任何的担心。从我的角度来讲，如果你问我未来的农牧企业谁会成功，做到这三条的就会成功——平台开放、产品极致、专业服务。我现在就是把新希望六和的平台打开，专业地做养猪的服务、专业地去做金融服务、专业地去做整个的数据服务、专业地去做动保的服务。我为什么要做这件事情？接下来哪一类的农牧企业出现？就是具有这三个属性的农牧企业出现。当你具有这三个属性（平台开放、产品极致、专业服务）的时候，互联网的属性就会被展示出来。这是我希望大家看到的今天的一个非常重要的变化。我们做了自己的一些工作，这个工作就是要跟大家组合在一起，我们称"新希望六和+"，我提出这个"+"的概念比官方提得早，我在两年前回到公司的时候就告诉大家只需要做"+"就行了，"新希望六和+"或者"+新希望六和"。以前很难让一根火腿肠在一个动作里面卖两亿根，但是与统一方便面做一个组合，就会发现它可达到2亿根。我今天所做的很多努力，就是希望能够跟大家组合在一起。相信今天在座的各位，并不是一个竞争的关系，我们一定是一个组合的关系，一定是一个合作的关系。为了这样的一个合作的关系，我在不断地做各种各样的相加，包括渠道、分销和专业的服务，我会一直做下去。当我不断地做这些东西的时候，我们就可以提供非常好的今天所做的这个概念。互联网对行业的影响是信息对称、金融调整、共生经济。记住这三个最根本的东西，相信你就可以做得非常好，因为你会发现它的渗透程度是非常高的，这些渗透的数字我就不再去介绍了，你可以去找不同的角度看。我为什么要去做福达计划的一个根本的原因是什么？是顾客需求在变化。有两个维度影响价值创造，一个是实现顾客价值的复杂程度,一个是技术创新的复杂程度。如果它们两个的复杂程度都比较低,你把产品做好就好了,是产品的价值决定你的成功;如果它们两个复杂程度都在升高,那就是产业链的价值最重要,而我们今天看到顾客价值创新的复程度更高,技术的创新更复杂,一定是平台的价值最重要。我们做福达计划的一个核心是给养殖户做一个平台。当我们给养殖户做平台的时候是在创造平台价值,让养殖户根据福达在线真正地成长起来,当他们能够成长的时候,我相信才可以跟消费者做可靠性的帮助。我们做了大概有一年半的时间,陆续地跟大家做交流的时候,你会理解为什么会做这件事情。这件事情根本的原因是回答了如何去真正创造属于农牧企业的基本平台,必须把这个东西做出来才可以做得到。

从客户需求出发的价值创新变化。价值创造的复杂程度和技术创新的复杂程度决定价值的核心来源于什么东西,这个是根本性的,新希望六和与各位搭建一个价值网络。比如我们用很大的力度做希望金融、农村互联网金融。原因在于在顾客价值创新中,必须得有能力帮助解决它切身的问题。在整个养殖平台中,金融就是它切身的痛。这个切身的痛怎么样解决?必须打造一个根本性的平台。在原有担保的基础上,再去打造整个希望金融。我们希望通过这些来做这个概念。怎么样真正地去调整它?核心就是能不能为所有的事情培养人才。我在做福达计划的时候,跟曹博士约定的条件是三年帮公司培养一千个专家。我跟崇星讨论养猪服务公司的时候,我就告诉他说,你要把能够说华语的最好的养猪专家集合到这家公司来。当要做国际化的时候,我会很清楚地知道本地化的人才培养是根本的核心。所有的操作取决于你找到对的人,所以我就要花这个时间去做这件事情。这是我们做的全新的课程,我们已经招了26个人,为将要深度开发的三个单位储备本地人才。一年后,他们就会回到国际市场上,拥有了本地化的人才,相信整个平台的价值就会被释放出来。这就是我想告诉各位说:面对新的挑战,你必须要做的事情到底是什么。根本性的要求还是你的自我改变,就是你要超越你自己。我自己虽然很了解组织管理,很了解战略,甚至可以很快地去判断对这个行业的认知。但是我也很清楚地知道,我在公司里面是一个团队成员之一,我必须集合所有人的智慧,很多时候把我自己放空才可以。新希望六和有三十多年的历史,也要把三十多年的成功放下来,回归到今天要做的这个行业的事情一样。养殖可能有很多经验的数据、经验的曲线和经验的能力,但是我们希望大家也知道,我们今天拥有更多的技术做这个调整。一句很重要的话是"自我超越才是根本的要求"。

没有结束的结束语。

第一，善用方法。一个企业要创新和转型，核心的方法就是忘记、借用和学习。忘记什么？我们一定要忘记自己原有的商业模式和经验。就像我跟我的同事讲说，你今天还跟我讲销量、成本，还跟我讲规模，我只能要求你改变。因为销量、规模和成本，在今天绝对不是我们这个行业要的关键要素。如果你还是在用这三个东西的时候，你一定是不符合今天这个行业的商业模式的要求，所以你一定要忘记这些。怎么能够获取新的东西？一定要学会跟别人去合作，学会去借用，真正地去做这样一个合作。我们要跟行业人做一个很好的聚合和合作，我们把所有对这个行业有用的资源和价值组合起来，所以你要学会真正的借用，这个非常关键。你如果不学会借用，不能够敞开自己，你今天没有办法转过去。真的要学习。这个学习是学习什么？学习对未知的判断，而不是学习别人的经验。机会来源于变化，不是来源于成功的经验。重要的不是你去学习别人的经验，最重要的是你要学习对未知的判断。学别人的经验在今天没有任何的价值，真正要学的是对未知因素的判断，未知因素的判断来源于核心的能力。

第二，真正改变还是依赖于人。人的改变可以从以下几个问题来衡量。

①经营思维工作还是管理习惯工作？所谓经营的思维就是一切服从于市场，所谓管理习惯是一切服从于分工和权力。我确实认为很多人服从于分工和权力，并不服从于市场。如果你是服从于分工和权力，你是管理习惯；如果你服从于市场的人，你是经营思维的人。

②能不能创造性工作？我每个月回去跟学生见一次面，我的学生就会告诉我他这个学期的计划是什么，上个学期的计划是什么。我讲了一句话：你不需要跟任何人比，只要今天的你比昨天好，你就是进步。为什么我要给这样的话？当今天的你比昨天好，你就在做变化和创造。我一直问我的同事：同样还是卖1500万吨料，你是用去年的经验卖，还是换个方法去卖，这就是根本的区别。

③激励是基于能力还是业绩贡献？这个问题非常根本。价值贡献是更重要。价值本身对能力上有要求，不仅仅完成了绩效的指标。学习与自我超越的能力够不够？这也是对很多人很困难的事情。我们这个行业是满平凡的，我们没有办法像互联网行业那样做得轰轰烈烈。我最近跟互联网企业的人在一起很开心，他们讲起来都是一个很大的数字，看起来都是很辉煌的。我辅导一个小小的企业，也就是那么二三十个人，就是做了那么一年的时间，得到的融资也就五千万美金。

在我们这个行业，实在是一个很难的事情。

所以，我们真的是很平凡，但是怎么让平凡的人做出不平凡的业绩？这是对在座的所有管理者的一个最大挑战。从我的角度看，在未来中国最有可能产生巨大价值的行业里面，农业就是其中之一。如果我们愿意用全新的角度去做它，把农牧企业的食品属性做出来，把农牧企业的可靠性做出来，把农牧企业的时尚感做出来，把农牧企业和消费者的沟通做出来，机会一定是我们的！

（原载：春暖花开公众号，2015年5月12日）

组织变革与组织赋能

我们身处在一个转变的时代，无论这种转变是以互联网为标志，还是以个体价值崛起为标志，转变已经成为公认的事实。在这样的一个时代，知识和信息是个人和整个经济的主要资源，土地、劳动力和资本等经济学家认定的传统生产要素还在发挥作用，但已经不再是生产过程中的核心要素。因为拥有知识的人，或者借助互联网技术，可以让这些传统的生产要素发生移动和聚合。

伊丽莎白·拉威尔在其"利用群体智慧"一文中说："无论公司是否喜欢这一点，它们都是一个生态系统的一部分。而且，除非公司承认自己与其他'物种'——包括顾客、供应商、合作伙伴、NGO、创业公司、大学以及学术机构——是互相依存的，否则将越来越难以存活。"在这个互联时代，企业需要获取整体的力量，需要能够集合更多人的智慧，有人称其为"受启发的个人结成的网络"。处在这样一个时代，组织必须能够整合这一切，无疑需要开放、整合创新的管理范式。这一范式使企业更加柔性，并可与环境做出协同；使企业能够组合到新的成本结构、进行不同的价值创造并拥有足够的灵活性。有人问我，什么样的企业在今天以及今后可以存续下去？我想就是上述这样的企业，即把合作能力整合到管理之中的企业。

一、重塑边界已经成为事实

管理大师Clayton Christensen提出的"颠覆性创新"（disruptive innovation）概念是用于描述新的竞争者如何瞄准市场根基，攻占市场，最终实现洗牌。这样的情形在过去是非常罕见的，而今天非常普遍。利用新技术或者新模式进行颠覆的情形，几乎每一天都在发生。所以，当人们希望预测未来的时候，这些频繁发生的颠覆，已经让未来不可预测。总的来说，预测未来已经不再符合现在的环境。在这一系列的颠覆与被颠覆中，新的可能不断呈现，几乎我们所熟悉的边界都在被重新界定。

（一）行业的边界被打破

今天，各个行业的特征变得越来越模糊。智能互联产品不但会影响公司的竞争，更会扩展整个行业的边界。竞争的焦点会从独立的产品本身转移到包含相关产品的系统，再到连接各个子系统的体系。一家产品制造商可能要在整个行业领域内竞争，有的时候消费者甚至也会参与到竞争中来。如今没有人可以百分之百确定自己的竞争对手是谁。

从诞生初期的PC端线上聊天软件QQ，到如今覆盖近7亿手机用户的微信，腾讯似乎已取代传统电信运营商，成为中国人互动与连接的最重要的载体之一。与此同时，在移动支付、线上娱乐、生活服务、在线旅游和交通出行等领域，消费者也会发现腾讯的身影。基于核心产品打造的用户网络，在智能互联网络的帮助下，腾讯将自己的竞争力持续地扩展到彼此之间相互连接的不同领域。你几乎无法界定腾讯属于哪一个行业，也很难知道腾讯的对手是谁。但是在腾讯的帮助下，你可以体验到"在线一站式服务"的生活状态。

（二）生产者与消费者的边界被打破

最近一个非常吸引人的话题就是"众筹"，我也有幸参与"中国式众筹"的一群创始人进行交流，参观了金融客咖啡馆，并为杨勇撰写的《中国式众筹》写推荐序。自己甚至在南京与一群可爱的人，众筹了一间名为"品成梦想咖啡馆"的小店。在了解和参与众筹的过程中，我发现这种商业模式最大的生命力在于生产者也是消费者，这种双重的角色定位使商业模式本身具有了可持续性。

Uber把个人车辆的闲置时间利用起来，让私家车主也可以转变为交通司机。乘客因而获得高效低价的运输服务，服务方也享受到了使用效率提升带来的回报。在消费者和生产者彼此角色的轮换中，持续的需求与供给不断被创造出来。短短几年时间，Uber便成长为全球最大的"出租车"公司。无独有偶，Airbnb也在共享模式的推动下成为世界客房数最多的"酒店"。消费者也会成为生产者，这样的组织会具有强大的生命力。Uber和Airbnb们正是这样的模式，也才让他们具有了无法想象的魅力。

(三)企业的组织边界被打破

今天的企业比较之互联时代之前的企业,最大的不同就是需要具有弹性。今天的组织需要不断调整自己,不断寻找其变化共舞的机会,甚至超越变化的能力;通过建立组织壁垒的方式很难再获得成功,组织更需要形成开放与合作的结构,令外界更容易被纳入,或者让组织本身更具弹性。

新希望六和早在2013年就制定了"新希望六和+"的策略。他们选择打开组织平台,无论是内部还是外部,都可以嫁接新的组织能力,从而帮助企业获得新的发展机会。今天的新希望六和不再用"传统"或"新兴"的标签来看待各行各业。如今每个行业都处于互联网的环境中,从某种意义来说,每个行业都需要具有互联网的特征,都需要具备连接和分享的能力。

在产业链上游,新希望六和与生物基因科技公司、原材料供应商进行合作;在内部,公司实行产销分离,设立创新平台,打造针对养殖户的技术、金融服务能力;在食品终端,与电商平台、终端食品品牌建立了战略合作关系。这些新能力的获得都建立在合作的基础上,同时公司也向全行业开放。这一切行动有效地帮助了新希望六和从生产商向以用户为导向的农牧业服务商转型。

今天的新希望六和已经具有了开放的属性以及平台的属性,不仅打开组织边界,激活内部员工的创造力,更重要的是因为不断变革与转型,不断打破内外部边界,让公司具有了全新的能力,以应对环境的变化以及顾客价值创造的需求。

行业边界、企业组织边界以及生产者与消费者边界的打破,这已经不再是一种趋势而是一种现实,我还记得2007年阅读《平台领导》这本书给我的启发,安娜贝拉·加威尔和迈克尔·库苏麦诺两位作者在研究英特尔、微软和思科如何推动行业创新的研究中,提出了有关平台领导的概念。"我们所说的平台领导,是指以推动自身行业创新为目标的公司。""没有哪个公司可以获得一个市场中所有的创新能力,特别是当需要创新的工具和知识比以往要更加广泛的时候。结果,在我们了解的平台当中,首先创建最基本的应用产品,然后再为新一代产品创建补足品。不管怎样,平台领导和补足品创新者具有很强的合作动机,因为他们联合起来的创新成果,可以为行业每一个参与者提高潜在的收益。"

二、获取持续成长的秘诀

对于持续成长的企业而言,真正的障碍并不是技术变化,或者环境变化,真正的障碍是组织和文化跟不上变化，换而言之，企业持续发展的障碍并不在外部，而是组织自己。这就是我们所处的时代的特点。过去，企业非常了解自己的外部对手，知道如何竞争，如何跨越。今天外部的企业似乎都成了朋友，而对手变成了企业自己。这时候企业反而无所适从，因为突破与超越自己是最难的。这个对手可以是组织中的任何一个人，组织里每个人都要革自己的命，这要求组织必须具有全新的能力。组织主动转型要有超强的战略洞察能力，要割舍过去的成功与荣光，这对于任何一个组织都是非常困难的事情。

谷歌董事局执行主席Schmidt和主管产品的前高级副主席Rosenberg在他们的新书How Google Works中认为，未来组织的关键职能，就是让一群Smart Creatives聚在一起，快速地感知客户需求，愉快地、充满创造力地开发产品、提供服务。什么样的人是Smart Creatives？简而言之，Smart Creatives不要你进行管理，只需要你为他们营造氛围。所以传统的管理理念不适用这群人，甚至适得其反。你不能告诉他们如何思考，只能营造思考的环境。给他们命令不但会压抑他们的天性，也会引起他们的反感，甚至把他们赶走。这群人需要互动、透明、平等。作者反复强调，凡是不受法律或者监管约束的信息，谷歌都倾向于开放给所有员工，包括核心业务和表现。谷歌采用的就是这样一种模式，优秀人才自然会慕名而来，这也让谷歌保持了非常好的创新能力和领先的行业地位。

在公司的总经理工作会议上，我曾向同事们分享了对于三星的案例分析。2013年三星电子（Samsung Electronics）的销售额超过2000亿美元，以手机为主的消费类电子产品是三星电子的主要产品。根据Gartner公司的调研报告，2013年三星占全球智能手机出货量的31%。在研发投入上，2008—2013年三星电子的平均研发投入增速为21%，仅2013年一年的研发投入就高达160亿美元。对于三星电子这样一家拥有辉煌履历的公司，一家在技术投入和产品上享有全球领先地位的公司，在近些年依然出现下滑，从2013年到2015年第三季度，三星手机的市场占有率从31%下降至24%，同时净利润在2014年和2015年分别减少27%、19%。这种下滑使得公司团队不得不去做一件最重要的事情，那就是改变。2013年，在三星开始由重"数量"向重"质量"变革的关键时刻，时任社长李健熙曾说过一句名言："除了妻儿，一切皆变"。2014年，李健熙再次对所有的三星同事提出三星需要"再次改变"。

像三星电子这样拥有两千亿美元销售额的公司，如果没有持续地变革，庞大的研发投入和领先的技术也无法保证公司业绩持续增长。今天，我认为包括谷歌、Facebook、华为，以及那些真正理解到这种变化并迅速行动的公司，已经走到了行业的前端。

《福布斯》中文网2015年7月25日刊发一篇文章，作者是Natalie Robehmed，文章的题目是"为何大学毕业生成批涌向初创公司？"文中开篇介绍："如果问一批近年来毕业的大学生——他们目前在哪里工作的话，有相当一部分人会回答说'在一家初创公司工作。''初创公司'曾经是一个指代小企业的行业术语，但现在却让人联想到一种令人兴奋的具有企业家精神的生活方式——越来越多受过高等教育的年轻人正在选择这种生活方式。"

我很认同作者的观点，在他统计中，Y世代（Generation Y，又称为千禧世代，通常指1980年至2000年期间出生的年轻人）中有47%在员工人数少于100人的公司工作。

我曾经和一部分年轻人交流过，也认识一些被称之为连环创业者的人，这些年轻人特别强调在初创公司工作，或者设立初创公司，最令他们感到愉快的是，没有等级职位划分的层级结构，没有大系统的僵化与内耗，拥有很多让他们自己觉得自己可以贡献价值的感觉，并可以看到最终的结果。许多人表示，在初创公司里，能够非常迅速地学会涉及范围更广泛的一系列技能，而不是像大型企业那样被固化在一个狭窄的职位通道里。最重要的是，他们都希望自己能够产生影响，并做出贡献，这些影响和贡献能够得到及时的反馈，这一点，大公司里根本做不到。

这也许是如三星这样的大公司，在今天遭遇到下滑挑战的根本原因之所在。因为这些公司组织臃肿，层级复杂，条块划分。过于依赖组织本身的核心能力，以及组织拥有的丰富经验和技术，忽略了对于个体创造力的激发，以及个体价值的认识，导致每一个进入公司的年轻人都需要一番艰苦的历练，才有机会表现自己的才华。这一切，让那些具有创新精神的新员工望而却步，但是如果一个企业得不到拥有创新精神的员工，也就是谷歌中的"Smart Creatives"这样的人，企业也就随之丧失了创造力。我相信三星如果进行更大的变革调整，完全有能力在2016年将业务重新恢复。但是近年的下滑，不能不值得我们警醒。

2012年，GE（General Electronics；通用电气）的研发部门提出了"工业互联网"的概念，该模式旨在通过互联网技术优化现有的工业制造流程，提升工作效率，降低成本。结合在飞机引擎领域的丰富经验积累，通过与亚洲航空合作，GE通过对飞机飞行数据的分析，对飞机的飞行路线、交通管理和操作进行了优化，预计到2017年，GE帮助亚航节省的燃油开支将达到3000万美元。经GE预测，在未来15年内，电力、航空、医疗和石油天然气领域1%的效率改善，将节省超过2500亿美元的支出。

在行业边界、组织边界和生产者、消费者边界重塑的今天，企业的改变既要关注对个体价值的激发，也需要面对边界重塑带来的价值创造与分配。过去"贸易对手"式的交易方式将被"利益相关者"式的合作方式取代，持续的增长来自于边界两侧的合作主体的共同成长，这取决于企业是否让参与协作的各方都能够收获变化带来的价值。相信GE"瘦身"金融业务、出售家电板块，提出的"回归工业"的战略，正是基于打造共享价值平台的基本理念。

三、从激活个体到激活组织

管理在今天的确需要提供新的范式，一种基于共享价值为基础的新范式。在我看来，新的管理范式是：具有系统思考的领导者，依赖于激发个体内在价值，而不是沿用至今的组织价值来考虑整体以及个体的行为。这种新的范式中，有关个体价值的创造会成为核心，如何设立并创造共享价值的平台，让组织拥有开放的属性，能为个体营造创新氛围，则成为基本命题。更多的内容可以在《激活个体》这本书里看到，我现在换个角度来解决这个问题，也就是激活组织的角度，这需要做到以下三点：

（一）构建组织生态网

对于构建产业或者行业的生态网络，也渐渐成为人们的共识，同样的理解，我们可以确定在组织内部也需要构建一个生态网络，这样才可以激活组织。对于企业而言，需要拥有一种能力，让组织中的每一个成员都在一个价值网络中，我把它称之为组织生态网。在这样的生态网络中，无论是部门之间，还是内部与外部之间；无论是领导者与成员之间，还是每个成员与顾客之间；无论是前后关联者之间，还是上下游之间，每一个成员都有价值贡献，都能促进彼此的成长。生态网与价值链（产业链）之间的根本区别是，前者注重共同成长的设计，后者注重价值分配。希望大家能够理解我所强调的这个根本区别，在一个需要重新定义价值的环境下，分配价值的可能性变得越来越少，只有成长才会创造价值，也才有可能带来价值共享的可能。

（二）激励创造价值而非考核评估价值

内部激活、发挥个体价值、提升组织效率、提升产业链效率、提升响应顾客的速度，这些已经是基本共识，而且很多企业都在努力推进和转变中。我在此基础上，更强调组织对于创造价值的激发，而不是考核评估价值。组织管理的核心是：价值贡献—价值评估—价值分配，如果从组织管理的界定上来讲，这个核心逻辑也没有不合适的地方。但是如果僵化运用，会导致管理上关注考核重于关注价值创造。人们会围绕着考核进行工作，而不是围绕着顾客价值展开工作；人们会关注考核结果，而不是关注价值贡献。这就直接导致组织固化在考核体系中，没有人去关心顾客，也没有人真正做出价值贡献，这种情形的存在，是无法真正激活组织的。

（三）信任与透明的文化

激活组织需要有文化作为支撑，能够激活组织的文化，最显著的特征是信任与透明。比如谷歌给员工20%的时间做自己的事情，以期组织内部能够形成一个自一线展开决策的氛围，就是不要自上而下的决策，而是自下而上去驱动企业的战略，让大家自己去设计项目并实施它们，从中寻找出有前途的项目，公司再投入资源进行孵化出来。谷歌很多有名的项目就是这样孵化出来的。3M公司也是如此，公司规定员工可以用15%的工作时间，去做自己想做的事情，正是这15%的自由工作时间，让3M公司每年都有20%的新产品产生非常好的市场影响，并获得非常显著的绩效，从而让3M公司保持住创新引领的势头。两家公司都能够如此去做，并都取得显著的成效，都是源于其内部建立信任与信息透明有关，这也是呈现一个有活力组织的文化特征。

（原载：春暖花开公众号，2016年4月18日）

改变是组织最大的资产

很多人问我说空降到一个公司当顾问,选择最大,还是给钱最多,我说只考虑价值观趋同。事业是否可以取得成效,是否可以长久,排第一位的是价值观。

"为耕者谋利,为食者造福"是新希望的核心理念,这是负责任的公司,对合作伙伴非常在意的公司,也是刘永好董事长和新希望对我的吸引。新希望六和的转型是为了使命与责任,为成长所做的选择:一个关于转型变革的选择,一个自我蜕变的选择。

一、企业转型的认知准备:确立基于变化思考的习惯

大家一直问我转型到底怎么做,我很认真地告诉各位:转型的第一件事要达成认知,达成认同,达成理解,达成共同的语境,转型当中排在第一位的就是做认知准备。

认知准备要花的时间和力气要足够多,教会他们所有的事情都用变化的逻辑看,这是最重要的。不要讲改变有多难,也不要说改变后有多好。所有比较成功的组织转型案例有一个共同的特点:不乐观估计,也不悲观估计,只是客观看待。最好的办法就是教会大家学会变化的思考,把变视为正常。我们可以从四个角度看懂这场变化:

(一)没有永恒的成功经验,因为市场自己在变

改变不是因为你做得不好,而是外部环境变了。很多人都认为要改变是因为自己没有做好,他会起对抗心理,他还会要证明他没有做得不好。这种情况下,要他改变,很困难。我是真心这样认为的,新希望六和在我去之前很好,已经保持10年的第一、全球排前三。它遇到的困难是来自外部市场的变化,这种变化的

节奏超出了企业进步的节奏,这是所有农牧企业都会遇到的困难。如果从这个角度跟他谈,会让他放下戒心,不跟你对抗。

(二)互联互通的经济特点

没有人可以离开市场说话。我不是特别爱变的人,我在想要不要剪短发,做这个改变都觉得困难,更何况企业做改变。但世界在改变,而万物是互通的,你必须得接受这个现实。当你接受时,你会发现,这就是经济的特点,变是正常的事,不变是不正常的。

(三)影响组织绩效的外部力量是技术、员工和市场因素

自己很努力、很认真地把事情都做好,不见得会有组织的绩效。但是,认真努力做事是前提条件。所有的优秀企业都提供行业技术标准,但不是说提供了行业技术标准就是最优秀的公司,还有外部要素的影响,包括员工本身的能力变化、全球技术的调整。

影响我们的,可能不是饲料技术而是营养技术、基因技术、信息技术,甚至是跟农业不相关的技术,包括金融等。如果你从这个角度和你的同事反复聊,他会接受一个概念,自己做好只是一个前提条件,外部还有很多东西会影响组织绩效,需要融合外部因素。

(四)持续经济价值的主要来源将是人力资本、客户群、产品/服务创新

这句话是IBM研究很久,多年前的对外公告。现在很多传统企业还在谈人力资源,甚至谈你是不是我的下属,但是现在很多新兴企业在对人价值的肯定和人价值创造的模式上做得比传统企业好,这也是他们超越传统企业的原因所在。

以上是变化和转型的认知基础,这里有三点需要提醒。第一,不是因为大家做得不好,是因为外面变了。第二,你拥有的绩效是基础但不会对你的后续绩效产生更大的帮助,因为基础只是保证了你有机会获取绩效。第三,不要做转型预期。不要讲改变有多难,不要告诉他变后有多好,这不能真正的产生认知,真正产生认知一定是客观地接受现实,客观地接受现实的认知才会对整体有帮助。

二、企业转型的起因：商业模式重构

（一）组织转型不是一个管理的话题，是一个经营的话题

我去新希望六和一定要做转型吗？不一定。之所以要做转型，是因为我们所在的行业商业模式在重构。我们行业以前强调规模，现在都是去落后产能，结构内调，行业不会再增长；我们以前是卖产品，现在要卖安全和可靠性。这是行业彻底的改变，是商业模式的重构。2015年开始，全行业、全产业、全市场的商业模式在重构，企业转型普遍化。

（二）组织转型并不是为了转型，而是为了配合经营需求

很多人问我为什么3年内做5次大的组织调整？因为经营没有到位，转型是为了配合经营的需求。组织转型的核心不是管理的话题，而是经营的话题。你转什么，不转什么不由内部评价，一定要由市场评价。要不要转型市场会帮你说话的，这是需要大家特别关注的。

三、企业转型的启动：在"现场"发起

（一）不是外部的变革，最大的变革是内部的变革

我研究很多企业转型的案例发现，转型一定要从现场发起，让一线开始动起来，如果不是一线开始动的转型是不可能做到的。

（二）我们要思考的不是如何变革别人，而是如何变革自己

转型如果想上下同欲，首先要变革内部，要让大家学会改变自己。要革自己的命，最重要的是让大家学会怎么改变自己。

（三）解决问题的答案总是在现场

我们很多人都在这里犯错，变革和转型方案都是高层拿出来。事实是，高层的变革解决方案，放到基层不一定是可执行的，因为基层没有高层拥有的资源。你说把市场攻下来，高层觉得没有问题，因为可以调动全公司的资源。作为分公司，要拿下市场，需要更多的投入，更多的高手站台，需要公司的信任，需要犯错不被免责。如果你说不能做错，他就不会去做。

答案现场给，要攻下市场，资源给到多少，授权给到多大，可以容忍多大的

错误，这些都要说清楚。这样的话，变革就可以做到。员工才是解决问题的主人。

四、企业转型的管理特征：运用"冲突管理"

不要害怕乱，没有乱，就不会有活力。问题在于怎样与乱共处。很多人说，你5次调整组织结构，不怕乱吗？我说，不怕！乱，才有活力！问题在于，你得学会怎样跟乱共处，这就是冲突管理。

冲突管理的最终结果并不是胜利也不是协商，而是利益的整合。每次我调岗位、划区域、做调整的时候，我说的是整合起来大家得到的好处是什么，而不是说谁比谁厉害。

领导者能力不在于能够施加个人意愿并让其他人追随他，而在于如何把不同的意愿联合起来成为群体的内在动力。让不同意见的人组合在一起做内在的事，这样可以把不同的创造力激发起来，跟我意见相同可以快速落实，跟我意见不同我会知道有新的东西出现。

力避"刺猬观念"，树立"刺猬理念"。"刺猬观念"是管理冲突的起点，树立"刺猬理念"是将事情简单化。"刺猬观念"是问题来了就缩起来，刺张开碰不得，一碰都受伤。而"刺猬理念"，是说刺猬有一个很厉害的地方，就朝着一个方向使力。我们要有刺猬理念而不是刺猬观念，要把事情简单化。

差异管理的核心是求同存异。共同的是公司的战略和方向、价值观，最核心的就是怎样与顾客站在一起。同时，学会接纳和包容不同的东西。最好的管理者是不断证明别人对，而不是不断证明自己对，不断帮助大家把事情做成，这才是好的管理者。

五、企业转型的关键："向自己挑战"

转型要向自己挑战，一定要革自己的命，而不是别人的。革自己的命的时候，要狠一点。

（一）要么转型，要么灭亡

要么转，要么灭，革自己的命决心要很大。华为这样的企业，每次对内部的说法都是很苛刻的，因为这是对自己提要求。我们很多企业犯错误是对外讲话可以讲得很苛刻，对内讲会比较宽容，包容太多。有的企业讲为什么转型难，我说因为不够狠。

（二）"向生而生"，以未来决定现在

做转型的目标不是向生而死，而是向生而生，所有的变革都是为未来做得更好，如果今天不努力地做，未来是没有的。

（三）转型最大的挑战是挑战自己的思维方式和过往的经验，而对手就是自己

如果你想自己有一个能力，你就找一件事情突破你的常态。比如，写作是我的常态，但跑步不是我的常态，我要突破的界限就是选择跑步，不断突破挑战自己，逆生长就会存在。如果学会了让自己变，则"改变"会成为企业最大的资产。

六、企业转型的基础条件：管理者的新技能

（一）界定并建立共同的目标：人是用目标来拉动的

你要拉动一个人最重要的是设目标，好的企业，不管设多大的目标，大家都信，一起使劲，越做越好。坏的企业，目标老不能实现，大家不信，越做越差。拉动人的是目标的牵引和确信程度，能否界定建立共同的目标。把目标确定清楚，这是最重要的安排。

（二）提出观点而非问题

不要整天讨论问题，转型的问题很多，应该提出观点。我们在管理工作中遇到最大的问题是，大家陷在问题里。我说，讨论问题的会议不要开，开会讨论问题不会有结果的。有解决方案希望大家表达意见可以开，方案确定以后要通知大家也可以开，除此之外不需要开会，所有问题的讨论都在会后做。开会是达成共识，而不是讨论问题。

（三）多方位沟通并包容多样性

沟通非常重要，其中《共识》就是九封给经理人的信的集结。很多东西用语言表达不够，用信就能清晰容易地表达，在信中讲清楚最重要的阶段是公司最重要的要求，利用读书会和会议培训以及交流访谈对话，多方位沟通并包容多样性。

（四）把个人责任感作为核心价值观

转型需要管理者担当。公司里有一句话说得很好，如果没有人负责我负责，如果有人负责我配合。个人责任感必须要变为核心价值。转型中的管理技能是求得结果。管理者只有一个标准：绩效。刚回公司时我们的同事说能不能涨工资，我说可以，导入你的绩效指标，你说涨10%，我们的利润考核加10%。你说出差标准提高5%，那我们的成本指标降低5%。所有的所得应该来源于价值创造，如果不是这样的思考习惯绝对不是一个管理者，也不是一个经营者。

七、企业转型的有效行动：平衡当期目标与未来成长

很重要的一点是，你必须得把当期的绩效保持住。如果当期绩效保持住，后面做任何改变都会得到支持，反之支持你的信心都没有。做任何改变都需要一个东西做前提条件，就是信任。企业的信任来源于绩效，而不是其他。

（一）用不亚于任何的努力来做当期业务

最怕的是讨论营销战略用优劣势分析，优劣势分析是决定要不要去才用的，已经去了就应用怎样可以做成来分析。我同意任正非的那句话：做不出来的是人才，做出来的是天才。做销售和市场时，产品已经有了，只需要比别人吃苦就可以做成。

（二）当期业绩来源于组织效率与顾客语言

如果你的当期业绩不够好，用的一定不是顾客语言，因为顾客听不懂你说什么。现在新兴企业就是在创造一种语境，说出来别人就跟，而传统企业不理解怎样用顾客的语言。

（三）开放组织为未来成长做布局

开放组织，就要有一部分人做新的东西。一组人做当期，一组人做长期，不要交叉。如果交叉，做长期的人会被灭，因为没有当期的业绩。最重要的就是不要以牺牲当期为前提。

八、企业转型的原动力:"求生欲"

(一)变革的"死穴与生机"

大家认为变革会有一些可怕的东西,变革可能会失败。Facebook的扎克伯格讲过一句话,不冒险是最大的风险。风险控制的方法论就是冒险。死穴和生机是相生的概念,真正改变后,遇到所有的挑战都会给你生机。

(二)"变革悖论":既要赚钱,又要转型

大家有一个悖论,认为做不到既要赚钱,又要转型。我建议你不要有这样的想法。大家要用系统观看所有的问题,不要对立对错,一定要融合,相互协同。

(三)"企业变革一定要创造高收益"

稻盛和夫说过一句话"企业变革一定要创造高收益"。为什么营利高重要,因为别人用什么价格买你的产品,是对你价值的认可。多少人买你的产品,这也是价值的认可。很多企业都没有在意这个,但一定要在意高收益不仅仅是价格的问题。

(四)激活企业原动力

有更好的顾客群,有更好的合作伙伴,有更好的商誉,有更好的综合评价,有更好的投资者的肯定,这是真正的欲望,这些欲望是企业真正的原动力。时刻要有危机感:给自己提出必须得这样做,不能满足于已经取得的所有东西,我必须得真正不断地往前跑,只有这样才能真正地做到这点。

万物之中,成长最美;自然之中,希望最新。

不确定的是环境,确定的是自己。

改变是帮助你更好成长的有效途径。只要努力成长,哪怕经历过很多波折和挑战,一定能被人看到美好。

到最后,你会发现,这些变化都是成长。

(原载:春暖花开公众号,2017年3月24日)

数字化生存与管理重构

真正的数字经济和知识时代，是淘汰人！

作为管理研究学者，我们一方面觉得很幸运，因为中国有非常多优秀的企业今天走在了时代的前端、行业领先的位置上；另一方面我们拥有非常大的责任，其实是更大的一种危机感。刚才我自己在下边倾听嘉宾演讲时，在笔记本上写了一句话：如果不跟上企业实践的步伐，我们学者有可能是第一批被淘汰的人。我想这就是今天数字化生存最大的挑战。

在知识时代中，我最深的感受就是知识这一次的不同。以往所有的技术都是淘汰工具，而这一轮是淘汰人。这是一个分水岭，也就是之前所有的技术革命都是淘汰工具、转换流程、更新管理模式，创造更大的新需求和市场新的生存逻辑。但这一轮不是，这一轮技术、数字和知识带来的巨大变化是把人淘汰掉，这是我们遇到的最大的一个挑战，最大的一次危机，但也是我们拥有的最好的机遇。从这一意义上来讲，数字化生存就显得极为重要。

在确定今年"中国管理模式杰出奖"遴选主题时，少春主席和我与理事会的专家们，确定"数字化生存与管理重构"这样一个主题，就是因为我们有很强的危机意识和对未来更大的期待。我们认为数字化本身带来的是革命，这一革命给管理带来了巨大的挑战。

生意，就是生活的意义。

前一段时间，我和廖建文教授一起讨论：在今天，到底什么叫数字化？数字化真正的改变到底是什么？我们看到用来描述今天整个时代的词语已经完全变了，我们不再去找那些熟悉的词。即便今天我呈现给你的词，相信大会开完后恐怕还是会换。今天所遇到的也许不再是之前所遇到的所有情景，因为它们充满了动荡，充满了不确定性和复杂性，甚至是充满了模糊性。这个全新的时代来临时，我们看到有很多很多之前想不到的事情今天都发生了。

听过我课程的人都知道，我最近用得最多的一个词就是"时间轴变短"。就像刚才孙雁飞所说的，我非常强调的一句话叫"一切皆变，一切皆存在"。为什么强调这句话？就是因为今天与以往最大的不同就是时间轴变短。我感受最深的就是有三样东西发生根本性改变：企业的寿命、产品的生命周期、争夺用户的时间窗口，其实是在快速缩短。

本届"中国管理模式杰出奖"获奖企业给我最深感受是，它们能以最短的时间去创造人类的奇迹。这一次杰出奖中，我们甚至可以颁奖给一个创业二三年的企业，这在前九届里面是不太可能和想象的事情。有人问我今天打造一个品牌到底要多长时间，我只能回答一句话：一切皆有可能。

这就是你与我一定要调整的地方，很多领域普及率增长非常快，无论是电话，无论是获取用户，无论是对传统企业的调整，我想这都是你完全无法想象的情形，这恰恰就是今天一定要理解的数字化生存带来的挑战：时间的概念变了。

很多人知道我有一句话叫：生意，就是生活的意义。只要把生活变得更美好，只要把生活变得更便捷，只要能帮助更多人的生活有进步、有改善的时候，这样的生意就是最好的生意。从这个层面上来理解，时间的概念变了就等于我们的生活变了，当生活改变的时候就等于生意要变了。

一、数字化时代到来，必须正视的事实

这些改变意味着什么？这意味着技术驱动整个系统加速，将会使得数字化时代不仅仅是加速度的"量变"，更是底层商业和战略逻辑的"质变"。

我们必须注意一个非常危险的现象，几乎所有的企业甚至是将自己称之为生态的企业，但还在沿用工业时代的逻辑。还非常在意连续性、可预测性和线性思维。就像刚才金蝶的一个产品能以300%的速度增长，甚至是有一天你看到一个产品有可能是每一天以100%的速度增长，这在之前是很难想象。如果你的企业依然以工业时代的逻辑发展，那肯定就是非常危险的，所以我们必须接受一个真实的现实：就像大家之前看到的金蝶一样，它其实是数据、协同、智能这些要素碰撞在一起重构的商业系统，它是一个非连续性的、不可预测和非线性思维的商业存在。

你是站在非常危险的地方，还是站在一个真实的现实里面，这是所有管理者

要面对的问题。

当知道管理要面临这个问题，我更希望你是站在真实的现实这边，而不是危险的地方，这是我们大会主题要共同探讨的问题。我非常想借助这样的大会，借助更多学者的参与，希望大家真正能改变思维方式，以理解新时代的到来。就像今天我们看到的金蝶，是一个完全新的金蝶，更重要的是它已经展开了面向未来的一扇大门。我们因此可以去想象金蝶的美好明天，因为它是具备未来属性的一家公司。

我要引用比尔·盖茨的一段话："我们总是高估在一年或者两年中能够做到的，而低估五年或十年中能够做到的。这是因为技术的力量也正呈指数级增长，而不是线性增长。所以它始于极微小的增长，随后又以不可思议的速度爆炸式地增长"其实真的想告诉你，我们之前看到的是微小的增长，可是我们很快就会看到那些以不可思议的速度去爆炸式的增长，并更加广泛地出现，这样的一种增长出现时，我们管理要做什么？我们怎样在这样的增长当中贡献管理的价值？这是所有从事管理的人，从事管理教育、从事管理研究的人自己必须要回答的问题。

二、数字化生存，一切将被重新定义

数字化生存真正的意义，就是一切将会被重新定义，包括你的生活，包括你所有的场景都会被重新定义。我与廖老师总结出数字化生存最大的改变是什么？就是整个商业逻辑变了，而商业逻辑改变当中最大的变化就是价值创造和获取方式发生了本质的变化。

我们来比较工业时代和数字时代，你会发现所有的东西都在调整，无论是环境、产品、市场、客户、行业，还是思维方式。用今天最时髦的说法就是，所有的场景都在变。当所有的场景都在变时，所有的一切都会被重新定义。在这一切都要被重新定义的时代，我们要关注的就不仅仅是怎样去改变的问题，甚至是你要怎样重构的问题，这已经不再是改变可以解决的，你必须用重构才可以解决。

三、数字化生存，优秀企业都在走的方向：重构

当我们关注重构这一概念时，你会发现那些优秀的企业其实都朝这一方向走。比如说今天来看GE，你就会看到它是在推动一个重要的变革，这个变革称

"五大相互关联的变革",杰夫·伊梅尔特把GE变成是数字化生存的公司,通过五大相互关联的变革去完成一件事情,就是让GE变成是一家数字化的公司,不再是传统的制造公司,不再是一家服务型的公司,不再是一家技术驱动的公司,反而要完整地变成是一家数字化公司。

亚马逊也是一样的道理,它今天到了完成它数字化生存的安排。这一安排是完完整整地让他所有的客户,包括最终消费者进入最美好的生活中,买东西不用排队也不用考虑结账,甚至不用考虑收银员的问题。

再来看,几乎所有的行业都被调整。比如7-Eleven便利店,有人对传统的零售业充满悲观,我反而认为今天是传统零售业重新焕发青春的时间点,如果你跟得上数字化生存的机会,你就有能力组合最大的数据,因为你有最广泛的消费者市场,有更大的供应商群体,你的前店后厂是一个最大的场景,而这一场景完全在你手上。

前两天刷屏最热的就是阿里,一个不讲研发的企业偏偏做了一个非常特殊的事情,非常多的学者都在评价,我不去评价这件事情。我只想告诉你一件事,无论之前是如何对待技术,今天都得尊重技术,今天都得改成技术的逻辑,今天都得找到一个数字化生存的方向。在讨论这些问题时,我问自己数字化生存的方式是什么?我曾说过它是淘汰人的,如果没有能力回答这一问题,那么我们(管理学者)就被淘汰掉。

四、数字化生存意味着:管理重构

按照这一逻辑,回到我自己的领域,我认为数字化生存意味着:管理重构,我们必须找到自己的答案。当有人去讨论Google时,Google告诉你说:今天回答的问题不是通向答案的链接,而是答案本身。当组合了图像识别,搜索就已经是智能和思考。你刷脸的时候,它知道你要问什么问题,并把这个答案给你,而且答案和你的智慧是互动的,所以我的确同意今天是一个刷脸的时代。

在美国,所有的零售公司都会被投资人和媒体问一个问题,在亚马逊的挑战下你会有什么对策?

我们看GE、看阿里、看腾讯、看京东、看金蝶、看华为,我不知道我们会以什么样的概念描述,我相信都会有同一个概念:它们将会是数字型的公司。如果以这一逻辑来讨论,是否我们就应该看到今天最大的变化是对领导者和组织的挑战,这一变化要求领导者、组织都必须完全做出改变。我认为这是一个非常痛苦的挑战,所有的管理者都会遇到的经历,就是你要挑战你的思维,要放弃你所有的经验。

在这样的概念当中,你就会发现你的思维模式完全是以一个重构的方式来做。而重构最大的挑战是什么?是放掉你自己。那是最难的东西,我在研究组织文化当中讲过一句话,在组织文化当中最难是什么?不是接受新观念,而是放掉老观念,放不掉老的观念就无法接受新的观念。

我在今年自己的新书《激活组织》当中谈了七项改变工作,最后一个改变是领导者角色的改变。改变领导人中最难的是,领导者自己是否真的愿意放手、改变自己。比如:合伙人制是今天最重要的事情,几乎大部分的传统企业都谈了合伙人制。我跟一些老板聊天,他告诉我做的是合伙人制,我说你不是,因为我只问了一个问题我就下了判断,如果这个公司到最后合伙人的决定没有统一,最后谁说了算?他说"当然我说了算",我说"那就不是合伙人制"。这就是今天对领导人最大的挑战,你愿不愿意成为其中的成员,而不是其中的领导者。

五、数字化生存,要构建"知识"驱动的组织

昨天媒体问我说基于数字化的传统阶级的转型,与以往转型最大的区别是什么?我的回答说,我们以前的转型是先从战略转型、业务转型、技术转型、产品转型去做,这一轮的转型必须先从组织转型去做。如果你的组织转型不能做的话,那么战略转型、业务转型、技术转型、产品转型根本做不到。所以真正的改变的的确确是领导和组织的改变。我们之前所遇到的事情,是一个你可以理解的事情,但是在今天来讲不是谈你理不理解,而是你必须接受的事实,注意这一词的改变。这个改变需要一种新驱动来提升组织,以前是流程驱动,或者资源驱动,但是今天的组织则是数字化驱动。

知识驱动的组织中,最重要的是要求合作伙伴之间,不是一个利益交换,不是一个价值交换,而是知识链与数字流协同的交换。最后,可持续性的价值创造必须是持续的优化和创造。我做组织管理研究二十多年当中,这是唯一一次觉得管理知识的储备是不够的,几乎所有的角度都要从新兴的管理实践当中去重新理解。因此,我来转述一个人在很多年前说过的一句话,这是对日本产生巨大影响的管理学者戴明,质量管理体系的奠基人。他认为,组织必须是一个具备深厚

知识系统的组织，而这一深厚知识系统的组织是有四个组件，这四个组件相互影响，离开任何一个都不可以，这四个组件分别是：

（1）对系统的欣赏，不再是对管理的欣赏，不再是对职能的欣赏；

（2）对理解、变动相关知识的要求，不再是对企业经验和企业知识的要求；

（3）以知识理论奠定整个系统基础的要求，而不是以简单的管理理论来奠定系统的要求；

（4）对人类心理知识的认知，就是要回到人的本源和本质上。

我希望大家必须理解和记住今天的组织需要一个东西，这个东西叫"深厚的知识系统"，"金蝶+"等企业所诞生出来的奇迹，恰恰就是我们今天特别要关注的市场。

六、核心关键是：做两事，过三关

最核心关键是我们要做两件事：第一个是不断有目的地"放弃"。前一阵子，我在微信号发的一篇文章（陈春花：假如你还没进入这个行业，现在还会选择进入这个行业吗？）说：如果你之前进了这一行业，在二十年后你问自己还会不会进这个行业？我为什么问这个问题，因为如果你今天后悔进入这个行业，那说明你放弃的东西不够多。如果二十年后还不后悔，相信你放弃的足够多，因为你看到的是更多的机会。

我遇到纺织业的朋友，他说："陈老师，互联网让我很焦虑，我有什么方法到互联网行业？"我回答说："你最会做的就是纺织行业，为什么要跑到互联网行业。"他说："因为我原来的行业不行了。"我说："不是，是你那个地方需要新生，你愿不愿意与它重新新生。"所以，第一件事情是不断有目的地放弃，希望今天在线和在场的企业界朋友们，你问自己放弃了什么东西，你一定要有目的地放弃，不是等人家让你放，是自己首先要主动放。

第二件关键的事情是持续理解外部环境，一定要与外部环境做互动。每一个组织、每一个管理者都要"过三关"：忘记、进入和学习。通过这三关最根本的挑战是什么，就是能够完全与这一变化融合在一起。我特别喜欢一个英国小说家，他写的小说非常好看，别人问他为什么你的小说这么好看？他回答说唯有融会贯通。我想今天的企业管理、组织管理也是这样：唯有融会贯通。做到这一点，重要的不是解决问题，而是要"界定问题"；重要的是对这一"特定问题"

进行系统分析，形成你的方法论，最后还要正视"组织无知"这件事。

数字化生存对经理人的角色也产生大冲击，德鲁克在对于未来社会的进行判断时，他说经理人的角色是会变的，之前的经理人定义为下属的工作负责，为业绩负责；未来的经理人定义为知识的应用和表现负责。如果我们不做改变，不做重构的话，我想我们连当经理人的机会都没有。当我们不能理解这种变化时，我们是没有办法真正地接受这样一个时代赋予我们根本的机会。

七、答案变了！

我转述两个人的话来结束我的演讲。一个是德鲁克，他说：无论是在西方还是东方，知识一直被视为"道"。但是几乎一夜之间它变成了"器"，变成了人力资源，变成了融合在所有竞争当中的一件事。另一个是爱因斯坦，我一直以来拿这个故事来提醒我自己。1951年爱因斯坦在普林斯顿大学给学生考试，考完以后他的助理跟他走，助理很紧张说：博士，你为什么给这个班的学生出的考题跟去年一样？为什么给同一班出同样的考题?爱因斯坦很经典地回答说：答案变了。

我想这就是今天，我们还是要面对市场，还是要面对客户，还是要面对自己，还是要面对所有的一切，但是必须清楚知道：答案变了！

感谢金蝶提供这样一个平台，让我们去讨论面向未来的问题，也感谢我们有机会迎来一个新的春暖花开的时代。

谢谢大家！

（原载：春暖花开公众号，2017年10月16日）

这次知识革命，淘汰的不是工具，是人！

我认为，当今社会发生了两大根本性变化：

知识已经变成了生产力要素，知识所产生的价值已经渗透到整个社会和经济社会当中；

知识不再是名词，而是动词。

一、你真的拥有知识吗？

读EMBA首先要先读过大学，有很多的朋友已经获取了另外的硕士学位和博士学位，现在再回来读EMBA。我们拥有了这么多的知识和这么多的学习历程，是不是真的拥有了知识？

为什么今天要重新问这个问题？第一个原因：信息如海，难以鉴别真正的知识。我早上起来给自己规定的第一个动作就是不要看手机，这是要下命令的，你不下命令，肯定第一个动作一定是拿手机。比如睡觉前，我也说睡觉前一定不看手机，这是两个现在我给自己的硬性规定。我不知道你们是不是这样硬性规定自己，如果你不是这样硬性规定自己，你就被一件事情给淹没了，就是一大堆的信息。如果我们每个人不能做知识的甄别，可能会陷入难以选择的境地。难以选择，就无法创造价值。

第二个原因是：时代的核心价值变成了"知识"。我们之前说这是工业时代、科技时代、信息时代，你会知道那个时代的核心价值是工业、科技、信息。我们这个时代开始称之为知识时代，已经不再用信息时代来说它，也不说科技时代，甚至今天不说互联网时代了，我们现在反复强调的是"互联网下半场"。为什么叫"下半场"？因为它的核心价值要转移了。而下半场关键的价值也基本上被确认了，就称之为"知识时代"。

如果说知识时代到来了，你真的准备好了吗？你到底知不知道什么叫知识？还是你知道的仅仅是信息、数据、事实，抑或你认为你知道的东西？我想这就是对我们大家特别挑战的部分，所以我们才希望你回到学院来，重新来学习，找到这些答案。

在现实当中大家对知识充满了期待，而所有人几乎都困在知识上。媒介又给了你很大的方便，方便到你信息过载，难于处理。我们比任何一个时间的人都忙，都不确认，都觉得充满机会，但又惶惶不安。

我想这是你们今天回来读书更重要的原因，以前你们回来读书也许要认识一个圈子，或者要学到一些东西。今天你回来学习是要获得定力，在学校读书后你能够去甄别信息、知识之后，你就会有定力。有了定力，外面所有的这些都对你来说都是机会、价值，而不仅仅是冲击、挑战、焦虑和压力。这是朗润园特别好的地方。包括我自己来的这一年，我比以前要忙很多很多，因为多了很多的任务，但是我自己认为它会让人沉静下来，更坚定知道哪些应该做，然后坚持去做。这是我建议大家回来读书最重要的原因。

想面对未来，你唯有跟知识走在一起。就像当年柯达破产的时候，德国所有的传媒都惊呼说了一句话：在科技面前，没有人高高在上，因为时代会淘汰落伍者。这句话如果放在今天，那就是说在科技面前，在知识面前，没有人可以高高在上，时代会淘汰一切落伍者。

这就是你今天要做的事情。我花整整两年时间去理解我会不会被淘汰掉，因为我之前所拥有的很多知识，今天称之为"经验"的东西实际上要淘汰了。我们必须重新都回到学习的位置上。唯有知识，面向未来。

二、知识定义的"源与流"

关于"知识"定义的时代非常久远，最早问"什么是知识"的人是苏格拉底。为什么那么早就要问这个问题？因为只要你讨论到人类、人性、人在这个宇宙当中如何认识自己，就不得不讨论知识。帕斯卡说，人无异于一根芦草，只不过他是会思考的。我们人类从一开始，当他有意识地反问自己的时候，就一定要回答这四个问题：

（1）人能不能认知？
（2）人如何去认知？
（3）人的认知能够达到的最有效的范围和程度到底是什么？
（4）真理及其标准到底是什么？

人类在几千年的发展过程当中，动用了宗教、历史、文学、技术等所有工具，就在回答这几个问题。今天，我们要加入新的认知世界的工具，这就是知识。

苏格拉底问泰阿泰德"知识是什么？"泰阿泰德想了想说："我想，说某人知道某事就是觉察到他知道的事情，因此，就我现在的理解来说，知识无非就是感觉。"

感觉到底是什么？不同阶段的人给感觉下了不同的定义。

最早说知识是一个思想状态，"得到证成的真的信念"（justified true belief，简称JTB，引自《柏拉图全集》），大家都认为是真的，那就是知识。普鲁塔哥拉认为，"人是万物的尺度"。如果没有人作为认知的对象，万物没有办法下定义。野中郁次郎认为，"知识是被人们确认的一种信念"，知识也是认知和行动的过程，你不能只做一个尺度了，你还可以能动的去创造，这时候就把认知跟行动做了一个连接；知识还是一种获取信息的条件，有隐性和显性的（野中郁次郎）；在怀疑论哲学中，阿格利帕认为"我们没有任何知识。"

从古希腊开始，人类一直想知道他自己是谁，世界是谁，他跟世界是什么关系。用什么样的标准去寻求最高的真理。人类发展到今天借助于所有的进步，包括技术的进步，越来越有能力去贴近他的认知，这个贴近的过程必须要借助的媒介就是知识。

知识的定义是非常宽的，又是非常抽象的。你来到北大国际发展研究院（简称国发院）来读我们的EMBA，你会得到跟别的商学院不一样的东西，就是定力。这里可以看大势，可以懂中国，更重要的是，你会惯性地形成国发院的思考模式——既基于全球，又针对你的问题。

你真的拥有知识吗？假如你认为读过书之后就会拥有知识，按照前面的定义就把你否掉了。我们最重要的知识定义是什么？其实就是我们要能够真的实际地去解决问题，而且我们在实际行动中产生实体绩效的过程中，又有很明确的信念相信这个是可以做到（知识被定义为一种增强实体有效行为能力的合理信念）。

25年前北大中国经济研究中心（国家发展研究院的前身）6个创始人相信，他们的学术研究可以解决中国的经济问题。当他们这样相信的时候，他们花25年的努力去做的时候，我们才有机会在今天欢迎大家加入这里。如果不是在25年前他们拥有这样的一个合理信念，我称之为"知识的力量"，我们今天是没有机会在这里见面的。

依此定义，你真的拥有知识吗？我这不是问你的，是问我自己的。我这样问自己，才发现有很多东西可能不称之为"有知识"。

北大国发院最包容，我们有支持政府主导的，也有支持市场化的。不同的教授完全站在各自的观点上，并非一定要辩出个孰是孰非。当时我们院做辩论的时候，有很多人问我支持谁？你觉得谁对？我说，你的知识水平不够！为什么？因为你用的是分别心，不是分辨力。你用分别心就是你的知识不够，你一定要讲谁对谁错，你用分别心的时候你一定会说我要站在谁的一边。但如果你用"分辨"这个概念的时候，你得出的结论是你自己的，既不是林毅夫老师的，也不是张维迎老师的，你得到的是你自己的结论。那天我为此发了条微信，我说让我最感动的和觉得最有价值的地方就是所有听者都有自己的答案，这就是这场辩论最大的意义。但是如果你一定要问我谁对谁错，我只能说你不懂知识，你还得继续学习。

今天为什么你要有知识的能力？就是要强调你要有分辨的能力，要求结论是你自己的，不是你要站队，不是你要表态，不是你要支持谁、反对谁。这实际上是对今天所有人的一个非常大的调整，我们在很大程度上没办法推动进步的原因就是我们太过分别，而没有懂得分辨。

很多时候大家会觉得这件事情不可能，或者大家会担心，我如果付出了这些努力之后会不会有结果呢？就像你们会计算，花的这些钱和时间来到国发院读EMBA到底划算不划算。如果你真的懂知识的概念，你会发现，知识的定义在于：知识是合理的信念，它一定会增强你的实体行动结果。因此知识是个动词，不是名词。

如果你来到这里读书，因为国发院，因为我们这些教授，哪怕因为姚洋老师和我给你的介绍，强化了你坚信"学习对你有更大帮助"的信念，那你就是真的懂知识。很多时候计算得失，都是你自己设的限，一定是你在认知上不足，不是你真正的局限或者是边界。

很多人问我，中国企业什么时候能真正在全世界拥有非常强大的竞争力？我在30年前就说了一定会有强大的竞争力，我正是因为坚信这件事情，所以一直认真研究它们，看着它们一直长大。如果你按照30年前的标准来看中国的企业，我们一定不讨论这件事情，因为我们有非常多的局限，我们的市场、能力、资金、技术、人力资源，甚至很多人会说我们的国企成本没有竞争力，但是我从来不受这个限制。

如果你在认知上是懂的，你会发现所有的限制条件都可以创造性的调整。如果你知识储备充分，你就不会给自己设限。

大家现在觉得世界变化太快，快到有点跟不上。但可能最重要的是你自己不变，不是这个世界变化太快。我们这个世界其实一直都是这样变的，只是以前你愿意跟着变，现在你不愿意跟着变，你当然就觉得不行了。

我们在很大程度上跟着微信走，跟着信息走，别人讲时髦的词跟着讲。你是用惯性在走，不是真正的应对。非常多的企业家跟我讲，说现在要做合伙人制，我就问他一个问题，然后我就知道他是否跟着惯性和时髦走。我说：如果真的做合伙人制，决策当中你一个人最后说了不算，你同不同意？他说那不行，最后还要自己说了算。他说，我对他们不放心。我说，那你就不是真正的合伙人。这就等于你没有真正去理解、真正去应对应该怎么样做。

你要真的拥有知识，你的确要回来读书，因为你不回来读书，所有的东西就有可能变成经验。我相信姚洋老师跟我都不敢停下来，我们每天都要学习，每天都要思考，否则我们的东西就会变成经验；一旦变成经验，它在我们理解知识的时候就会变成障碍。

三、知识是个动词，不是名词

我先帮你区分这三个概念：信息、数据、知识。

数据就是还没有加工的数字和事实。很多人很喜欢用数字，但是当你用数字的时候你就适合这个时代吗？今天都叫数字驱动，如果你的数字不能转化为知识数字，它就没有任何意义。

有一次我到一个县级市，它当时是中国县级市里面人口最多的一个县。当地政府的人告诉我：我们是县级市里面GDP总量最高的城市。我就问：你的人口是多少，人均GDP多少？他就不说话了，因为人口最多，把总量一平均GDP就排不上去了。他先说GDP总量最高，如果以这个数据来作为依据，你就会出问题。因为我那段时间做这些事情，第二天受另一个市政府邀请去，他们说：我们是二类城市里面人均GDP最高的城市。我接着就问人口总量是多少？他们不出声了，因为那时候这个城市只有40万人，当然人均GDP要很高了。所以大家记住，你如果未经知识的训练，数字就什么都不能代表，数字就是未经加工、未经确定的事实而已。

比如说销售额。有一次一个企业家说：我今年特别好，销售额增长了60%，按道理应该鼓掌。我说，不是这样的，我们做经营的人应记住，你的增长不重要，重要的是你得超过行业平均增长，否则你的增长没有意义。我接着就问，你们行业那一年平均增长是多少？他说我没看，我说你现在去看。看完之后回来他不出声了，因为行业平均增长68%，他的60%就没有任何意义。因为他连行业平均增长都超不下去，他就被淘汰了。我们考验的方法非常简单，不是你的预算完成了就好，你要一直超过行业平均增长，才能活下去，因为行业里面前40%的企业可以一直活，淘汰是后60%。这是很简单的数据。所以我绝对不看你的年度销售额预算完成的情况，唯一看的是你跟行业平均增长的比较，但是你不会看，因为你没有回来读书过。你还很高兴，每年一开大会就说销售额完成，增长多少。我们很多企业就是这样在一片欢歌当中被淘汰掉的。

信息比数据进一步，是处理过的。信息是可以拿来做决策依据的。你必须从数据过渡到信息。但是你拥有了信息是不是就拥有知识了呢？不是的，知识是鉴别过的信息。要经过处理、再做鉴别的数据才是知识。你一定要经过这个过程，我们很多人仅仅拥有了数据，仅仅拥有了信息，但没有拥有知识。

就像你们每天看非常多微信上的东西，网上的东西，你有没有发现很多人犯错误，看了这个微信想都不想就转发出去了。转发的时候，别人就认为你鉴别过了，你鉴别过之后别人就认为这个信息是你的了。你转的时候就代表了你的立场，因为是经你鉴别过的。所以有的学生这样转给我，我问他你确认这个信息吗？他说：我只负责转发。我就很恼火，我说你毕竟是我的学生，你转的时候就应该确认，你不确认的不要转。有可能你是那个拥有信息的人，你是拥有数据的人，但你真的不是拥有知识的人，拥有知识的人一定是把信息鉴别过的，鉴别过的才算是知识，没鉴别过的算信息。知识连加工都不加工的就是数字，或者是事实。你可以告诉我客观事实，但判断要由我做。我们最怕的就是判断也不做，客观事实也不看，就开始表达意见，那就不光是没知识了，你连基本的常识都没有了。

如何有效区分信息和知识？唯一的标准就是，知识是你个人的信息。你们读EMBA之后会有一个机会给老师打分，我正在考虑要不要去掉。你以为是在给老师打分，其实是给你自己打分。你打分说，陈老师，这个课我没学到这个东西——这就意味着这门课，你把所有的课程信息都没有转化为个人知识，其实就是你没学好，你的评价却是老师没讲好。

我也是读过书的人，我每次给老师打分都非常高，而且我很有理由，因为我学到了东西，所以我每次都被评为最好的学生，实际上是学得最多的那个学生。打分是在检验你有没有把信息变为知识，信息变为知识只有一个检验的标准，就是有没有完全变成你个人的。

我们很多人把别人的知识当成了自己的知识，其实别人的知识只是你的信息，你必须把别人的知识转成信息之后再转成你的，那才叫知识。所以知识最重要的特征就是它跟你对于事实、程序、概念、解释、思考、观察等等概念判断有关。就像我听你做的经营分析，我一定下的判断跟你不一样，当我下这个判断的时候，我就会用我的知识来跟你去对这个数据，或者这个信息去做鉴别。因为我拥有这个知识，我下这个判断之后一定对你有帮助。检验信息与知识最大的区别、最简单的方法就是，你能不能把别人的东西变成你自己的。如果变成了，那就转化为知识了。因此，知识是个动词。

智慧是一个知识流。形成智慧的知识流动链，先有数据，是一个未加工的、客观的事实；数据经过加工，变成信息；再加以鉴别，才成为知识；把知识应用到行动当中，就会变为智慧，智慧是知识应用之后才产生。如果你的知识不去应用，你是不会有智慧的。智慧完全是一个应用的过程。

有个案例。一个10岁的孩子救了很多人，他在普吉岛散步的时候，突然发现海水开始冒泡，因为他学过这个知识，他把这个知识转化为个人的，所以当他看到这个现象的时候，他马上就知道海啸要来，他就拼命跑，告诉大家，结果100多名正在海滩上休闲的人被他救了。

所以智慧跟年龄没什么关系，你不要认为你一把年纪就有智慧了，不是的，它跟年龄没有关系。最重要的是你能不能把所有的信息转化为你自己的，然后还能应用，这样你就开始有智慧了。

智力发展的三个阶段：

第一个阶段是浪漫的阶段，也就是你一定要对客观事物有直接的触觉。你们教育小孩子不要太早教他去分析，你最好让他胡思乱想，唱歌、跳舞、画画，到处去看，到处去玩。我现在就很怕我们的小孩子都在很小的时候就已经过了浪漫阶段，就太过大人化了。

第二个阶段叫精确阶段，就是去分析事物。大学教育就是要教你分析。

第三个阶段就是综合运用阶段。智力发展就是这样的一个循环，你能够在浪漫阶段，对世界包容和接纳；接下来你通过学习能精确地掌握它；更重要的是你又可以综合地运用。如果你可以这样做，你的智力发展就完成了。我们不断地在这三个阶段当中循环往复，成长起来。

很多老师，怀揣着学术训练，面对中国问题给出非常多的解决方案，推动中国进步，他们都是拥有智慧和知识的人。如果我们仅仅拥有学术的训练，但是没有办法推动进步，那其实还是没有知识、没有智慧的人。

王阳明曾说："真知即所以为行，不行不足谓之知"。你不行动的时候你真的不知道你是不知的。很多同学说我们不要考试，我说在现实当中没办法检验你，所以就一定要考试，因为只有考试的时候你才知道你前面的东西有没有学到。古人认为，只有做到知行合一，才可称之为"贤达"。

四、组织如何拥有知识？

我们今天遇到的第三个挑战来自企业。我自己是做组织研究的，今天在组织研究里面遇到的最大挑战就是知识驱动的组织与资源驱动的组织不一样。如果说一个知识驱动的组织是什么样，我们应该注意它什么问题，我就反复要问你的组织是不是真的拥有知识。

德鲁克在他的一本书里面很早就说：无论在西方还是东方，我们早期知识一直被视之为"道"，推的很高，离现实很远。可是现在，几乎是一夜之间知识突然变为"器"，变成一种资源，一种实用利器。

德鲁克在研究整个管理学近百年的历史当中，对之前知识所起的作用，做过三个革命阶段的划分。当知识运用于生产工具的时候，称之为工业革命；当知识运用于工作之中的时候，称之为生产力革命；第三个阶段是，把知识用于知识自身，称之为管理革命。这三个革命带来的结果是什么？就是知识应用于生产之后，人类一个世纪创造的财富，是之前所有世纪的总和还要多。所有运用知识在生产流程和工艺的国家的劳动效率大大提高。

我沿着他的研究思路加了一个阶段，第四个阶段，这第四个阶段不是知识应用于流程，不是知识应用于工具，不是知识应用于知识本身，而是知识本身就是一个生产要素，当知识本身是生产要素的时候，它就会使资本和劳动力居于次要的位置，我命名为知识革命。前三个革命淘汰的是工具、流程，这次革命淘汰的是人。你如果没有知识，一定会被淘汰掉。

所以大家一定要重新去建立你的知识系统，你必须清理。今天很多人喜欢辟谷，目的就是重启。在拥有知识上，也需要"辟谷"，做一次重启，我们把全部都清掉。因为你不重启，不加入新的东西进去，这一轮的革命就是把我们自己淘汰掉，这才是它可怕的地方。

泰勒1911年发表了《科学管理原理》。自泰勒将其知识运用于工作后的短短几年中，社会生产力便以3.5%～4%的速度持续递增，这就意味着社会生产力每隔18年左右就会翻一番。自泰勒时代至今，所有发达国家的生产力水平平均已提高了50倍左右。这种社会生产力的提高前所未有，因而导致了发达国家生活水平与生活质量的明显改善。

这只是用知识运用于工具、运用于工作带来的变化，现在知识变成生产要素，你就可以想象那个变化是多可怕的。我们以前常常说涨100%都是很厉害的，今天我们告诉你有独角兽，不是涨100%，而是指数型增长的。知识在今天变成了非常重要的资源，成为获取社会和经济效益的手段。你回来读书是非常重要的投入，这是在做系统化的创新。

今天，Google搜索已经做到了一个知识图谱，你只要坐在计算机面前他就知道你要干什么了，这非常可怕，但事实就是这样。把你的图像和你脑袋里要想的东西组在一起，你坐在那里Google就知道你要干什么，结果就打出来给你。今天美国所有的零售公司都会被投资者问到，你跟亚马逊比有什么应对？如果没有应对，你在这个行业里就会被淘汰掉。今天GE已经不是一个制造公司，而是数据驱动的公司，它甚至把制造起家的东西都卖掉了。阿里巴巴和腾讯又到底是什么公司？

这就是今天我们必须重新回来学习、重新认知的部分，包括我本人也是一样的，我能承诺的就是我会跟你们一起学习，因为我们整个组织需要转变成知识驱动型的公司。

你的基因里面要有知识的概念，不能陷在信息和数据里面。我们现在所有人都讲大数据，但是它跟你有什么关系呢？你的组织结构和合作伙伴系统，包括你可持续的价值，都需要你变。就像今天谁都不会想到日本首富居然是7-Eleven，原因就在于他的企业有最好的知识流和数据协同开放平台。我希望你们要变成这样的公司，我也必须朝这个方向推动大家。如果要变成这样的公司，你需要拥有什么？你需要组织拥有深厚的知识系统。对日本影响最大的学者（戴明），认为组织应该有一套深厚的知识系统。

未来的组织是这样的，是由四个因素彼此影响的组合起来。如果你的组织的知识系统没有这样的能力，你的组织就会被淘汰。几年前马云说他不做研发，他只是集合和集成，今天最大的新闻就是他成立了一个研究院，直接宣布说1000亿元已经先投入进去。组织将来一定是具备系统的力量，而不是组织本身。你必须得有能力不断地去获取知识、验证知识，不断地创造和创新。这一轮知识革命淘汰是更可怕的，我们前面的还好办，实在不行我们就借助于工具，这轮就不淘汰工具，直接淘汰人。知识的生产力会成为经济与系统最重要的决定因素。这也是我们最好的一个时间点。

五、手比头高

我自己有三句座右铭，两句是别人的，只有这句话是我自己的，就是手比头高。我的习惯是告诉你，你只要把手举起来，手一定比你的头高。也就是你的高度是由手决定的，不是由头决定的。最重要的就是学习、鉴别、运用。

如果我们要学习、鉴别和运用它，最关键的就是：

第一，不断有目的地"放弃"。你要把过去的东西扔掉，这是我对很多企业要求最高的事情，企业最大的障碍就是原有的竞争力的障碍、竞争力的陷阱。我自己服务的企业我都要求它每年告诉我自己有目的地抛掉什么。

第二，持续地去理解外部环境，因为变的都在外部。

你要回到学校来，就是把你前面的东西都更新一遍，通过学校去拥抱一个更宽的环境，加上你自己的环境，你会比别人更有竞争力。

如何做到这两件事？忘记、借用、学习。

忘记什么？就是忘记你过去的一些东西，你要学一些未知的东西。

为什么要借用？因为，你要和别人合作，要跟别人组合在一起，今天太多的知识，你不借用不行。

第三个就是你一定要认认真真且有能力去学习那些完全不知道的。我看企业，就是看你面对未来的属性。我记得去年也在这里谈招生，那时候我用的词叫"未来已来"，那是我在2016年告诉大家的词，在今天变成了现实，我们未来和现在的时间轴没有时间差了。如何面对已来的未来？就是要学习一些关于未来的概念，我不是要求你预测它对不对，我要求你做关于未来的准备。

突破认知障碍，唯有终身学习。

第一步，"唯有融会贯通"。一个英国小说家他写的小说总是很好，人家问他为什么能写这么好,他说"唯有融会贯通"。什么叫融会贯通?你不要简单只是解决问题,你要学会去找问题,也就是界定问题,要做鉴别;然后你要对鉴别后的信息做特定的转化,这称之为知识的形成;有了知识形成,你就会有一套自己的方法论;有了知识方法论,我就不担心你了,因为你可以去解决一个未知的问题。

第二步,唯有终身学习。你从国发院毕业还要学,不是只要求你在国发院学。因为我们今天要求三种学习能力,一种就是基本学习能力,把我们现在已经存量的知识要先拿进来,未来一定是两种知识在身上并存:存量的知识和动态的知识,存量的知识是基本学习能力解决的,动态的知识是要靠另外两个能力做的,一个是过程学习能力,你要做跨界、做各种了解,我们在EMBA课程里面也会安排很多跨界的东西给你;动态的知识还要综合运用能力,这样你才真的能够学到知识。

第三步,唯有突破自我极限。

人在认知上有三个障碍:

第一个障碍,就是摆不好自己跟别人的关系,摆不好自己跟社会的关系,摆不好自己跟环境的关系,就是太过自我。

第二个障碍,就是我们总是相信我们自己相信的东西,认为我们相信的东西就是真的。但实际上我们自己信仰的真理与真理之间永远是有差距的。你相信的东西和真的东西之间永远都是有差距的,我们的学习训练和知识训练、智慧训练就是让这个差距变小,或者更早发现这个差距。

第三个障碍,就是你有经验,因为事物一定是变的。我特别鼓励EMBA学生参加商学院戈壁挑战赛。我告诉他们,上戈壁最大的好处就是三个障碍(过于自我、过于自信、囿于经验)都可以打掉,你发现你所有的经验都没用,因为那个地方的天气变化大,你没经历过。有人平时很能走,结果发现根本走不下来,你所有的"我"都得拿掉。

在知识的社会里面最经不起的是知识潜力的浪费。希望大家把知识潜力发挥出来,只有这样才能洞见未来。

在以不确定性为主要特征的时代当中,最重要的是你对事物的洞见能力、远见能力、最后实现的能力。我建议大家深入介入和融合到变化中。当你能够很深入地融合和介入到变化当中时,你就一定会提高对自己的要求,这个要求就是你一定要用比别人更高的标准要求自己,你一定要有更大的心胸接受变化,因为理想和现实没有距离,你只要中间放一个行动就行了。如果你的理想和现实是有距离的,一定是源于你中间没有行动,行动就是让我们把理想变成现实的唯一桥梁。

你的高度就在你手上。

(原载:春暖花开公众号,2017年10月23日)

下一个竞争的议题是人力资源与企业战略的协同效率

我们谈CHO（人力资源总监）和CEO怎么成为合伙人，我觉得中间有一个最重要部分，就是人力资源和企业战略之间的关联，如果人力资源和企业战略没有很好的关联，就没办法谈其他事情了。

在战略的概念当中，如果不是因为技术的冲击，我们说得比较多的一句话叫战略是一种选择，所以无论谈竞争战略还是我们看到的以资源为基础所有的战略的模式，最重要的都是讲选择，但是今天因为互联网的技术和我们看到的这种巨大变化，会发现一个最重要的概念，就是以未来决定现在，而不是简单地去做选择。那么如果说以未来决定现在的话，就要求你有一种能力，这种能力就是知道未来是什么样子。

可是我们又非常清楚地知道未来是不可预测的，所以第二句话更重要：创造未来比预测未来更重要。换个角度说，今天在做战略和以往做战略有个很大的不同就是我们要创造趋势，而不是简单分析趋势，所以我在谈2017年三个关键词的时候说要与顾客共创趋势，这是2017年一个重要的特点。如果真的是以战略这个概念来做的话，就会遇到组织管理当中最大的一个挑战，这个挑战就是组织管理不仅仅要完成绩效，还有一个很大的要求，就是管理不确定性。这也是我今年《激活组织》这本新书的核心思想。

一个组织在管理不确定性的时候，最重要的要求是什么？就是你的成员要持续地拥有创造力，所以看见今天组织和以往组织有一个很大的不同就是要把边界打开，要让非常多的有能力的人以不同的合约方式跟组织组合在一起。

在这种情况下，组织要求的所有规律都在变化，无论是管理结构、留住人才的能力、所谓分权和授权之间所构成的职业的限制、薪酬机制的设计等等一系列东西可能都会改变，更重要的是人会自我管理，在管理当中遇到的最大的挑战就是未来的优秀人才是自我管理型，他不会简单接受组织管理，所以人力资源管理和战略管理的协同效应就变得非常重要。

一、人力资源和战略管理的协同效率

在整个的运营当中必须关注的一个核心话题，就是战略如何落实到每个人的能力上。战略实施真正落地的时候，就需要每个人，他所有动作都是跟战略相关，之前为什么可以跟战略相对分开，是因为之前的战略周期比较长，我们可以讨论五年的战略，因为市场和技术推动，今天遇到很特殊的变化，所有行业的时间总和变短，我们必须保证每一个人跟战略直接相关，这就要求人力资源和战略之间的契合度比以前要高很多。

一直以来，我对人力资源最重要的要求——须是一个业务能手，不应该只是一个人力资源专家，否则对业务的理解就会有偏差。只有对整个行业、市场和公司的战略理解得非常透彻，才保证人力资源的能力跟市场、公司战略规划完全一致。

新兴市场最厉害的能力在于重新定义行业，比如：苹果重新定义手机，滴滴、Uber重新定义出租，共享单车重新定了自行车，在理解重新定义的时候，需要理解对能力的重新定义，如果不能做到对能力的重新定义，所有对行业的重新定义是做不到的。

今年对竞争的议题变了，它不仅仅是商业模式的创新、技术的迭代、顾客需求的改变和外部的所有的经济环境竞争要素的调整，更重要的是在人力资源战略的匹配上，战略不再是一个竞争模型和资源模型，它必须是一个能力模型，只有这样才能面对你在市场上的竞争。

所以我希望大家能够理解三个最重要内容：人力资本、结构性资本、顾客资本它们分别在说什么。把这一系列的内容组合起来才能具有一个企业真正的含金量，才能保证企业持续的成长。

所以我特别的担心两句话：

第一，风口期和猪会飞。

非常担心所有的企业经营人员变成投资家，你会发现所有的CEO、老板、高管都在做融资，每个人谈的都是产融，讲的是市值。顾客呢？真正的价值在哪里？这是我特别担心的地方。真正做经营的人，不会谈风口期和猪会飞，我们要落在地上，持续去做事情。

第二，实体经济和虚体经济。

在技术的框架下，没有实体与虚体的区别，没有传统企业之分，所有企业都是技术驱动的企业，所有人今天都要接触技术变革，所以传统这个词根本就不存在，今天所有的问题都要回到技术的框架下，因为技术改变了人的所有行为，所以要有个清醒的认识，才能把企业做好。

所以这就要求人力资源管理要从战略上去做保障，意味着人力资源的角色和地位有所改变，所有关注的话题也是有改变。

二、怎么做

有非常多的业界的优秀企业，实际上做得非常好，我最近也看了很多的企业，发现如果要做到这件事情，要注意人力资源的角色。从理论上来讲，人力资源的角色在今天和以往比，最大的挑战是我们同时要面对两个内容：日常操作性工作和面对未来。如果这两个方向内容都要做，我们要关注到两个最重要的维度，即流程维度和人的维度。

所以今天的人力资源实际上是在两个维度延伸上去做，然后组成四个最重要的功能，这四个最重要功能是同时对你的要求，不是只做一个，只有这样才能知道我们在战略上的要求。

通过对企业的调研，我发现人力资源的多重决策的能力变得非常重要，如果只满足面向日常的工作，可能对员工的考核、评价、薪酬体系这些工作专业能力的关注度非常高，但如果是面向未来的，那可能对未来关键要素、整体的转型和变化的关注会特别多。所以从某种意义上来讲，我们其实对大家的角色要求比以前高很多，必须投入到各种角色中。简单来说，人力资源有几种角色：

第一种角色，战略伙伴；

第二种角色，行政专家；

第三种角色，员工的领导者；

第四种角色，转型变化的助推器。

三、进入创造力时代必须建立员工和组织能力共享的平台

三个必须关注的话题：

第一，我们为什么工作。

人们会发现人生现在很丰富，所以就要去体验，这就要求要有时间，所以要记住现在跟你竞争的不是员工的能力，不是公司的吸引力，是员工对人生的向往，如果他的人生向往没有办法在你的组织中落实，他会义无反顾地离开，所以我今天第一个需要你关注的就是：我们为什么要工作。

第二，员工与企业的契约。

我讲一个小的例子给你听，你就会明白这个话题为什么如此重要。

最近我去华为，谈到员工与公司的关系，一个公司能够给员工提供好的工作环境，获得好的收入并能够不断成长，这个员工应该有一种感恩的心。想不到任先生不接受这个观点，他说，在华为，我们不需要员工感恩，如果有员工觉得要感恩公司了，那一定是公司给他的东西多了，给予他的多于他所贡献的。我听到这里，就问身边的华为员工怎么理解任先生这个说法，她的回答也给我很大的触动，她说，她更多感受到的是"责任"，而不是"感恩"，华为与员工之间是一种契约信任的关系，不会用感恩或者情感作为纽带。

第三，个人能力的分享。

为什么我会一直保持跟很多企业的沟通，而且是和特别优秀的企业做沟通，我需要继续跟大家一样的与时俱进，这个能力的获得就是一个共同分享的过程。今天我说在这个领域不好发言，但是我还是认真思考，从一个CEO的角度，把我们三年做的事情重新总结一遍，然后呈现出来，这就是逼迫自己的能力成长。

所以我想，我们需要关注的东西的确很多，可是从人力资源的角度来讲，有一件事情一定要努力，无论你怎么制定战略，人力资源要直接跟战略相连。如果人力资源不能跟战略相连，整个人力资源的开发体系无法实现它最大的潜力；如果公司在战略上持续具有领先的位置，那在人力资源的这个潜力的爆发会不断地被检验出来，我讲三个个人能力的内涵的建立，第一，人的能力没有边界；第二，人的能力有无限可能；第三，能力是一种行动，只要去做就好，人力资源也是一样。

（原载：春暖花开公众号，2017年6月14日）

寻找自我变化的方式

2017年初开始的共享单车一会被人爱一会被人骂成为一波又一波热点的时候，北京某CBD附近流动起了共享奥迪A3，沈阳街头涌现了共享宝马1系，俄罗斯街头则华丽丽地轰鸣起共享法拉利的马达声。同时，一大波"共享经济"正在赶来的路上。

"没有一点点防备，也没有一丝丝顾虑，你就这样出现在我的世界里。"正当一批企业和玩法"带给我惊喜，情不自已"的同时，另一批企业和玩法"在我不知不觉中，悄悄地消失，从我的世界里，没有音讯，剩下的只是回忆"。毋庸置疑，互联网移动技术推动下的全球化所导致的变化，不仅仅是技术推动人们走向生活方式的变革，而且是彻底改变着我们的产品、服务、工作方式，进而更是彻底地改变了我们对组织的期待以及对组织架构的理解。

如今，一些公司如苹果、华为、阿里巴巴，成了家喻户晓的名字，而其他一些公司如柯达却走入了困境，甚至无法自拔。正如德国媒体惊呼的那样："在科技面前，没有谁可以高高在上，时代会抛弃一切落伍者。"

一、正在发生的未来

任何组织都是存在于其所处的环境中，环境本身一定会成为组织的一个重要组成部分，因此，如果要进行组织管理的活动，是需要真正理解环境，明确理解外部环境对组织绩效产生的影响，这既是对企业管理者的要求，也是不得不接受的事实。

如果倾听身边的声音，不难发现，人们对于今天所处环境的描述是那样的统一，不确定性、不可预测性、多边性、复杂性这些特征被确认为是环境的主要特征；互联网技术、移动技术、大数据这些直接代表生活方式的术语，也已经为人们所熟知。IBM的研究报告，直接把我们赖以生存的环境称为"智慧地球"，认为更加互联互通、更加透彻感知、更深入的智能是智慧地球的根本属性。而从我的理解角度去看，我用"正在发生的未来"作为目前我们所处环境的基本特征描述。

为什么今天的环境是"正在发生的未来"？我曾看过一部电影《超体》（Lucy），法国导演吕克·贝松执导的科幻动作片。这部片子很多人有不同的解读，但是我认为可以很好地表达我对于环境认知的描述。

《超体》在约2个小时的时间里探讨"时间与生命"这个宏大的命题。教授说：细胞的一切活动都是为了获得更多的时间。在适宜的环境下，细胞选择繁衍，成为大量个体的集合；在恶劣的环境下，细胞选择永生，成为独立的个体。这是否就是生命最终的意义呢？我还无法诠释。

什么才可以衡量生命？什么才能够表明生命的意义？什么才能够真正具有生命力？看这部片子得到的答案是：唯一可以衡量生命的是时间；生命唯一的意义，就是将所学的知识传递下去；真正具有生命力的是知识。影片中有一个镜头，拥有完整开发大脑的露西与原始人露西手指对触，与上帝之手的画面极其一致。吕克·贝松是想隐喻上帝版的露西生成了？然而我更愿意理解为当人类大脑开发到100%时，更接近自然属性而远离了人的属性。

露西消失了，留下来的是一个巨大的闪盘，电影结尾响起露西的画外音："生命在10亿年前被赋予我们，现在你知道能用它来做什么。"的确，世间万物是一体的，而存在只有通过实践才能证明。我们是否真的理解，我们生命的力量和美妙，是透过我们自己的每一个行动去感知的。只要我们在行动，生命就在焕发魅力；只要我们传承人类的知识，生命就在不断延续；只要我们让每个时间充满价值，生命就拥有了意义。所以，生命的每一个瞬间都是对于未来的选择，无论是选择繁衍，还是选择独立个体生存，每一个选择都是对未来的选择。

二、一切皆变，一切皆存在

我在晨练时，满眼看到的都是变化。一天天树不同了，一天天天空不同了，一天天花儿不同了，一天天小草不同了。人们自然而然地就和时令、气候以及周围的环境融合在了一起。没有谁刻意地宣扬自己的变化，也没有谁刻意地占有资源，每一个自动自发的变化都是为了与周围的一切相和谐。

是的，这是一种再自然不过的自我调整。我常常为小区里的各种植物所感动，时而粉红一片，时而碧绿荡漾，无论春风秋雨、盛夏寒冬，它们都展示着各自的多姿多彩，也正因为是这样的变化，让我们栖居的环境总是处在生机盎然的勃发中。

其实，生命本身就是一个变化的载体。不管我们愿意不愿意，生命本身都在按照自己的规律变化着。一呼一吸之间，很多东西都悄然不同了，没有痕迹，不露声色，但是一切都变了，这就是生命的本质。

而适应这种变化，作为一种与生俱来的本能，已经根植于我们生命体中。但是，另有一些变化，在我们的社会中、组织中、生活中，人们为什么一片茫然、不适应了呢？

1. 变化就是存在

是这些变化太集中、太突然、太快速吗？似乎人们的意识流被一下子撕开了一个黑洞，不知道接下来还会发生什么。这种无穷无尽、深不可测的变化，让很多人觉得迷茫，对不可知的未来深感焦虑。其实之前，当类似自然生命的变化成为一种常态，人们已经渐渐适应了一种平衡——静态的生长，以至于意识不到"变化"本身的存在。

是的，"变化就是存在"——如果认识到这个变化本身的属性，也许可以帮助我们更从容地理解环境。

我自己在年轻时的一段时间里，并不了解生命的本质，认为一切都是可以期待的，觉得时间是一个永远可以挥霍的存在。因为工科出身的缘故，认知世界的方式开始变得科学而理性，时间变成线性，岁月是一条演变的长河，生命逝去一去不复返。因为禅修的缘故，用心去理解生命的意义，知道生命本质上是一种轮回，生命的终点也是起点，这时时间是一种循环。

从时间可以挥霍，到时间是线性一去不复返，再到时间是生命的轮回，这是我认知时间的一个过程。假设这是过去、现在、未来的概念呈现，那么唯有透过现在，才有过去，也才有未来。

最让我感受到环境这一特点的是出租车行业的巨变。坦白地讲，如果按照我有限的认知，无论如何也不会想到出租车司机竟然是较早一个全面与互联网对接的职业，也绝对不会想到出租车这个行业已"极速"互联网化。

同时，另外一个与出租车相关的案例是PP租车（英文名iCarsclub，现更名为START共享有车生活平台），我也没有想到原来每个人可以把自己闲置的车组合起来，通过一个非常便捷的平台租给客人，让车在空闲时能够帮助别人，同时又能够获取商业价值。仅仅1年的时间，平台上就有10万辆车注册，月均流水增幅超过100%，资本对它也十分青睐。结果导致了出租车行业大范围的讨论和撞击，这些改变，也正是这个行业的存在，不管你愿意不愿意，这就是现实。

很多时候，我们对环境的认识还停留在以往的经验里，比如会关注人口、GDP、消费指数、空气以及国家政策，的确这些都是影响外部环境的因素，甚至有些是关键因素。但是对于今天的环境而言，除了这些影响因素之外，更需要拥有一种认知环境本质特征的能力，因为环境的影响因素也会改变。出租车和出租车司机在滴滴打车软件出现之前，对其影响的因素也许是油价、天气、道路管制以及行业规则。滴滴打车软件出现以后，这些影响因素还在，但是影响作用却发生了变化，乘客和出租车司机的关系改变了，两者的关系因为"第三者"的出现，显现出不同的效率和结果。这就是所谓的"变自生变"。

2. 善于自我变化

《失控》的作者凯文·凯利在《技术元素》中有一个论断：所有公司都难逃一死，所有城市都近乎不朽。因为公司的成长逻辑遵循着有机体的生长周期，好像一个人一样，有发展也有衰退；而城市则构筑了自我不断动态扩展的生态系统，在变化中有着不可预测的未来。

凯文·凯利更将视野放开，从大自然中提炼出"无中生有"的九条规律，为终极生态系统的扩张奥秘追本溯源。然后视野一收，他竟然从现代公司里正在发生的事情中，找到了这九条规律存在的依据——它们都致力于打破边界、内向成长。

他进而判断：在互联网时代，控制会很快失灵，更具有动态平衡的眼光才有利于组织茁壮成长。生命是有生命周期的，而事业的影响可以绵延不绝。这也正是人们说信息时代更趋于人本回归的原因。

凯文·凯利总结的大自然生长的九条规律，从无中生有，到变自生变，这种变化本身是结构化的。所以大型复杂系统的做法就是协调变化。当多个复杂系统构成一个特大系统的时候，每个系统就开始影响，直至最终改变其他系统的组织结构。若你要做到从"无"中生出最多的"有"，就必须要有能自我变化的方式。

这不正是老子在《道德经》中所说的"道生一，一生二，二生三，三生万物"吗？也是所谓的企业家精神的根本：打破平衡，避免失衡，不断寻找不均衡。从而在一种动态的平衡中打破企业生命周期的魔咒，实现企业的可持续经营。正如乔布斯的人生哲学：每天都在改变。

3. 变无止境

人们发现自库克接任苹果的新帮主以来，苹果发生了一系列变化。比如2010年10月，乔布斯在苹果财报会上称，iPad的10英寸屏幕是开发平板电脑应用的最小尺寸。因为更小屏的平板电脑虽然让图片看起来清晰一些，但是使用起来却很不方便。可是乔布斯去世后仅一年，苹果就推出了iPad mini，而且是目前为止最畅销的iPad产品。

乔布斯还公开嘲笑某品牌大屏手机是"悍马"："你无法将它握在手中，没人愿意买它。"还是在他去世一年后，库克竟推出了更大屏幕的iPhone5，并于2014年推出了更大屏幕的iPhone6和iPhone6 plus。其宣传口号就是："岂止于大"。乔布斯钟情于拟物化设计，在他看来，iBooks看起来就应该像真实的木质书架。但在乔布斯去世后，苹果干脆解雇了负责移动软件的高级副总裁斯科特·福斯托尔，缘于他是乔布斯设计偏好的坚定捍卫者。接下来的iOS7完全颠覆了乔氏风格，采用扁平化界面，彻底抛弃了模拟现实世界的物体。以及库克亲自走进中国、苹果对媒体开放、热衷慈善等，都是和乔布斯反其道而行之，以至于有人认为库克背离了苹果的宗旨。

在乔布斯看来，生命的意义就是改变世界。如今，库克持续了这个"改变"。其实，库克正是遵循一条"生"的道路——一条企业可持续发展之路。这正是许多公司在新旧统帅交接时面临的生死大坎，也是所有公司由盛而衰生长周期的死穴。目前为止来看，库克迈过了这道坎。库克接任CEO以来，苹果的市值上升了1400亿美元，2014年第四季度卖出7446.8万部iPhone，创历史纪录。

所以库克说，他的改变，正是继承了乔布斯的精神遗产。乔布斯说过：大部分人都生活在狭小的柜子中，以为自己无法对事物产生重大影响和改变。乔布斯从不接受这种哲学，并要求苹果的高管也拒绝这样的想法。如果你能做到这一点，那么就能够让事情发生改变。如果实现的成就是无止境的，那么你就可以改变世界。他对库克嘱咐道："永远都不要想乔布斯如何做，而是你想怎么做。"这样看来，库克的改变，恰似乔布斯灵魂附体，他致力的是能够自我变化的方式，也是为苹果突破成长极限，持续经营而"变"。而库克所说的"核心价值一直未变"，一如自然生长的脉动，是一种不均衡下的规律。

三、结束语

维克托·迈尔·舍恩伯格和肯尼思·库克耶在《大数据时代》中写道："虽然我们可以塑造当下,但未来却从过去的'完全可预测'转变为一块开放又原始、广阔而空白的帆布,所有人都可以在上面依据自己的价值,努力裁剪塑形。"这是今天这个时代环境最具魅力的地方,一切皆变,一切皆存在。

只是未来正在到来,你必须寻找到能够自我变化的方式。

(原载:春暖花开公众号,2017年8月29日)

增长型思维的三个内涵

20多年来深入做"中国领先企业的研究"过程中,我最深的感受就是中国企业在发展到一定阶段时,遇到最大的挑战是组织的瓶颈和惯性。一个组织到底有什么样的思维惯性,这对企业来讲是至关重要的。我们常常说改革难、转型难,很大原因是整个组织的思维惯性卡了壳。很多时候人们会认为组织管理主要是管控,尤其是在一个大型的组织里面,这种想法导致企业形成一种组织思维惯性。这个思维惯性当中重要的是区分,你是一个增长型的思维,还是非增长型的思维。非增长型的思维就是把KPI完成,不要冒险。但是如果是增长型的思维就会不断地努力去做,我们在任何情况下看到的都是机会,不会仅仅看到挑战和压力,所以不可能有焦虑。这时我就在想,如果你有焦虑,那么一定是你的思维方式错了,如果你的思维方式没错,按道理你看到的应该是机会,因为直到今天从未有过这样的商业机会,那样的丰富和多元化。

管理学界和商界人士大多将企业的战略思维或者战略作为企业的成功关键,但是在企业发展的实践过程中,另一个也需要关注的视角是组织思维,尤其是组织思维惯性对企业的成功至关重要。一个企业组织在平稳发展之时,最可怕的是怠惰,是组织疲劳,就像人们说的"温水煮青蛙";最可怕的是固步自封,活在自我的成就上,活在过去的功劳上。这样的组织已经开始自己淘汰自己,而不是因为环境或者技术,更不是因为对手或者竞争者。

因此,组织思维惯性是一个非常值得关注的问题,这也是那些优秀企业在企业文化与组织建设中极为重要的一个方面。如华为顾问田涛先生在一次报告中所言:"组织在早期要强调活力,要海盗精神,甚至匪性。我们说华为把秀才造就成了战士,忽略了一个中间环节,那就是首先是把秀才变成土匪,让他们有匪性很重要。这难道是中国人的发明吗?这其实是真真正正的人类普遍的组织成长的价值观。欧洲人怎么走到今天的？几百年前的西班牙、葡萄牙怎么能够成为当时的世界霸主？靠的是什么？靠的是海盗精神。当他们富裕起来的时候，就开始搞资本市场，金融至上，开始忽视实业，开始普遍享乐，澡堂多于教堂，那种狂欢的文明，衰落一定是必然的。后来英国怎么崛起的？当时的英国女王给那些到全世界掠夺财富的英国海盗们颁发了批文，叫'探险'。正是这种掠夺式的探险，才使得大英帝国在它的巅峰时期统治了整个世界的一大半。"我想田涛先生用"海盗精神"做比喻，只是强调一个组织文化中，需要有不断冒险的精神，而不是安于现状的精神。

增长型组织思维是极为重要的，它包含三个方面的内容：从外向内看的思维原则，鼓励探索与宽容失败的思维模式，打破边界的思维方式。

一、从外向内看的思维原则

这个原则需要企业组织与企业管理者能够基于外部而不是内部、基于顾客而不是自我、基于市场而不是产品、基于行业而不是资源、基于变化而不是历史来分析问题，理解企业自身，我把此定义为思维原则，是坚持要求企业组织要严格按照这个基准展开思考与工作。这个思维原则有以下几个最核心的内容：第一是必须从外审视你的企业；第二是不断扩大对市场、对行业的理解；第三是利用一切技术和机会明确顾客需求；第四是不断重构企业核心能力。

我们都知道今天的经济进入了一个新常态，记得海闻教授对新常态用了三个概念：增速开始调慢、结构开始调整、新技术产生。我非常认同海闻教授这三个判断，这也说明企业发展的整个外部环境的确发生了很多变化，在中国大部分产业都遇到产能过剩的结构问题，比如中国饲料产能利用率只有38%左右。这样一个完全产能过剩的概念中，你的增长从哪里来，我与我的同事们说增长点只可能在结构内不可能在结构外。结构内的增长和结构外的增长，这两者对企业的要求是完全不一样的，这需要新的能力。

新的技术出现，不仅仅是互联网，我们看到更多新兴的技术对各个行业都产生了非常多而且巨大的挑战，所以这里面就需要大家一定要明白，这样巨大的变化，我们就要问自己这条路应该怎么往下走，我相信这就是今天企业组织所要面对的最重要问题：怎么确定自己的增长之路？如果组织掌握从外向内看的思维原则，就能够在这样的环境下找到增长的机会。以我自己最近三年的实践举例，在2013年10月，我与中国饲料行业的许多同行交流时，探寻这个行业最大的变化是什么？以前是农民来评价饲料企业好不好，现在是消费者来评价饲料企业好不好，产品安不安全，行业的评价体系完全改变了。如果从农民的角度评价，最重要评价的是企业服务方不方便，成本低不低，质量好不好；但是消费者评价，就是看企业产品安不安全，可靠性如何持续保障。整个评价体系变了，这时候你对行业的定义就要变。

我相信所有的行业也一样遇到这个难题，这个难题就是行业的定义会变，你不能用你的经验、历史再来规划你的行业，如果是那样，我相信你被淘汰也是必然的。所以我个人认为，从某种意义上来讲如果能重新定位，其实机会更多，所以需要且一定要从外而内来看企业。

二、鼓励探索与宽容失败的思维模式

这种模式需要企业组织与企业管理者能够在内部形成一种默契的文化，包容与支持团队成员不断探索。不断尝试，才会不断创新，获取主动从而迎接挑战。今天，我们都知道人才的作用，人的创造力决定着企业的成败。在过去很长一段时间，资本与资源稀缺，所以资本与资源的支配力更大一些。现在情况变了，无论是现在，尤其是未来，人才以及人的创造力会成为稀缺以及决定性因素，资本要附着在人才身上，才能够真正发挥价值。我把这个定义为思维模式，是需要企业组织，尤其是核心管理团队能够养成这种默契以及评价习惯。这个思维模式有以下几个最核心的内容：第一是在企业价值共识约束下的自由发挥，第二是奖励探索，第三是包容失败。

强调企业价值共识约束是前提条件，人才的培养最重要的是价值共性的形成，有明确的价值观指引，才能保证行动的有效性。对于人才本身而言，他们具有创造力，同时也可能带来破坏力。因此在共同价值观约束之下是一个极为重要的前提条件。在企业中流行着一种"能人"的说法，这些"能人"的确直接影响着企业的经营绩效，如果"能人"不作为，绩效立即波动，也因此"能人"常常要求企业为他打破规则，为他做出很多组织约束上的让步。请理解，在这样的情形下所获得的企业绩效，是极为危险的，因为无约束力的人才，是一种极为不负责任的创造力，这并不是我们所提倡的。因此，企业价值观共识前提下的创造力，才是我们所提倡的，所以，我坚持企业需要"对的人"，而不是"能人"。

华为提倡的"以奋斗者为本"之"奋斗者"是对的人；因特尔公司提倡的"我们欣赏战败的人而不是气馁者"，战败者也是对的人；杰克·韦尔奇在GE强调的所谓忠诚，不是在实体中的时间而是在外部市场上取得胜利的人，这也是对的人。真正的人才，不是你创造了多少业绩，而是你在共同价值观下创造的价值。

在《激活个体》这本书里，我特别介绍了谷歌的"创意精英"的组织管理模式，谷歌所做的实践，就是缔造了一个如何让每一个成员能不断探索的组织。我们看到基于新技术，特别是互联网技术的新兴公司之所以充满活力，正是因为他们的组织都是一个鼓励成员探索的组织。这样的组织需要打破层级、岗位以及分工；这样的组织给员工提供各种资源，以促成员工探索的可能。3M公司的组织管理体系中，准许员工跨部门成立工作小组，准许员工拿出工作时间的15%自己支配，去做与本职工作不相关的事情，为员工设立创新工作的氛围与平台。这样的结果是，3M公司最近五年来的新产品贡献率，绝大部分都是来自于内部员工在15%的自由时间里的价值创造。

包容失败是做到获取创新的一个根本性基础。有关因失败而获得创新与机遇的例子数不胜数，我不在这里去列举。之所以把这一点作为核心内容提出来，是因为中国传统文化中固有的习惯是不能够包容失败。里约奥运会中国女排的胜利让中国人极为振奋，我也是那极为振奋中的一个人，2016年8月21日守在电视机前观看女排决赛的收视率接近70%这一惊人的数据。30多年来，女排精神鼓舞着我们整整几代人，逆境中崛起，永不放弃、永不言败的团队精神是女排精神的核心。只是如果回想在过去的时光里，在女排处在低谷的时光里，并没有得到这样的关注和肯定，所以郎平才会说：女排精神不是赢得冠军，而是有时候知道不会赢，也竭尽全力！我们实在需要在遇到低谷时给予帮助和支持，最后才会取得成功。

我喜欢华为对于创新与研发的设计，华为每年把销售收入的10%～15%投入到研究和开发中，大家都知道这是一个巨大的数字，其中30%用于基础研究。研究是一个不确定性的工作，需要鼓励探索与冒险。对于不确定性工作，华为设定了一个收敛值是0.5，也就是说允许有50%的失败，在华为看来，这不叫失败，叫探索。看到这里，大家会明白华为走到今天，为什么有如此巨大的竞争力与增长能力。

三、打破边界的思维方式

这种思维方式需要企业组织与企业管理者能够突破固有的边界、管理方式以及体系,为市场与顾客服务,而不是为组织内部的制度和系统服务。正如上述所言,所有的边界都被打破了,这其中自然包括企业组织的边界。这个思维模式有以下几个最核心的内容:第一是用平台取代层级,第二是协同提升分工,第三是整合优化资源。

传统的组织管理是一个围绕着层级结构而展开的权力与责任体系,在这样的体系中,层级有着巨大的影响作用,不同层级有着不同的权力分配以及信息传递,不同层级之间有着一种心理契约,无法突破并形成一种隔阂。在层级结构之下,无论多么强调合作,无论花费多大的努力去打造一个合作的企业文化,但是一旦回归到岗位角色,每一个人必然会本位主义,"屁股指挥脑袋"。因此,优秀的企业都会在企业内部设立众多的发展平台,打破层级结构。海尔的"人人是创客"以及"人单合一"的组织管理模式,华为的"轮值CEO"组织模式,新希望六和的"划小单元""四大创新平台"设立,都是设立平台型组织的有效尝试,并都取得了明显的成效。

我们都很清楚环境带给组织的挑战,也都清楚组织柔性是多么重要。但是如果要获得组织柔性,就必须解决分工如何发挥协同效率的问题。大家也知道管理成为科学就是从分工理论开始的,因为分工才有了提高劳动效率的途径。因此只要是谈论管理问题,一定是解决效率问题。现在管理者遇到的挑战是:分工似乎成了阻碍效率实现的因素。我自己也亲身经历了这样的情形的发生,在我去调研的很多企业中,这甚至是普遍的现象。解决这个难题的途径是用协同提升分工,这就要求每一个成员能够用系统思维和整体意识来对待自己的分工,配合他人,达成整体绩效作为自己的工作准则,在组织内部有奉献,才会有价值创造。

整合优化资源是一个需要管理者真正理解并力行的思维方式。我们可以先从战略层面来看这个思维模式的重要性。首先,看看谷歌创造价值的模式。使用谷歌的搜索服务是免费的,因免费吸引全球20亿人上网搜索,搜索服务提供者把这20亿顾客资源卖给第三方,即所有想通过谷歌把他们的资讯传播给这20亿顾客的个人或机构,或许年收入能够达到2000亿美元,如果直接向顾客收费,不可能获得这样的结果。再看苹果,苹果不仅把手机作为一个商品,而且把手机做成一个平台,因为平台可以整合第三方,把那些和手机用户有价值关联的企业或顾客整合到手机这个平台上。可见整合优化资源是多么重要,运用这一点的谷歌与苹果,都成为持续增长的优秀企业。

我们再来看看组织层面上有关这个思维模式的重要性。华为最近有一个大讨论,其核心思想是任正非先生提出的"炸开人才金字塔,与世界交换能量",在这个讨论与共识之下,华为开始无限扩大外延,用华为分管人力资源高级副总裁的话说,就是"使内部领军人物辈出,外延天才思想云集。"这位副总裁分享了一个例子,隆巴迪先生(Renato Lombardi)是著名的微波研究专家,他是意大利人。五年前,华为因为他把华为微波研究中心设在米兰。克里纳先生(Martin Creaner)是全球知名商业架构师。两年前,华为为了他在爱尔兰科克市,一个不知名的小城市,设立了研究所。如今,这个"一个人的研究所"也有了二十多人的专家团队。马修先生(Mathieu Lehanneur)曾是卡地亚、三宅一生等品牌的设计师,现在,他是华为法国美学研究所的首席设计师。人才在哪里,资源在哪里,华为就在哪里,这就是华为的组织管理逻辑。

四、结束语

增长型组织思维对于企业组织来说,是极为重要的,很多企业还没有形成这样一种组织思维模式,大部分的企业是一种非增长型的组织思维惯性,满足于完成企业的KPI,满足于已经取得的核心竞争力,满足于自己对于行业的经验,不愿意去冒险,不愿意尝试新东西,这样的组织就是非增长型的组织,是需要彻底做出改变的。

(原载:春暖花开公众号,2015年10月17日)

企业转型的挑战与实务

广州是一个很美丽的城市,在亚运会期间也做了一个城市的巨大转型,我们之前看广州,始终觉得广州是一个会吃的地方,比较务实的地方,某种程度上来说也是一个比较土的地方,我想土豪这个词大概是从这里发展起来的。可是当我们有了广州塔、海心沙公园之后,尤其是从中轴线上看过去,你突然发现广州又有点像改革开放初期被全国人说的时尚城市的感觉。

一、不可持续是无法持续的

我今天带来的话题跟转型有很大的关联度,在转型的实际操作的过程当中我们会遇到什么样的困难?也就是挑战和实际遇到的问题是什么?为什么我们要做转型,今天几位嘉宾的演讲已经讲得很清楚了。从我的角度来讲,我会记住一句话:不可持续是无法持续的。如果你真的不能持续了那就真的不能持续了。

有人对我说:"我非常想做大"。我说:"你做大干什么?"他说:"我要赚很多钱,活得更久一点。"

我们把中间一些东西拿掉,其实你最终的目标是要活得久一点。你活多久才是最重要的事情。大家可能比较关心陈老师我最近在干什么,你们知道我最近最喜欢跑步,为什么?我最喜欢的人德鲁克,这个人活到97岁,为什么他成为大师中的大师,就是因为他活得最久,所以我也得干这个事,拼命锻炼,最后剩我一个人讲话,那我肯定是大师了。

所以你就会发现,其实活得久是最重要的,这个持续性其实是对企业最大的挑战,并不是你做多大,并不是你今天赚多少钱,而是你能不能一直持续下去,持续下去的要求是什么?就是你要持续的好。可是你本来就不能持续了,那当然是不可持续了。

就中国来讲，我们今天为什么谈整个国家的转型，整个国家的经济增长方式要转，原因在之前的30年，我们一直求的是高增长，追求的是让GDP变大，一直想成为全世界最大的国家，可是我们发现走了30年之后，这个大无法久，所以我们必须转，转成要让我们自己久，所以这就是你看到的一个最根本的起因。

我们为什么要转型，这个转型最重要的不是在意今天好与不好，而在于你活得久，因为可持续才是一个根本的选择。

二、企业转型的核心原因

我们来讨论这个话题的时候，常常我们要关注最根本的东西是什么？就是今天跟未来之间的关联到底是什么，这是我最近讲得最多的话题，可能你们在各种场合看到或者听到。我们今天跟之前最大的不同，就是未来跟现在之间的时间差很短。以前未来跟现在的时间差是很长的，我小时候想过年，要等很久，我觉得那个日子漫长得很，今天一眨眼好像就要过年了，这个时间差实在太短了。

我记得小时候写作文，人类进入2000年会变成什么样子，我觉得那是一个遥远的神话，但是今天讨论的都是往后会怎么样，所以这个东西带来最根本性的东西就是未来已经来了。

如果未来已来的时候就会有5种最重要的东西是要改变的，这5种东西就是：

第一，你的观念要不要终结；

第二，发展模式要不要更新；

第三，经验对你有没有帮助；

第四，代际之间可不可以和谐；

第五，稳态的终结。

以前讲50后、60后、70后，可是到80后就分了两段了，有80后跟85后；90后更短，有90后、92后、95后；讲到00后可能会有6段，为什么都会变短？就是未来发生的一切让观点彻底调整。

现在你会发现00后跟你讲的语言是完全不一样，我女儿跟我讲的有些词我是听不懂的。

每一年看我跟时代的观念有多近，我就采用一个方法，就是每一年请我的学生们收集这一整年的时髦词，他们会收集出五六十个词出来，如果我发现只认识

3个字，我就发现我跟这个时代离很近。后来我把这些词给我的同事看，我发现我比他们好一点，他们只认识一个，有些都不认识，这样怎么会有代际的和谐？这是不可能的。所以我们在企业的经营当中就会有5件事情不得不面对，这就是你为什么要转。

有嘉宾说企业非常好的时候不用转，我告诉你企业非常好的时候也要转，因为这5件事情已经存在了，企业没有边界了，这个已经是存在的了。所以你会发现最好玩的是什么？跨界的人把你打掉，因为他从来不用你的逻辑来打。

昨天给博士生开讲座，说百度、阿里巴巴、腾讯发展非常迅猛，说百度能不能变成其中最强的一个？我说我不能回答你，我说可能会冒出一个把这三个都干掉，我只能这么回答你，这个时候你就会发现这种新的生活方式、新的技术、新的思想，关于未来所有的讨论其实彻底改变了。

还有一个更可怕的就是全新的人，包括机器人，这些人出现的时候我们所有的逻辑都被颠覆了。其实转与不转不在于你的经营业绩，而在于时代已经转过去了，当时代已经转过去的时候所有人都得跟着转，这是没有办法的。真正的核心是未来已来时的你与世界的关系是什么样子？如果你代表的是一个企业，这个未来时的企业长什么样子你得知道，这个未来已来时的世界变成什么样子你必须得知道，因为当你知道这一切的时候你才能真正做得到，这就是我为什么告诉你不可持续真的就是无法持续的。

三、优秀企业在做什么事情？

我们能学习的是谁？就是在今天依然优秀的企业，这就是我们可以学习的部分。有几个企业我觉得很可怕，比如谷歌，比如微软，比如Facebook，甚至今天的亚马逊，我为什么会觉得他们很可怕，因为他们做的很多东西是今天普通人不可想象的事情，当他去做不可想象的事情的时候你就会发现这个未来正在以不可思议的方式改变。

我们来看这些优秀的企业他们在做什么事情。

第一，一定是想尽办法，咬紧牙关保持增长。

就像广州，在亚运会的时候我们有一个广州塔，有一个海心沙公园，可是到了2016年的今天广州如果依然还是在讲广州塔，不能再换一个东西去讲，我对广州的竞争力是绝对担心的。

这就意味着什么？意味着你没有去做增长，你是在亚运会的时间点做了一个非常漂亮的增长和转型，可是亚运会走到今天已经很长时间过去了，广州又跟大家讲什么呢？所以我非常希望转型家明年的会不在这个塔上开，在更加新的地标上介绍广州，广州就有希望。

我们今天看深圳和广州就会发现，亚运会这几年当中深圳变得完全不一样了，而当深圳完全不一样的时候你会发现竞争力远超过了广州，我们要的就是这个概念，你不能停在一个点上，必须不断做增长。

第二，用持续转型变革获取自己的成长。

我们说变革是什么？变革最主要是变自己，不是变其他的东西，我曾经说调整企业的时候一个主轴的语言就是向自己挑战，我没有用其他的语言要求我的同事，我说你向自己挑战就可以了，这是优秀企业非常重要的部分。

第三，遵从于市场规律和客观的规律。

这个为什么这么重要？我可以告诉各位，企业任何战略选择中最重要是符合趋势，而我们今天所看到的这个市场的趋势最大的特点就是变化，无论好与坏都得转，是因为你必须跟这个市场的趋势保持一致，所以这是需要各位关注的。

有人说这样转型会不会非常的困难，我说也不会，因为是市场的规律，就是始终跟顾客走在一起，你一定会成功。为什么这句话会强调这么明确，是因为我记得有一次人家问拿破仑说："为什么会输掉？"他讲了一句意味深长的话："我很久没有跟士兵喝汤了"，这就是他输掉的原因。

我们为什么一定要遵从市场规律，就在于你必须回到市场，你的转型才会成功。如果你不是在市场那个地方，你做的所有努力是没有办法去做的。这样我们就可以看得到，企业如果真正去转型，其实是一个内生长，这种自我生长的能力就是做两件最重要的事情：一件是持续的变革，一件是持续的自我更新。

四、生长是一个关于转型变革的选择

我个人在持续20年的研究当中，国内研究了5个企业，国外研究3个，一共只研究8个企业，连续跟踪20年，我的梦想是连续跟踪30年，看看能不能找出一些规律性的概念。

我研究的华为、联想、TCL、宝钢以及海尔，这5家企业其实是从1992年它们的数据开始研究，一直研究到今天，分别做了两个10年对他们的评价。现在是第二个10年，我总结了2002年到2012年这5家企业所做的事情。

我们在1992年到2002年第一个10年当中，中国企业面对最大的挑战就是如何获取规模增长，所以这5家企业在1992年到2002年的规模增长当中都取得了巨大的成功。

可是2002年到2012年，所有中国企业在第二个10年当中面对最大的挑战是变化。在这个变化当中，这5家企业又做了什么使得他们依然保持领先？就是因为他们做到了这5件事情。

比如像海尔，海尔这家企业花10年的时间做一件事情——基于互联网的制造企业的转型。海尔甚至为了基于用户的概念，把整个组织都打碎了，一家8万人的企业裁掉了6万人，变成了2万人，3个人就是一个经营单元，这个调整使得这家这么传统的家庭电器制造企业成为今天可以在世界产生自己价值的一家企业，甚至可以去收购通用电器的电气部分。我们看到这么强的一个理想，是因为它有真正的用户思维。华为、TCL、联想、宝钢就不需要更多的介绍了。

因此，其实生长就是一个关于转型变革的选择。我也特别欣赏转型家他们所做的这些努力，如果企业一定要做生长，一定是关于生长、关于变革、关于转型的基本选择。如果你不做转型是没有办法去谈生长的，这就是大家一定要关注的基本的话题。企业转型是自我完全的转型，不仅仅是扬弃，是一种脱胎换骨。

我一直欣赏华为有一句话："如果你要转型一定是脱胎换骨，你不脱胎换骨是没有办法转型。"

这些企业为什么会成功？

我们说褚橙非常好，是因为他告诉你，他用所有的努力把这个橙子种出来。褚橙是真的种出来的，他告诉你酸度是多少它就是多少，这个酸度恰恰是这个产品最重要的核心，所以你要关注他对于橙子彻底的转变，他给你的橙子是可以承诺酸度的橙子，我相信这就是对整个橙子行业的彻底转变。

另外一位企业家也是我一直以来非常欣赏，称之为经营之神的人——稻盛和夫。

他2010年2月担任日航会长，当年日航创造了历史上最高盈利记录，1884亿日元，这不是因为他调整市场巨大的变化，他把成本直降了50%，是什么原因呢？就是全员的彻底改造，当你把全员彻底改造的时候你就一定可以得到最佳的改变。

我一直认为在转型当中，为什么转型比升级难，就是自己一定要脱胎换骨，否则转型不太可能做得到。这些企业都是用完全类似于重生的概念来做的,像今天的GE不再去做家庭电器,不再去做财务杠杆,不做制造企业的服务,他用了一句最新的词,叫"可以改变效率",他用所有利他的能力,对他客户效率的承诺,使他所服务的产业和客户都有了巨大的成功。

我用三个企业告诉大家,彻底的改变都是有可能成功的,这就需要我们一定要真正的理解这种生长一定是脱胎换骨的改变,这个转型才会成功,否则你是不太可能成功。

五、转型到底该怎么做?

转型是从战略到企业家、到组织、到业务模型全要转,所以做转型挑战非常大,它是一个整体的转型。

新希望六和的转型。这个转型使得我们的业务要从一个饲料企业变成一个食品企业,从组织系统上要从区域职能分工,变成供应链型企业,要保证食品安全是可追溯封闭一体化的,整个组织的形态会从原来的层级结构变成一个完全的网络结构,它是一个完完整整所有东西都要转的部分,当然在转型的同时不能牺牲利润。

很多人跟我讲转型一定有代价,我同意,但是这个代价不是你的利润,转型如果没有用利润做支撑,转型中途就会被杀掉。

我们中国企业为什么转型很难?是因为我们中国企业的利润空间都非常小,所以当空间非常小的时候真的很难转型,很多人都很想转,可没有钱去转,没有空间去转,所以我跟同事讲在转型的同时必须恢复利润增长,如果利润增长不能恢复,转型是不可能成功的,这就是转型中很困难的地方。

我们在做转型的时候需要大家真正理解,在这三年当中把销售额往下调,因为要把落后的产能砍掉,我们内部的口号就叫瘦身战略,要减掉产品,减掉品类,减掉我们的工厂。我们关掉非常多的工厂,把产能低的整体砍掉,把落后的东西拿掉,但是我同步要求利润要涨。实际上挑战非常大,通过这样的努力,销售额是下来了,但是利润一定是上涨的。这个过程之中使得我们得到了好的肯定,不是为转型去做,而是为了增长去做的转型,不是为了转型而转型,是为了获取真正的能力而转型。

转型是一个内生能力的获取,就是你在做转型的时候一定要把自己内在的能力系统打造出来，当你内在能力系统打造出来的时候，你可能就会看到未来可增长的空间，这样一个增长空间才是你要做的事情。

我们看看整体内在的系统它是怎么样去构成的？为什么我们可以保证你可以一直在转的过程当中又能够盈利，其实有两件事情要同步做：

第一件事，存量要激活。

传统业务，我们把它称之为存量，存量要做激活，就是传统的业务一定要把它激活，不能简单地砍掉它，砍掉它是非常容易的。很多企业家跟我说：我做转型，我把所有东西都卖掉，做新的东西。我觉得这不叫转型，这叫跨界，跨界跟转型是两个词。把原来的东西卖掉做新的东西这是对的，但是这是跨界。如果原来的东西还保留，再做新东西，这个叫转型。

但是原来保留的东西不能成为包袱，甚至它要释放空间让你去做新东西，就一定是叫做存量激活，在存量激活里面三件事情最重要：一是重构成本；二是组织结构；三是激活个体。我的书《激活个体》就是这样写出来的。

第二件事，增量增长。

增量部分要做什么？一定要做增长，增量做增长的时候大家要记住，它跟存量激活内容完全不一样，所以一定是两组人去做，增量增长就要做价值重构，整合资源，做新组织平台。

所以一定是两组人去做这个事情，一定要把它做出来，我们称之为转型成功的关键要素，也就是说转型如果你要成功，它的关键要素实际上是做两件事情，一件叫存量激活，一件叫增量增长。

转型的要素分两部分：一是转型的构成要素，二是转型的支持要素。

转型的构成要素：战略意图；价值重构；短期盈利；整合资源；新业务。构成要素就是从战略上要把意图明确，新希望不只是做饲料，我们要做食品，还要做一个美好的公司，这在意图上非常明确了，有了这个明确的意图之后就做价值重构。这个价值重构做好之后就一定要保持短期盈利，我们拿出一个食品业务板块让它以最短的时间做到盈利，用来说明我做这件事情是可以操作的。再接下来就是整合资源，我们就用了一个新希望六和+，把所有能做转型的资源全部整合在一起，然后我们就发挥新的业务。

转型的支持要素：知识技能；信息系统；组织平台；沟通体系；统一思想。这个构成要素怎么得以实现，就要做这些事情。邓斌说，在转型里面技术起什么作用？你看一下下面的东西就会发现没有技术系统是无法做转型的。转型最重要的是改变所有人的行为习惯，但是我比较认真地告诉各位：人的行为习惯是最难改的，而且是最不想改的。

有了技术做支撑，你就告诉大家所有的动作都在这个技术上，他就不得不改，所以转型的核心是行为改变，而行为改变的支撑是要靠信息系统，这套系统就非常重要了，包括了知识技能、系统信息、组织平台、沟通体系等等。

企业转型的能力体系构建。

最后就落到能力体系当中，真要做转型就要有一个非常强大的能力体系，是要被构建出来的，这个能力体系我很清楚地告诉各位：

第一，领导者要变。领导者不能做管控，必须成为变革的领导者，这样你就不能做管控了，你不能谈谁的权力大，你不能谈谁说了算，你不能谈干掉谁，你自己要知道有变就要接受，管理者要做的事情就是推动变化。

第二，对的人。转型当中每一个人，这个时候的人不是要能人，我们要对的人，这时候能人和有经验的人对转型都是有伤害的，能人不相信这一套，有经验的人根本不愿意调整，因为他过去被证明过是对的。

所以我给大家一个建议，当做新业务和新东西的时候，可以换一批新人去做其实是没有问题的，但是必须得有一个公司信得过的人，给他足够资源和授权，有的时候你用新人去，你还在怀疑他也不行，所以他一定是对的人。

第三，有效沟通。老板说要转，下面的人心里都在摇头，老板讲完之后下面热烈鼓掌，但是心里都说不可能，然后就走了，走了之后就不动了，所以某种意义上讲这个鼓掌没有意义。也许他不鼓掌，跟你辩论，跟你吵架，跟你交流，甚至跟你流眼泪，这种情况下你应该高兴，因为他心在动。我在转型100天的时候，跟100多位经理人对话，这100位经理人是我要动的最大的事业板块，他们跟我对话的时候，有些是流着眼泪说的，有些是带着愤恨说的，有些直接拍桌子说："陈老师，你一定是错的"。这个时候我内心里面是很感动的，因为我知道他们心动了。如果说他什么都不表态，就热烈的鼓掌，其实你是很麻烦的，这就是沟通的概念，真正要表达出来上下同欲，真正要信息对称才可以。

第四，平台型组织。整个组织要变成平台，转型一定是一个平台的组织，一定是多元业务的组合，一定是多业务的概念。

第五，发动机文化。中国的文化是不能错的，错了就被罚，错了就被批评，错了就没有机会。如果你做转型，面对这个新的时代文化当中一个最大的调整就是要允许别人犯错误，因为互联网时代最大的特点就是试错、纠正、迭代，它就是这个概念，一直都是这样。

如果你的文化不肯让他错，你就不可能做转型，文化就变成一个发动机的文化，不断鼓动大家。我的同事说：陈老师这个事情我不会做。我说你去试。他说：我错了怎么办？我说错没关系，继续做。所以他就可以比较容易去做。

六、结束语

三年来我们做了巨大调整，调整成这个样，跟我们的能力打造有非常大的关系。一个企业的整个能力体系当中，从管理者到员工，到沟通，到文化，然后到对整个平台的结构的要求，如果你把这五个东西做出来，你整个能力的体系基本上就建造出来了，这就是我想跟各位简单介绍的部分。

刚刚讲到要拥抱变化，我也在去年鼓了很大勇气尝试拥抱了互联网，建立了春暖花开这个公众号。大家都知道有一句很著名的诗，"面朝大海，春暖花开"。这是人生很美好的态度，当然诗人本人有自己的选择。我又特别喜欢一首歌叫《春暖花开》，那英唱的，那里面也是告诉大家一种人生的态度，发现只要你愿意去同行，其实你是可以朝着一个非常美好的方向一直走下去，而我非常愿意跟很多朋友们去同行，当然最重要的原因是内嵌了我自己的名字，这个名字嵌进去之后发现自己的名字不那么土气了，以前我总觉得自己的名字很土，一说就知道是农村来的妞，后来我发现"春暖花开"比较洋气，也希望它是一个用心灵交互的平台，让我们一同获得成长。

在一起，总美好！

（原载：春暖花开公众号，2016年12月05日）

向星巴克学变革
——"致敬传统，拥抱未来"！

一个孩子摔倒了可以自己爬起来，一个巨人摔倒了却很难再起来。2008年，美国突然爆发了金融危机。随着美国第四大投资公司、百年企业雷曼兄弟的轰然倒闭，危机冲击波迅速蔓延开来。这一年，星巴克开始一场自我救赎的变革运动。准确说，提前半年就悄然行动了。星巴克很幸运地躲过了一场劫难。与其说这得益于其创始人霍华德·舒尔茨的敏锐，不如说这一切都是因为"爱"——这也是其著作《一路向前》第一部分的标题。这本自传描述了这场变革的过程细节，对于当下中国企业的变革转型非常具有启发与警示意义。

一、向传统致敬：拒绝平庸

星巴克的门店里弥漫着挥之不去的三明治气味，霍华德越来越感到了某种恐惧。这还是"星巴克"吗？"我决不允许我们或者我自己被淹没在平庸的海水里，这对不起多年来的辛苦努力。"

曾经有一篇热传的文章说：谁说星巴克的咖啡是现磨烘焙、定制服务？星巴克是要像麦当劳一样迅速占领全球市场。我们知道麦当劳是特许经营方式，而星巴克是门店直营方式。其实这篇文章没有读错，近10年来随着星巴克的迅速扩张，门店从1000间发展到13000家，它看起来越来越不像"星巴克"，完全失去了昔日的灵魂，越来越顾不上顾客的感受。尤其是第三任首席执行官空降以后，推行了多元化方式，涉足唱片、出版、电影业等，日益膨胀的星巴克渐渐失去了方向感。

创始人霍华德·舒尔茨走进熟悉的门店，闻着烤箱里飘出的浓郁的三明治味道，几乎发疯。它完全掩盖了咖啡的味道，而之前星巴克甚至规定店员不准用古龙香水，这曾传为佳话。加之现在是用半加工过的袋装咖啡，省去从新鲜的原豆研磨成粉的过程，使得现场烘焙的咖啡香醇大打折扣——而这曾是星巴克门店的招牌仪式，被视为最有力的非语言标志。看着为了解决顾客的早餐而忙得晕头转向的工作人员，再也看不到烘焙师那入心的关切与笑容。星巴克提出的入魔的消费体验哪里去了？当年他把令他着迷的米兰街头咖啡馆的温馨浪漫引进西雅图，一举改变了咖啡的价值（对于美国人，咖啡不过是摄入咖啡因提神的寻常饮品），街头的咖啡屋成了除了家、工作单位之外的第三空间，许多人生故事、艺术创作、产品创造的灵感在此迸发。而现在它开始为了迎合销量而变得日益平庸。

"要销量，还是要顾客忠诚？"星巴克到底代表什么？早餐三明治、唱片、出版、电影⋯⋯接下来越来越长的清单，都将对星巴克文化精神一步步蚕食，造成致命伤害，这"终将拉开公司毁灭的序幕"。"没有哪家企业在可以惠及它的业务链条各个环节相关人员之前，先满足股东的需求。""我想这就是很多公司失败的原因。不是由于市场的考验，而是由于自身的挑战。"

这个急速多元化扩张以迎合华尔街的巨无霸，甚至对自己落伍了信息时代而不自知，门店的电子处理设备甚至早已坏掉了放在一边，而一边是排着长队等候的顾客。一个企业一旦自弃立身之本，失魂落魄，必然会失去内在的生命力，从而对环境的变化感知日益麻木迟钝。这也正是霍华德越来越感到恐怖的原因。

他于2000年从首席执行官的位置退下来，只担任公司主席。虽然每天都去公司上班，但已经不再涉足公司的日常运营——他也刻意要求自己不去干预。看到一手做大的企业越来越偏离轨道，他在数次干预未果、忍无可忍的情况下，顶着巨大的压力，果断决定重新出山。面对不测与未知的结果，霍华德·舒尔茨想起了创业之初的精神感召："一路向前"。

我自己在文章中反复说过：在变化莫测的市场环境下，企业经营必须回归到经营的基本层面上，那正是不确定环境下的确定因素，这在企业实践中屡屡得到印证。星巴克非常幸运，它在金融危机爆发前的果断变革，使得它险胜过关、获得新生。更重要的是星巴克重新找回了企业之魂。

应了那句话：停下脚步，让灵魂跟上。但是让一个正处于快速扩张的知名公司停一下意味着什么？有谁敢如此冒险？霍华德重新回到首席执行官岗位上，主导一场变革与回归的大戏的意念已决。"我感受到的恐惧和面临的未知比起来微不足道。这意味着我们要后退一步，只有这样我们才能大步向前。"——霍华德在后来的自传《一路向前》一书中这样说。

二、世界变了：如何面向未来

"其实从我的两个十多岁的孩子身上，就能发现这种变化，他们依赖笔记本电脑和手机交流、娱乐、学习。"但是霍华德还是没有意识到这意味着什么，直到"备忘录"事件出现。

"20年来我一直强调，我们的成功不是命中注定的，现在这句话应验了，让我们回归核心精神吧。我们要推行改革，并做出那些再一次令星巴克脱颖而出的事。"当霍华德把这封经过深思熟虑的备忘录，在2007年情人节那天，像往常一样，用电子邮件的方式发给当任CEO和他的团队后，出乎他意外地引起了一场轩然大波。

星巴克的管理层对霍华德的观点产生争议，毕竟这个公司还在迅猛发展着，星巴克在1992年首次公开上市时市值只有2.5亿美元，2007年的市值是240亿美元。而每星期，星巴克的门店都能迎来4500万名顾客，是全世界客流量最大的零售商！还有什么抱怨的？

更可怕的事情出现了。"邮件被泄露了！"很快就有同事来到办公室告诉他："有人把备忘录放到网上了！"先是在一个博客网站的出现，第二天就被《华尔街日报》《金融时报》、美联社、彭博社、路透社等各大媒体转载。星巴克的问题被瞬间放大、家喻户晓，媒体上措辞严厉苛刻的醒目大标题下，记者、分析师、顾客、合作伙伴、业内专家等纷纷出场发表看法。

霍华德被打蒙了。互联网对星巴克的热议已经超出了可掌控的范围，这比星巴克之前遇到的任何一次公开论战都难以对付。让霍华德感到苦恼的是，媒体如此偏激，他们丝毫不关注星巴克对社会的回报、对咖啡农合作的贡献、对全体员工给予的医疗保险、给合作伙伴的股票期权等首创精神，他们只关注问题。而星巴克自己的官方网站竟然对此毫无作为！他们根本没有办法直接与消费者、投资者甚至合作伙伴沟通。这让他意识到星巴克无论是门店里，还是店外的世界，都在丧失自己的话语掌控权。

而更让他猛然醒悟到的是：社会变了！他开始时曾经因为有人泄密而恼火，因为这是对忠诚不可原谅的背叛。"我迫不及待地想找出泄密之人并解雇他（她）"，直到一个久违了的前任星巴克全球传播工作负责人敲开他的办公室，告诉他:"霍华德,没有什么是机密的。这是新的现实。"他才幡然醒悟!数字革命打破了信息壁垒,一举一动都会被置于在全世界的注视之下。

"备忘录的泄露让我领会到了信息流通及联络方式的沧桑巨变,信息技术正在重塑人们之间的自然关系,也给了人们打发业余时间的其他选择。这种社会基本法则的转换正在影响着星巴克人以及顾客的心理倾向,但它却未能影响到我,直到备忘录泄露。不过,总算不晚。"他开始仔细观察人们的新行为习惯。"在星巴克的26年里,我写过上百封备忘录。它们有一个共同的主题,它们是星巴克在追求卓越的过程中的自我反省,是我们不安于现状的愿望,更是我的领导理念的基石。"

一个失去生长动力与激情的企业,也会对周遭的变化失去感知能力。那些能够坚守经营之本的企业,则能够让自己始终保持着一种与环境相生的活力。后退一步,是为了加速进步;向传统致敬,是为了面向未来。

三、停下脚步:让灵魂跟上

"我们迫切需要回归核心,秉承传统,重新唤起热情,要为顾客再次光顾星巴克做出必要的改变。"执意回归顾客价值的霍华德,迎接信息化的挑战,一路向前,趟过未知的河,星巴克之魂在这场大变革中终于重新附体。

"让三明治滚出去!"霍华德直接告诉星巴克时任全球产品部门的负责人。当时有百余家新店里在推广它们。一个小时后,那个负责人告诉他不能取消,因为顾客喜欢三明治。是的,霍华德走进的那家门店的经理也这样告诉他:因为三明治,店里的销售额早已远远地超过了本周的销售目标。他心情沉重地离开那家店时在想,接下来会是什么?马铃薯的煎饼?这让他难以想象。

"有些人开始将我们的成功看做是理所当然的。"市场不会这样认为,咖啡不会说谎。2007年12月至2008年的第一个财务季度,星巴克没有实现预期收益,这是它上市以来最糟糕的三个月,只有霍华德知道这意味着什么。一个失去核心竞争力的庞大企业,任何市场环境的风吹草动都会是压死骆驼的最后一根稻草。"衰败发生得安静而平缓,就像脱线的毛衣一样,从松动的那一针开始,一点点脱线。"

下定了决心的霍华德经过精心准备、周密部署后,在2008年1月7日按期宣布了自己的回归。当他在4月的股东大会上宣布变革措施时,引起了巨大的反响。

那些传统媒体和网站的大部分报道都是冷嘲热讽。霍华德坚信时间能告诉人们什么是对的，而他要做的就是立即行动。但是他还是低估了形势——媒体之外。但是他也说过"恐惧比未知更可怕"。

（一）发动伙伴头脑风暴

在霍华德看来，商人的成功在于其展现产品魅力的能力。而现在星巴克致命伤是，太看重销售增长，却忽略了产品本身，没有将自己推向一个高度，在专业方面持续创新，却在不关联的领域冒进。在反复的头脑风暴后，大家逐渐形成了共识。正如一个合作伙伴所说的："我们在赛跑，但却也渐渐不再明白为了什么奔跑。"过去，伙伴的工作就是为顾客做他们意想不到的事情，而现在伙伴的能量好像都用在了实现期望上，而且绝大部分是为了华尔街。

（二）激发顾客参与互动

随着定制技术的推广，开通网站发动顾客参与。网站开通的一个星期，就有10万人参与了投票；两个月内，就41万条建议涌来。当这些建议及时传达到管理团队、产品、研发、公共事务以及营销部门，一个主意便浮现出来：对价值的进一步渴望——人们希望用同样的钱获得更多的服务；另一个主意是：忠诚的顾客想获得一种对他们频繁光顾星巴克的奖励。

（三）十多万咖啡师同时接受内训

2008年2月的一天下午，星巴克在美国的店铺统一停业了。7100家门店贴着相同的告示："我们致力于使我们的意式浓缩咖啡臻于完美"。霍华德必在3月前完成对135000名咖啡师的再培训，以确保他们能够精准无误地调制出意式浓缩咖啡。如果一个咖啡师只是机械地完成动作，而没有用心，那就等于放弃了星巴克40年如一坚守的使命："激发人类的灵感"。"我们为平庸的一双鞋、一把刀、一杯咖啡注入的新活力，坚信我们所创造的东西有装点他人生活的潜力，因为，它首先点亮了我们的人生。"霍华德道出了品牌价值的真谛。

星巴克关门内训事件引起了巨大的震动，这意味着几百万销售额和劳工的损失，而竞争者会趁机抢走客户，娱乐至死的媒体又会大肆炒作。霍华德依然顾不上这些。"这一切都是为了爱。为独处者提供沉思的空间，为碎片化时代提供交往的平台""以及1名卢旺达的农场主、6家星巴克工厂的80名烘焙大师、53个国家和地区的数千名咖啡师,这些就像一曲交响乐。"霍华德无疑就是一个这个交响乐队的指挥家。

(四)强压新产品

在一层层的强压下,星巴克的派克市场烘焙咖啡推广获得了巨大的成功,霍华德认为这一新产品完美地体现了星巴克的三条重要成功准则:对伙伴们来说是正确的,因为让他们参与其中;对顾客来说是正确的,因为满足了他们的需求;对星巴克的事业来说是正确的。这是星巴克长期以来第一次不只为销量,而在为使命做出的努力。

(五)临危不乱,举办万名门店经理大会,找回星巴克失落之魂

一个阶段的努力,市场并没有及时给予回报。收益下滑到了令人难以置信的地步,与此同时管理层人心开始浮动。霍华德回忆说,在第二季度的财务报告电话会议中,他几乎精神分裂。当冷静下来,他清醒地认识到经济萧条应是主要原因。当然还有门店硬件的落后,当技术革命来临时,星巴克并没有及时跟上。为了拯救星巴克,他不得不忍痛关闭一些门店、进行裁员。与此同时,星巴克第三季度的销售额也创下新低,亏损670万美元。

到了9月,也就是华尔街金融危机爆发后的一个月,霍华德决定如期召开两年一度的北美地区区域经理和门店经理大会。在压低成本成为当前企业头等大事的局势下,这又是惊人之举。1万人参会,需要3000万美元会议经费!"重燃人们的激情和唤起他们的服务精神,必须由我们亲自来实现。虽然所有数字媒体技术能将人们'聚拢'在一起,但是我仍然相信,最真诚持久的人际关系,来自彼此间的注视。而且中间没有任何障碍。"霍华德清楚地知道在这个变化的时代,不变的是什么。

更令人吃惊的是,在许多城市都向星巴克伸出橄榄枝时,霍华德将会议举办地选择在了新奥尔良——一个远没有从3年前的卡特里飓风中恢复过来,这里80%的地方都被水淹没过,至今许多人依然无家可归,十多万棵树木被毁,满目萧条。人们怀疑这里的接待能力。——而在霍华德看来,没有什么地方比这里更合适了。万名经理人身临其境地体验,在万般困难中如何重新点燃复兴的激情。星巴克人从四面八方来到这里不是享受接待服务的,而是来提供帮助援建的——会议期间,每个人要义务贡献5个小时参加城市修复活动。他们为农场清理污泥、

为学校修复操场、为居民修葺房屋、为沿海种植草皮……他们感动了新奥尔良人，也激励了他们重新生活的勇气，彼此在拥抱中留下了热泪。

霍华德和大家一样参加义务劳动，当他在宾馆里的礼品袋里拿出会议提供的统一服装时，发现T恤上印有"一路向前"的字样，大吃一惊——"这并非我的主意，他们并未经过我的允许。"他反而被深深地感动了。当大家统一穿着这样的服装、不顾脏了双手、呼喊着要活干的时候，内心的星巴克精神复活了，共同的经历让大家切身体验到"承担社会责任与经营伟大公司的必然联系"。

"这不是一次企业宴会、企业秀。它必须是发自肺腑的、互动的、诚恳的、充满感情、充满智慧的会议"。当经理们从4个大型的互动式画廊中，身临其境地感受到星巴克的使命宣言、价值观、经营理念、门店经理技能等。在咖啡画廊，可以看到咖啡从土壤到杯子的整个旅程，近千棵咖啡树代表着咖啡豆的原产国家；在顾客画廊，端起一只咖啡杯子举到耳边，可以听到从支持中心录制的顾客表扬或批评的顾客的声音；而门店情景照片，则提醒咖啡师与顾客交流，或许那一天，你就是唯一和他（她）谈话的人……会议获得了出人意外的成功，而就在下飞机时，霍华德还一直提着心。而现在，团队的创造与热情让他一次次惊喜。他实现了让大家和他一起思考、行动的愿望。会后，数以百计的电子邮件发到霍华德的电子信箱，听着大家发自肺腑的心声，他知道他的唤醒行动成功了。

四、绝地变革：为持续生存而战

"作为一名商业领袖，我的目标从来不局限在获胜或者赢利上，我更渴望打造出伟大而永恒的企业帝国，这就意味着要在赢利与社会良知之间找到平衡"。

一场大变革的序幕拉开了，所有的星巴克人都领会了这场变革的主题：成为咖啡界无可争议的领袖；吸引并激励我们的伙伴；点燃顾客的热情，与顾客建立情感纽带；扩大全球业务——让每个门店都成为当地社区的核心；做道德采购和环境保护的领军者；打造与我们的咖啡匹配的创新发展平台；建立可持续发展的经济模式。

所有的经理们都领会了霍华德的期望：经理人要学会领导这场变革。我们不能回顾过去或是责备谁，我要用具体的策略引领人们前进；世界属于那些不怕弄脏手的少数人；站出来，倾听伙伴的声音，与星巴克的伙伴们交流，是一个能让我重新树立权威的方式；我从来没有想过成功领导者的简单秘诀。但我的确认

为，高效的领导者有两个特性：一是对公司的未来方向充满信心，一是能够吸引人才共同打拼。与此同时霍华德也开始物色具有数字化背景的管理者进入高层，更新门店电子设备，积极拥抱信息时代。

在高歌猛进时能够感受到危机的前兆；在谷底绝地时不惊慌失措自乱章法。这使得星巴克在2008年突然爆发的经济危机中逆势突围，听起来惊心动魄而又引人入胜。至2010年，星巴克财务表现达到40年来的巅峰，年收入过百亿美元，全球54个国家和地区拥有16000多家门店，每周为5000多万名顾客服务，星巴克伙伴超过20万，开始续写着新的商业传奇。"作为一名商业领袖，我的目标从来不局限在获胜或者赢利上，我更渴望打造出伟大而永恒的企业帝国，这就意味着要在赢利与社会良知之间找到平衡"。霍华德在2011年出版的《一路向前》这本书的序中这样写道。

（原载：春暖花开公众号，2013年7月12日）

真正影响企业持续成功的是"顾客价值"

前一段时间,苹果宣布将关闭IOS平台下微信的赞赏功能,认为"赞赏"功能属于虚拟支付,必须走苹果自己的IAP(in-app purchase,应用内购买)机制,不能使用微信支付和支付宝。用IAP机制,苹果将分走30%的赞赏金额。很多iPhone手机的用户和公号运营者,当然对此难以接受。苹果相当于给自己的经营扔出了一个雪球,而且越滚越大,引发了针对自己的反垄断调查。对此,我想说的是,作为与顾客实现了无边界融合的世界知名品牌,苹果此举似乎背离了"顾客价值",而伤害顾客价值的选择一定会使得自己失去顾客,从而失去自己的一部分存在价值。

企业经营的目的就是获得顾客的认同和市场的回馈,就是要取得经营成效,即投入产出的有效性,这是经营之所以重要的原因,因此为实现经营目标,就需要界定经营的基本元素是什么。我认为经营的基本元素有四个:顾客价值、成本、规模、赢利。

真正影响企业持续成功的主要重心不是公司的战略目标,也不是发展战略和运营管理的流程,而是专注、集中焦点于为顾客创造价值的力量。聚焦于为顾客创造价值是经营的第一个关键基本元素,所以彼得·德鲁克说"企业的目的就是创造顾客"。今天我们重点谈一谈"顾客价值"。

一、企业的一切从顾客价值开始

大家应该还记得2010年腾讯与360的争端,网民用"我们刚刚做出了一个非常艰难的决定"这句话来表达自己的不满。那一场网络大战中,两位主角之所以把冲突强加在用户的身上，是因为那时他们没有理解"顾客价值"，没有将之作为自己集中力量的方向。

就"顾客价值"本质而言，企业应当贴近顾客。作为企业就应该去满足顾客的需求，但是我们感受到，很多企业热衷于竞争游戏，而不是围绕顾客需求展开日常工作。很多企业在过去的20多年间都经历了巨大的变化：制造活动实施了全面质量管理，供应活动正努力向即时管理方向过渡；信息技术的运用使得企业内部大量的文字工作被替代，管理人员的数量也在减少，等等。但是，我最为惊讶的是在这一切努力的背后，对于顾客所做的努力并没有太大的改变，具体地说就是企业经营没有什么改变。

为了应对当下的挑战，并在未来的时代扮演好应有的角色，今天的企业需要表现出来一些新的特征，这一特征就是更好地理解顾客的需求，更好地提供真正的价值。早在1960年，西奥多·里维特在其影响深远的《营销近视症》中就提出顾客导向。里维特认为许多大量生产的组织错误地采取了"产品导向"而不是"顾客导向"，为此他写文章传达的关键信息之一就是，如果企业从提供大量制造的产品的做法，转向满足顾客的真正需求，那么企业进入市场的方向就应该有重大的改变。正因为此，顾客时代的到来，需要企业做出重大的改变，不能再用以往的成功经验来面对这个全新的时代，更加不能沿用企业原有的定位、旧有的习惯。企业需要真正以顾客为导向做出全面的调整。

回过头来，我们再看腾讯与360之间的争端，无论两家公司的理由如何充分，都不能够被接受。因为无论腾讯还是360，都没有在顾客感知价值上做深入的判断，而简单地理解为"自己代表的就是顾客立场"，对顾客的理解都来自于对自身产品的概念，认为产品本身满足了顾客的需求。事实上顾客既没有跟随腾讯，也没有跟随360。顾客只是顾客，顾客没有在两个公司那里，顾客是在顾客自己那里。

熟悉迈克尔·波特的人知道，波特曾经明确地把战略定位起源于三个明显的彼此间并不包含又常常相互衔接的地方。

首先，战略定位可以确立在提供一个亚系列的产品或服务上，波特称为"多元化战略定位"。

战略定位的第二个基准就是为特殊消费群的大部分需求或全部需求服务，波特称为"需求战略定位"。

战略定位的第三个基准就是分割以不同方式赢得的顾客，尽管他们的需求与其他顾客的需求相似，但进入经营活动的布局却不同，波特称为"进入式战略定位"。

波特在界定这三种来源的时候，也许是关注战略定位所要获得一个特定的地位，我却想借助波特的界定来说明一个方向：离开竞争的着力点是目标市场的选择，而腾讯和360两个公司刚好到了相反的方向，违背了各自的客户价值。

那么什么是顾客价值呢？"顾客价值"这个概念一直是争论的热点，人们希望能够得到关于这个概念的清晰解释，我自己也想竭力搞清楚如何描述这个概念，但是后来的实践让我放弃这种努力。我发现，顾客价值不是一个概念，而是一种战略思维，是一种准则，这个准则和思维用另外一个方式来表述就是"以顾客为中心"。其思维方式涵盖着这样的思考：

（1）顾客的需要和偏好是什么？
（2）何种方式可以满足这种需要和偏好？
（3）最适合于这种方式的产品和服务是什么？
（4）提供这些产品和服务的投入要素是什么？
（5）使用这些投入要素的关键资产与核心能力是什么？

因此一个能够创造顾客价值的公司，应该是基于现代价值链进行思考，一切从顾客开始，为顾客创造价值，由顾客的偏好决定企业的技术和服务所付出的努力，由技术和服务的价值引导资源的投入，最后获得公司的资产和核心能力，这样的企业才会被确认是拥有市场能力并能实现持续成长的企业。很多iPhone手机的用户和公号运营者之所以对苹果失望，是源于它没有考虑到顾客的偏好以及所需要的价值，如果用"顾客价值"来理解苹果公司的行为，人们看到的只是企业自身的逻辑，看不到"顾客为中心"的思维方式。人们看到的是企业自身的立场、自身的价值以及"以自己为中心"的思维方式。

二、企业只有一个立场

顾客的变化是一个根本的事实，大多数企业已经确认这一点，但是光有这个认识还不足够，还需要企业管理者清楚围绕顾客变化所作的努力如何展开，这就要求企业能够围绕着顾客思考，来选择自己的战略。

传统的经营思考起始于这样的假设：价值是由企业创造的。通过选择产品和服务，企业自主地决定它所提供的价值。顾客代表着对企业提供产品和服务的需求。这样的经营假设，企业需要一种与顾客之间的连接点（销售过程）使企业的产品和服务从企业的手中交付到顾客手中。2010年的腾讯和360正是传统经营方式的典型代表：因为能够提供产品和技术，所以假设顾客完全需要它们提供的产品和服务，因此在它们的立场上看来，可以给顾客施加压力或者提出要求，来配合它们自身的需要。

但是，这些假设体现的是工业时代的企业观点和实践，管理者关注的是企业自身的价值链，也就是企业自身的各个作业环节的过程。这种价值链系统主要代表着产品与服务成本的线性增加，有关制造什么、从供应商那里采购什么、在哪里组装产品或者提供服务的决策，都源于这样的假设。

员工关注的是企业产品与过程质量，而这些主要靠六西格玛和全面质量管理等内部管理规则来改进和强化，包括技术创新、产品创新与过程创新。所以，我们发现，企业所做的价值创造是在自己的封闭的体系内完成的，价值创造的过程与市场是分离的。企业也做市场调研，也强调对于市场和消费者的理解，但是在具体的过程中，企业只按照自己的意愿和标准进行努力，与消费者并没有真正的联系。

由于认识到这一点，许多企业开始寻找新的经营假设，在这个方面所做的努力使得一些企业可以脱颖而出，而我坚持这个新的经营假设的核心是：价值是由顾客和企业共同创造的。普拉哈拉德也是这个观点，他说："传统企业的关注焦点和企业对于价值链的关注，是创造和向消费者转移产品所有权。但是，消费者的目标越来越表现为获取他们想要的体验——而未必一定是产品的所有权。"

所以企业需要能够以顾客的思维方式进行思考。这就要求企业学会放弃过去习惯的思维方式和管理方式。

以往的企业思维方式是基于企业内部展开的，企业关注的是技术、计划的制定、产品质量、成本降低、效率等。企业关注这些要素并没有什么错误，但是这表明企业的思维方式是由内向外的，也就是企业依据自己的能力来做选择；而顾客则关注的是自身与社会的关系，或者可以说是由外而内的，也就是说顾客会依据自身在社会生活中所必须采取的行动来做选择。这样看来，顾客和企业在思维模式上存在着巨大的差异，如果我们没有关注到这个差异，企业所有的努力就无法真正对顾客产生影响并具有价值。

其实如果我们静下心来，好好思考一下就不难理解，企业所做的很多努力为什么不能够提升顾客的购买愿望，反而让顾客离企业越来越远。根本的原因就是企业受自己的思维方式的误导：过多地强调了自身的价值追求，而忽略了顾客的使用过程的价值。越来越多的企业行为给顾客带来的是更多的困惑和顾虑，如果企业的行为导致顾客无法做出选择，那么顾客只有选择放弃。因此，企业真正需要改变自己的思维模式，而保持和顾客思维模式的契合。企业只有一个立场，就是顾客的立场。

三、顾客价值是竞争能力的源泉

时至今日，已经有越来越多的企业认识到顾客的重要性，并加深了对顾客在帮助企业构建新的竞争能力中所起作用的理解。"核心竞争力"理论创始人之一的普拉哈拉德在《消费者王朝》这本书里谈到了竞争能力来源的变化（如图1）

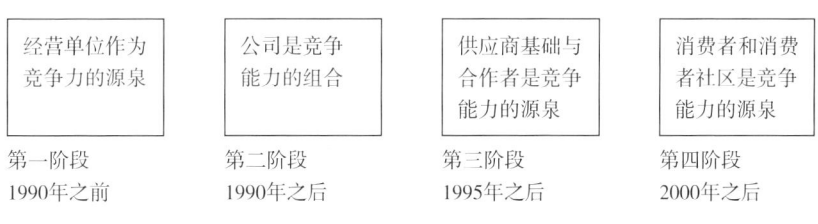

图1 竞争能力来源的变化

从这个过程可以看出，在2000年之后，企业的竞争能力不再是由企业内部的资源决定，而是由顾客资源决定，因而需要企业转变自己对于市场和顾客的认识，需要企业从内部视角转换到顾客视角。需要人们警醒的是，中国很多企业依然停留在第一阶段和第二阶段中，依然以自己的经营单位为核心竞争要素，依然依据公司资源来组合自己的竞争能力，发展到第三阶段的企业并不多。如果不能够从第一阶段和第二阶段发展到第三阶段和第四阶段，企业就无法适应当前和未来的历史市场环境。因为那样的企业，其能力和市场特征不相吻合。

仅仅从理论上去理解还不够，因为问题的关键是如何让企业从顾客的角度，来设计和组织企业的所有活动。例如苹果公司，当一个产品成为热销产品时，他们会组织小组研究消费者下一个需求是什么，从而提前准备好替代这个热销产品的新产品。正是在与消费者不断的互动和竞争中，苹果占据了竞争的优势位置，从而保持领先。

现在随着互联网+概念的引入，企业创新的价值点变得不同，给顾客的体验也非常不同。有一些企业或者行业做得非常好。比如说出租车行业，是目前互联网化程度最深的领域。出租车司机现在变得非常具有时代感、科技化和梦幻化，方向盘上有很多各种各样的手机，屏幕都非常漂亮，很具有现代感，有时我坐上去就觉得进入到了太空时代。互联网技术让生活变得更为便利。互联网+融合线上和线下，改造传统行业，这一定是未来创造顾客价值的一个关键点。

阿里巴巴真正厉害的地方，在于它建立了一个生态系统，腾讯最根本的是解决了一站式的在线生活服务。我们看到的移动数据和云计算，是一个技术概念，但是它很可能影响顾客的生活方式。我是一个比较保守的人，觉得有墨香的并能一页一页翻的才叫书。但是现在电子书我也能接受了，因为我发现很多人不需要墨香，只需要便利的阅读，这就是顾客生活方式的改变。

我认为小米雷军真正厉害的地方，是能够把制造的能力和互联网的属性组合得很好。首先企业能够给顾客提供好的产品，接下来又能够让好产品具有互联网属性，把两者组合起来。小米基于一个手机产业链的价值，创造了一个互联网的共生模式。两者互相叠加并形成生态圈的时候，就是一种非常厉害的商业模式。

互联网时代不在乎你懂什么，最重要的是要看到变化；如果不了解这个变化，就可能会被淘汰。但是，还有一些是不能变的。企业需要把顾客价值作为核心逻辑，消费者在变，环境在变，顾客的价值不变。所有商业模式的成功完全取决于这个组织能不能建立一个顾客价值的核心逻辑，如果能，你就可以胜任这个时代，所有的机会都是你的。

再说一下微信。很多人在春节不得不为一块钱去疯狂，即使只得到一分钱也很高兴。我之前不肯手机捆绑银行卡，但是为了发红包，也不得不捆绑了。2015年微信和春晚第一次组合，是一个极其成功的案例。其中的根本原因就是他们找到了顾客的价值，把这个价值做了一个非常完整的交流。这些成功的案例表明，今天的企业需要从顾客资源中汲取竞争能力的源泉。

四、企业不能独立创造价值

今天的消费者可以从世界各地获取有关企业、产品、技术、绩效、价格和消费者行动与反映的信息。在10年前，人们可能还不清楚汽车的基本知识，现在，在网上可以找到700多种汽车车型的清单，获取前所未有的大量信息，有学识的消费者可以做出更精明的决策。通过网络连接在一起的消费者，现在正在共同挑战产业的传统，从金融业到制造业，从娱乐业到教育产业，无一幸免。

消费者变换角色的实际效果是什么呢？就是企业不能够再独立自主地采取行动、设计产品、开发生产流程、精心制作市场营销信息和控制没有消费者干预的渠道。消费者正努力争取在经营体系中的每一部分发挥影响力。的确需要承认这样一个事实，消费者已经开始更全面地影响企业的各个决策。消费者的不断参与使得传统经营的假设受到了极大的冲击：第一、任何既定企业或者产品都可以单方面创造价值；第二、价值全部存在于企业或者产品与服务之中。换言之，传统经营的假设是企业可以独立创造价值，但是全新的消费者形态使得这个假设不太成立，企业已经无法独立创造价值。

在常规的价值创造过程中，企业与消费者扮演着不同的生产与消费的角色，产品与服务中包含着价值，在市场上进行交换。产品与服务从生产者手中转移到消费者手中，价值创造是发生在市场之外的。但是伴随着消费者角色的转换，企业和消费者不再具有明显的区分和差异，消费者已经越来越多地参与到价值的界定和创造过程之中，所以价值创造不再发生在市场之外，而是发生在市场之中，我们可以说是企业与消费者共同在创造价值。

"核心竞争力"理论创始人之一的普拉哈拉德曾经这样描述企业与消费者互动模式：这个模式立足于提高消费者与公司关系的复杂性，提高价值的独特性。从公司与消费者一对一的共同创造体验开始，进入公司与消费者社区一对多的共同创造体验的变化和差异性，再到多家公司与多个社区多对多的共同创造体验的个性化，普拉哈拉德把这个模式称为共同创造体验的连续光谱。他说："在当今的新兴现实中，消费者与企业之间的上述互动模式，将会最终塑造价值创造的过程，挑战现有的价值创造与经营方式。同时它们也为企业与消费者创造了大量的新机遇。"这就意味着需要放弃企业独立创造价值的传统的认知思维方式，必须放弃基于企业的顾客分类的方法，也必须放弃站在企业层面理解顾客的习惯。

在共同创造的世界里，应该把每一个与企业互动的个体视为消费者。以往人们是从自己的企业出发看待问题，没有以单个消费者作为出发点看待问题，这是工业时代的基础。然而今天的竞争却依赖于完全不同的、新的价值创造方法——基于以个体为中心，由消费者与企业互动共同创造价值。我称之为"顾客价值时代开始"。

很显然，把来源于企业内部价值链的供应与消费者的需求高效的匹配起来，才是最具有价值的事情，也就是说，顾客价值的体系是企业价值体系的参照，企业需要一个全新的经营假设：价值创造的过程是以顾客及其创造体验为中心。

新的经营假设为经营管理带来全新的启示和要求，消费者与企业之间的互动成为企业创造价值的场所。对于企业而言，这样的假设需要全新的经营能力，管理者必须有能力与消费者互动，企业必须具有柔性能力和柔性的网络，以便形成多种共同体验的机会和条件，以便让消费者能够在创造共同体验中表达自己的需求，使得企业与消费者最后能够融合在一起。

在这个全新的价值创造体系中，最为关键的是企业需要明白：新的经营模式既不是经营活动向顾客转移，要求顾客来进行企业的经营；也不是面向顾客实施的资源外取活动；更不是产品与服务的定制化。这样的经营假设，不是企业与顾客之间的责任分配，更加不能理解为是分工，因为这个经营假设不是围绕企业的产品服务而发生的顾客事件，它是围绕顾客为中心的企业实践。

五、必须集中公司能量专注于顾客价值

任何企业都需要谨慎对待顾客，并保持公司的运作模式与顾客需求相匹配，一些公司不断扩大企业自身的能力，一味地追求更多、更大，这些都是在浪费公司的资源。如果公司不能够专注于自己的顾客，则这个公司不会具有真正的竞争优势。

因此，对于企业管理者来说，工作的场所需要从公司办公室转移到顾客的身边，经理人需要关注的不是企业内部人员如何工作，而是需要关心顾客在做什么。换句话说，经理人需要把自己的"工作焦点"与"顾客"重叠起来。强调"关注顾客"不是什么新的观点，全面质量管理（TQM）及顾客满意度的概念的核心，便是由此产生，美国的马尔科姆·鲍德里奇国家质量奖（Malcolm aldrige National Quality Award）更是此概念的延伸。这一切早在《市场领导者法则》一书中就明确地表述出来，该书的写作前提是"无任一公司能同时应付各种人"，并鼓励经理人要"选择顾客、集中焦点、掌握市场"。无论经历什么样的市场环境变化，所有成为市场领先的企业所表现出来的共性是：经理人能够聚焦于顾客。

市场营销观念提醒人们必须注意一个事实：要跟上环境的变化，就必须研究消费者的欲求和价值观并做出响应，必须针对同行提供的选择快速做出调整。这个事实还特别提醒人们注意另一个事实：竞争经常来自行业外部。这一切提醒的背后，是在阐述这样一个概念，那就是：没有比顾客更重要的。

当经理人对顾客投入关注，并能够取得丰富资料的时候，整个组织便转变为

顾客导向的组织。顾客不再只是业务、营销以及现场人员的责任，顾客成为全公司所有员工的事业，从生产作业、研究开发到财务人员等都清楚：公司的成功来自于顾客的认同，而他们也必须为此负责。

经理人需要知道，如果要建立属于自己的时代，就必须集中企业的能量专注于目标顾客。能量不能够集中，或者市场范围过大，都会导致面临困境，这是经理人必须有的逻辑思维，具有这样逻辑思维的经理人就可以带领企业在市场中取得竞争优势。新的企业为什么能够取代强大的老企业？就是因为新的企业能够专心一致地集中力量寻找突破口，而传统的领导地位的企业，反而因为拥有太多的信息和机会，经不住诱惑以及资源雄厚的条件，设定了太多的目标，结果失败。

其实回顾今天在市场中领先的企业，都归功于他们的专注和一心一意。做到这一点，就要求经理人具有清晰的目标及方向。经理人需要敏锐的市场感觉，并能够明确表达企业的定位及方位。经理人需要做的就是使得公司的流程、作业系统、分工以及激励政策等，都以顾客导向为基本前提，调动公司的所有资源围绕着顾客需求展开。

六、打破企业和顾客之间的边界

世界知名品牌如苹果、谷歌、微软、丰田、IBM、可口可乐、维珍航空，它们有什么共同点呢？其共同的特点就是每一个品牌都是人们生活的一部分。无论你在什么地方，无论你使用什么样的语言，无论你习惯于什么样的文化习惯，这些品牌都不会让使用者有任何的障碍，换句话说，这些企业已经和顾客实现无边界融合。

企业需要打破和顾客之间的界限，与顾客融合在一起。我常常惊讶于新兴企业的快速成长，百度、阿里巴巴、携程、腾讯等，这些企业也和上述企业一样，因为寻找到顾客生活的需求，并有能力以最快捷的方式满足顾客的需求，让企业自身和顾客的生活融合在一起，就有了生存的空间，并获得了快速的成长。

在传统观念中，顾客是企业提供产品的被动需求目标。顾客和企业之间犹如猎手和猎物的关系，而销售人员就像是猎人。这样的关系导致了企业不断地推出新的产品，销售人员不断地寻找顾客，循环成为一个恶性的闭环，让顾客和企业站在了对立的立场上，企业无法持续生存，顾客也厌倦了产品和企业。

当顾客可以全程参与价值链的所有环节的时候，顾客和企业之间就形成了相互依存的关系，通过与顾客之间的共同创造，企业可以更充分地理解顾客及其趋势的变化，顾客能够根据自己的观点和需求来指导企业为他们创造价值，从而达成资源的合理有效利用。

看看思科公司的案例。思科创新性的网络化信息技术系统使其能够做出独特的实时反应，然而这一系统的缺陷在很大程度上造成了思科公司2001年20亿美元的库存积压。思科公司的供应链包括一些按照要求直接为客户提供产品的契约制造商，同样这些制造商也依赖于一些大的零件制造商和芯片制造商，而他们则依赖于更大的全球供应商基础。

思科公司按照大于其销售能力的需求计划，来确保其稀缺零件的大量供应。然而，它并没有意识到：许多顾客正从竞争对手那里加倍订购产品，并计划从较早供货的供应商那里采购产品。同样稀缺的零件供应就会在契约制造商那里出现瓶颈。思科意识到这个问题之后，开始了一项野心勃勃的计划，这计划是通过一个新系统来排除对稀缺零件的竞争。这个新系统就是伙伴界面过程，它可以为多个订单提供前所未有的透明度，从而使顾客在线交易的同时更新思科的财务数据库和供应链，借此思科获得了自己资源的价值。

的确，作为经营的第一个基本元素，顾客价值决定经营的价值，也就需要经营者站在顾客的立场，运用顾客的思维方式，集中公司的能量，打破企业与顾客之间的边界，与顾客互动，一起创造价值。

（原载：春暖花开公众号，2017年8月16日）